Vistiendo el Cuerpo de las Visiones

Ngakpa Chögyam

Aro Books WORLDWIDE

2022

Aro Books WORLDWIDE

PO Box 111, 5 Court Close, Cardiff, Wales, CF14 1JR

© 2022 por Ngakpa Chögyam

© 2022 por Ngakpa Chögyam

Reservados todos los derechos. Queda prohibida, sin la autorización escrita de la editorial, la reproducción total o parcial de esta obra por cualquier medio o procedimiento, comprendidos la grabación y el tratamiento informático, el fotocopiado o la recuperación de datos o almacenamiento de información.

Traducción por Ngakpa Ja-zèr

Ilustraciones © Ngakma Pema Rig'dzin Zangmo
Cover © Ngakma Pema Rig'dzin Zangmo

Fotografía del autor por Kevin Baker
Diseño gráfico y tipografía por Ngakma Nor'dzin Pamo

Primera Edición 2022

Versión original en inglés 1995,

Aro Books Inc., PO Box 330, Ramsey NJ 07446

ISBN: 978-1-898185-63-5 (libro electrónico)
ISBN: 978-1-898185-62-8 (tapa blanda)

Este libro está dedicado con agradecimiento y reverencia a mi madre, a Khyunchen Aro Lingma, y a Jomo A-yé Khandro, Jomo A-shé Khandro, al Linaje Aro gTér, y a la tradición ngakphang de la Escuela Nyingma.

Si hay algún valor o beneficio para cualquiera en este libro se debe enteramente a la sabiduría y compasión, poder e inspiración de mis Lamas.

Las carencias de este libro son enteramente mías.

**Om A'a Hung Bendzara Guru Jnana Sagara
Bam Ha Ri Ni Sa Siddhi Hung**

Lista de Ilustraciones

Guru Rinpoche   xxii
— *el Buda que llevó las enseñanzas Tántricas al Tibet*

Tröma Ngakmo   2
— *la madre colérica negra; deidad conectada a la práctica del gCod*

Yeshé Tsogyel   34
— *el Buda Tántrico femenino y consorte iluminada de Guru Rinpoche*

Kyabje Künzang Dorje Rinpoche   56
— *maestro vajra de Ngakpa Chögyam (Ngak'chang Rinpoche)*

A-yé Khandro   80
— *sang-yum (esposa espiritual) de Aro Yeshé*

Ma-gCig Labdrön   106
— *originadora del gCod y encarnación de Yeshé Tsogyel*

Seng-gé Dradog   160
— *manifestación de Guru Rinpoche, conocido como la voz del león*

Guru Dragpo   198
— *forma de yidam colérico de Guru Rinpoche*

Khyungchen Aro Lingma   240
— *origen del Aro gTér*

'a-Shul Pema Legden   302
— *previa encarnación de Aro Yeshé y discípulo de Aro Lingma*

Indice

Agradecimientos		vii
Nota del traductor		ix
Prólogo de la Editora		xi
Introducción – *Lama Sonam Sangpo*		xiii
Apertura		3
1	Danza sin límites	35
2	Entrando en la Esfera de la Energía	57
3	Iridiscencia Original	81
4	Visionando	107
5	El Amigo Peligroso	161
6	El Perfecto Precipicio	199
7	Iniciación	241
Glosario		279
El Autor		303
Las Sanghas Confederadas de Aro		305

Agradecimientos

Expresamos nuestro mayor agradecimiento a todos nuestros Lamas – pero especialmente a: Kyabjé Düd'jom Rinpoche Jig'drèl Yeshé Dorje; Kyabjé Künzang Dorje Rinpoche y Jomo Sam'phel Déchen Rinpoche; Khordong gTérchen Tulku Chhi'mèd Rig'dzin Rinpoche; Kyabjé Dilgo Khyentsé Rinpoche; Dung-sé Thrin-lé Norbu Rinpoche. Respecto a Düd'jom Rinpoche—sentimos la más inmensa alegría en reconocer a Kyabjé Düd'jom Rinpoche Sang-gyé Pema Shépa y a Kyabjé Düd'jom Rinpoche Ten'dzin Yeshé Dorje— las dos encarnaciones gemelas de Kyabjé Düd'jom Rinpoche Jig'drèl Yeshé Dorje.

Hay muchas otras personas que merecen nuestro agradecimiento. Demasiadas para poder hacer mención aquí – pero siempre permanecerán en nuestros corazones. Hay, sin embargo, algunas a las que debemos mencionar por su apoyo incansable, humor, lealtad, y estímulo para mi enseñanza a lo largo de los años: Jétsunma Khandro Ten'dzin Drölkar; Tulku Dakpa Rinpoche; Khar-trül Wangchuk Rin'dzin Rinpoche; gTértön Drukdra Rinpoche; y gTértön Chökyi Wangchuk Rinpoche.

Nos gustaría también agradecer a nuestros estudiantes: los Lamas asignados (brevet Lamas), a nuestra sangha ordenada de gö kar chang lo; y a nuestra sangha no-ordenada. Finalmente, nuestro más cálido y afectuoso saludo para todos los discípulos de Lama Tharchin Rinpoche de Pema 'ö-Sel Ling por su generosidad y amabilidad. Les deseamos mucha felicidad, larga vida y prosperidad, y que logren todos los sidhis. ¡Que la bondad, la libertad y la alegría prevalezcan! É: Ma: Ho

Ngak'chang Rinpoche y Khandro Déchen

Penarth, País de Gales – Día de Yeshé Tsogyel, tercer mes (Mayo); y Pema 'ö-Sel Ling, California, Día de Padmasambhava, quinto mes (Julio), Año del Mono de Agua (1992)

Nota del traductor

Ngak´chang Rinpoche escribe de un modo descriptivo muy rico en matices en lo que respecta a presentar las enseñanzas y a veces necesita utilizar palabras que parecen requerir la ampliación de nuestro diccionario para transmitirlas de un modo más preciso. Este es el primer libro de Ngak´chang Rinpoche que se publica en castellano y por esta razón añadiré algunos comentarios sobre la traducción. El lenguaje a veces inusual que utiliza se debe en algunas ocasiones a la complejidad de términos de la lengua tibetana en su presentación de la naturaleza de las enseñanzas cuyo significado es muy complejo y su traducción requiere de una explicación más ampliada. Un ejemplo sería la palabra ngak, generalmente traducida como mantra, y que Ngak´chang Rinpopche traduce en ocasiones al inglés como "hechizo de consciencia". También la palabra yidam que se refiere a las deidades de meditación y que Ngak´chang Rinpoche traduce como "Ser de consciencia". También en cuanto a la expresión de tomar los tres kayas del Lama como sendero: el despliegue de la presencia del Lama, el despliegue de la personalidad del Lama, y el despliegue de las circunstancias de la vida del Lama. Se utiliza la palabra "despliegue" en el sentido de que se encuentra potencialmente presente como transmisión de las enseñanzas y que tiene una mayor amplitud que lo que se haya podido manifestar. Aunque lo que se manifiesta forma parte también de este despliegue. Esta es la razón que no utilizamos la palabra "manifestación de la presencia del Lama, etc"

Hay dos palabras cuyo significado es de vital importancia en la traducción de los textos Budistas presentados en lengua Inglesa y que a veces pueden ser intercambiables, que son "consciousness" y "awareness". En el caso de la primera la traducción es más directa al castellano como "consciencia".

La segunda "awareness" es muy utilizada y hace referencia a la "cualidad del darse cuenta". Es la cualidad despierta, abierta, e intuitiva que desarrollamos a través de la práctica. También puede ser descrita como percatabilidad o cognoscitividad. El darse cuenta transmite este aspecto de nuestra cualidad despierta a través de la cual aprehendemos los fenómenos de nuestra existencia y que es la esencia fundamental de nuestro Ser. La expresión "darse cuenta" en contraste con "consciencia" tiene una connotación más simple y más directa sobre esta cualidad que se encuentra presente en nuestra realidad ordinaria y cotidiana. Espero poder transmitir de un modo lo más fiel posible al original, y que el lector pueda beneficiarse de la incandescente claridad y fuerza de transmisión de las enseñanzas de Ngak´chang Rinpoche.

Ngakpa Ja-zér Lekeitio, Basque, 2021

Prólogo de la Editora

Como occidentales, a menudo nos consideramos en desventaja espiritual debido a nuestro elevado nivel de neurosis, tanto cultural como personal. Ngakpa Chögyam Rinpoche, nos muestra cómo podemos transformar nuestra experiencia de la existencia, utilizando nuestra energía neurótica como base para la realización. Nos enseña a apreciar el potencial espiritual de nuestra propia cultura con su rico legado de artes, a través de las cuales se expresa la energía fundamental del Tantra para los que están abiertos a recibirla. Nos muestra que no es necesario rechazar nuestra cultura en un intento de convertirnos en Orientales artificiales, y que las propias cualidades que podemos ver como desventajas espirituales, son la materia prima de nuestra práctica y la energía de nuestra realización.

En los diecisiete años que ha estado enseñando, Rinpoche ha hecho que la tradición Tántrica Tibetana sea accesible a los occidentales, mediante un lenguaje contemporáneo y en nuestro propio contexto cultural. El trabajo de Rig'dzin Chögyam Trungpa Rinpoche le ha servido de estímulo, ya que fue el primer Lama tibetano en sacar el Budismo de su estilo literario medieval. En este libro, Rinpoche se dirige a nosotros desde la vasta y abierta dimensión de su propia experiencia de la visión, en *palabras vajra* que comunican directamente con nuestra espaciosidad innata. Las palabras vajra son como una piedra que se deja caer en un estanque.

Irradian significados que continúan expandiéndose en profundidad y sutileza mucho después de que hayan sido leídas. Las vibrantes y pictóricas palabras que Rinpoche dibuja, nos hablan en un nivel intuitivo y de corazón tendiendo un puente entre el mundo de la visión no-dual y el mundo ordinario de la realidad cotidiana.

Este puente se crea mediante el uso del 'lenguaje crepuscular' – el lenguaje de la poesía y la paradoja. No es el lenguaje crepuscular de los *dohas* de los mahasidhas de la antigua India, ni los cantos de realización de los maestros tibetanos. El lenguaje crepuscular que encuentras aquí tiene más en común con la poesía moderna occidental, y sus imágenes comunican directamente con nuestra naturaleza inherentemente iluminada.

Los comentarios de preguntas y respuestas al final de cada capítulo proporcionan un modo más lineal de abordar el mismo material, reflejando el estilo Budista tradicional de texto raíz y comentario. Estas preguntas y respuestas han sido extraídas de grabaciones efectuadas durante retiros de grupo y enseñanzas impartidas a régimen abierto, en distintas partes del mundo en los que estos capítulos han sido leídos y discutidos. Se ha hecho un intento para que presenten una extensa variedad de formas de incomprensión, con la esperanza de comunicar con lectores de una amplia gama de estilos perceptuales.

Algunas de las puntuaciones pueden parecer inusuales. Para aquellos que han escuchado hablar a Rinpoche, las pausas de varias duraciones indicadas por comas, puntos y comas y guiones, recrean vívidamente esa experiencia. Si utilizas estos signos como instrucciones para la respiración, estas frases te abrirán una nueva dimensión de significado despertando tu propia espaciosidad innata para crear nuevas comprensiones.

Me gustaría agradecer a toda la gente que ha ayudado en la preparación de este original, especialmente Elaine Grist, Wayne Grachow, Leslie Kramer, Zoot Khandro, Richard Simon, Dr. William Greenberg, y principalmente a Wendy Faith Megerman, directora general de Aro Books. Como editora espero haber sido como una lente completamente transparente a través de la cual pueda brillar la incandescente claridad de mi maestro para el beneficio de todos los seres.

ANDREA ANTONOFF

Introducción

Teniendo el honor de disfrutar de una larga e íntima amistad con Ngakpa Chögyam Rinpoche, me siento feliz de escribir esta introducción a su tercer trabajo importante sobre el Vajrayana, titulado: Vistiendo el Cuerpo de las Visiones. Me une a Rinpoche la extraordinaria relación de hermandad vajra; un vínculo sagrado que tiene su origen y se ha desarrollado en el curso de pasadas encarnaciones. Me encontré por primera vez con Rinpoche, de nuevo en esta vida, durante mi cargo como miembro de la Asamblea de Representantes del Pueblo Tibetano (representando a los tibetanos que pertenecían a la Escuela Nyingma) y pronto se estableció entre nosotros una sólida amistad. Muy pronto me sentí impresionado por su cualidad como ngakchang (sostenedor del mantra). Dotado de una atractiva personalidad de naturaleza amistosa, humildad, cortesía y bondad; sus actividades han estado siempre basadas en el dharma, más que en la política del dharma. Para cuando me encontré con Rinpoche, él había estudiado ya con importantes Lamas, especialmente con Kyabjé Dudjom Rinpoche, Kyabjé Dilgo Khyentsé Rinpoche, y Lama Kunzang Dorje Rinpoche. No había duda de que tenía un riguroso conocimiento de la teoría y la práctica del Vajrayana.

A diferencia de algunos estudiantes occidentales con los que me he encontrado, él tiene la inconfundible actitud de una genuina devoción que es característica de los Lamas tibetanos. Esto quedó reflejado en su anhelo por visitar el sagrado lago de Tso Pema, y el recuerdo del peregrinaje que hicimos juntos permanece aún muy vivo en mi memoria. Habiendo llegado al sagrado Lago de Loto, hicimos nuestra circunvalación en compañía del Venerable Lama Könchog Rinpoche.

Fue un acontecimiento muy feliz. Fue en este mismo lugar donde el Rey de Zahor (en el presente Mandi en Himachal Pradesh) intentó quemar en la hoguera a Guru Padmasambhava y a su consorte Mandarava.

Cuando Guru Padmasambhava transformó la hoguera en lago (que posteriormente fue renombrado como Tso Pema) el Rey se arrepintió de su maldad y de lo engañada que había estado su mente, y se llenó de devoción. El Rey ofreció entonces su corona a Guru Padmasambhava como muestra de respeto. Este es el gorro que lleva Guru Padmasambhava en todas las pinturas y estatuas, y que llevan también todos los Lamas Nyingma.

Después de la sagrada danza ritual de las ocho manifestaciones del Guru Padmasambhava, ascendimos a las colinas que conducen frente a su cueva de meditación. Pasamos a través de un rocoso barranco llegando al fin frente a la estatua de Guru Padmasambhava, donde nos sentamos a meditar en el interior de la sagrada cueva. Fue una experiencia maravillosa, un acontecimiento dichoso que no olvidaremos a lo largo de nuestras vidas.

Ngakpa Rinpoche fue reconocido como la segunda encarnación de 'a-Shul Pema Legden (yogui, artista visionario, escribano-gTér e hijo espiritual del mahasiddha y gran gTérton Khalding Lingpa) por Khordong gTérchen Tulku Chhi-'mèd Rig'dzin Rinpoche. También fue reconocido por Su Santidad Dilgo Khyentsé Rinpoche como la encarnación de Aro Yeshé, hijo de Khyunchen Aro Lingma (descubridora de un ciclo de dag-nang gTerma – el Aro gTér de las enseñanzas de revelación de visión pura).

Ngakpa Rinpoche nació en Alemania y se crió en Inglaterra; pero a muy temprana edad la fuerza de su noble karma (acumulado en muchas vidas) lo devolvió irresistiblemente a la enseñanza del Vajrayana y al linaje del Guru Padmasambhava.

Como consecuencia del gran interés y devoción que había generado en su corazón, partió hacia la India tan pronto como concluyó su educación occidental iniciando un intenso y determinado estudio.

Para poder estudiar en la India tuvo que trabajar en fábricas ya que nació en una familia humilde y carecía de otros medios. A su llegada a la India tenía concertada una audiencia con Su Santidad el XIV Dalai Lama, quien otorgó su bendición y cariñosa aprobación al firme propósito de Rinpoche por alcanzar la liberación para el beneficio de todos los seres.

Durante sus visitas a la India y Nepal, estudió con grandes Lamas tibetanos y recibió las más elevadas e importantes enseñanzas del Tantra secreto de la tradición Nyingma. Completó los cuatro diferentes niveles de ngöndro; los cuatro niveles progresivamente más esotéricos de los cuatro preliminares Tántricos: el Corto Dudjom gTérsar Ngöndro, Largo Dudjom gTérsar Ngöndro, Khandro Yangtig Ngöndro y el Tröma Ngöndro. Completó el ngö-zhi y todos los retiros requeridos.

Aprendió también los profundos métodos rituales del Maha yoga, incluyendo el uso de nga, dung, gyaling, rolmo, silnyen, kangling y dunchen, en los profundos ritos de Tröma Nakmo (la Colérica Madre Negra) y otras prácticas más secretas. A pesar de lo que había logrado, aún no estaba satisfecho de su conocimiento y experiencia. Hacía mucho tiempo que tenía la ferviente aspiración de encontrarse con Khordong gTérchen Tulku Chhi-'mèd Rig'dzin Rinpoche, Supremo Regente del Linaje de la tradición Khordong gTér de la Escuela Nyingma. Como premio a su gran sacrificio y continuo esfuerzo, tuvo la fortuna de cumplir ese propósito.

Con una firme determinación y devoción hacia sus gurus, se convirtió en un ilustre discípulo del vasto tesoro de las enseñanzas Nyingma. Después de años de largo retiro y estudio con sus gurus, fue autorizado para enseñar y dar iniciación a los niveles de los Tantras más secretos.

Como muestra de ello lleva en su cabello el adorno takdröl de liberación que le fue concedido por Khordong gTérchen Tulku en reconocimiento de dicho logro.

De acuerdo a la tradición viste ropa ngakpa, conocida como gö-kar-chang-lo en tibetano. En esta tradición de mantra secreto se lleva la toga blanca por debajo de la cintura, camisa de ngakpa y un chal de color rojo, blanco y azul (zän-tra). Lo lleva fielmente como auténtico sostenedor de la tradición ngakpa de la Escuela Nyingma.

En 1982 volvió de la India y fundó Sang-ngak-chö-dzong, con el patrocinio de Su Santidad Dudjom Rinpoche (Supremo Líder de la Escuela Nyingma del Budismo Tibetano), quien dió su nombre a esta asociación que ha sido tan valiosa para los estudiantes del dharma en occidente. A través de su enseñanza por todo el mundo y de la actividad de sang-ngak-chö-dzong, mucha gente en Europa y América ha tenido la oportunidad de adquirir un conocimiento práctico y una profunda comprensión del Budismo Vajrayana. Desde que regresó a su país de origen ha impartido enseñanzas en numerosos lugares, de acuerdo al deseo de su guru, viajando sin descanso. Principalmente a California y Nueva York donde el éxito le ha acompañado en todos sus viajes. Tuvo el honor de recibir en su hogar como huésped a Khordong gTérchen Tulku en cuatro ocasiones, en Inglaterra y Gales, de lo que mucha gente obtuvo el profundo beneficio de recibir iniciación al más secreto Tantra interno y una detallada instrucción medular de ati yoga.

En 1989 fue galardonado con el Doctorado en Psicología Tántrica por la Sociedad para la Conservación de la Cultura Indo-Tibetana, bajo la dirección de Su Santidad Dudjom Rinpoche. Logró este reconocimiento por sus libros *Rainbow of Liberated Energy* (Arco Iris de Energía Liberada) y *Journey into Vastness* (Viaje a la Inmensidad), por otros escritos publicados y sin publicar, y por un intensivo examen oral. Sus libros no sólo han sido traducidos a muchos idiomas occidentales, sino que han sido aclamados entre Budistas de todo género.

Estos libros han demostrado ser una valiosa referencia para los estudiantes del Budismo Vajrayana.

El presente libro, *Vistiendo el Cuerpo de las Visiones*, trata los detalles prácticos del Vajrayana en particular y será por lo tanto bien acogido por los que se dedican a su práctica. Siendo el fruto de muchos años de estudio y práctica sin desaliento, clarificará sin duda al lector todos los puntos necesarios. Para este propósito, Ngakpa Rinpoche me ha sugerido amablemente que de una breve orientación y alguna información sobre el Vajrayana.

De acuerdo a la Escuela Nyingma el Vajrayana incluye seis vehículos que vienen dados de acuerdo al nivel de entendimiento del discípulo. Estos vehículos se clasifican como: Kriya, Upa y Yoga (los tres Tantras externos); y Maha, Anu y Ati (los tres Tantras internos). El método de los Tantras externos consiste en la purificación por etapas, desarrollando la relación con la deidad hasta llegar a la completa identificación. El método de los Tantras internos transforma completamente todo fenómeno en vacuidad extática. Este excelente libro de Rinpoche está inspirado para analizar los métodos del Maha yoga en los que uno se visualiza como deidad. El Anu yoga aplica el método de los canales, vientos y esencias para comprender la naturaleza de la mente. El Ati yoga aplica la enseñanza del guru que muestra de un modo directo la naturaleza de la Mente en estado puro. En todas estas prácticas (especialmente las del Tantra interno), no se debe subestimar la importancia de dirigirse a un perfecto guru para consultar en la trayectoria de nuestra práctica. Esta es la actitud que el propio Ngakpa Rinpoche ha seguido, y que a su vez siguen sus discípulos. De acuerdo a todos los linajes, la relación con el guru es indispensable para alcanzar la realización.

Si miramos la historia, son muchos los grandes siddhas que alcanzaron la realización a través de la práctica del Tantra interno en la India y el Tíbet.

Entre ellos, Guru Padmasambhava manifestó la gran transferencia (el milagro de no manifestar la muerte física, y seguir estando disponible para ayudar continuamente a los seres a través de una actividad ilimitada). Hay innumerables milagros que se han manifestado a través de la práctica del Tantra interno en el Tíbet. Estos son algunos de los siddhas que se hicieron populares por sus milagros: Namkha' i Nyingpo – que podía montar sobre los rayos del sol; Khandro Yeshé Tsogyel – podía traer los muertos de vuelta a la vida; Vairochana – tenía el poder de dominar seres transdimensionales tanto benévolos como demoníacos; Khyéchung Lotsa – impartía enseñanzas a los pájaros del aire; y Mathok Rinchen – podía vivir de las rocas como alimento.

Hubo muchos otros, que están entre los 25 discípulos más famosos de Padmasambhava. Uno de esos discípulos fue Trisong Détsen, el trigésimo quinto Rey del Tíbet, que invitó a Guru Rinpoche al Tíbet para subyugar a las fuerzas demoníacas que estaban obstruyendo la construcción de Samyé Gompa (el primer lugar de meditación en el Tíbet).

Fueron muchos los practicantes de esta línea que lograron el cuerpo de arco iris (ja-lü, el milagro de no dejar cadáver humano al morir disolviéndose en luz de arco iris) tales como: los 108 Siddhas de Yerwa; los 55 Togdens de Yangdzong; y los 30 Ngakpas de Sheldra. Muchos de los discípulos de Vairochana y Vimalamitra alcanzaron la iluminación, bien dejando el cuerpo en forma condensada, en forma atómica, o dejando solamente pelo y uñas disolviendo el cuerpo en luz de arco iris. Nubchen Sang-gyé Yeshé y Sur-mé Nam-sun fueron famosos siddhas que podían devolver la vida a los muertos.

Nyadak Nyang, Guru Chöwang, Rig'dzin Go'dèm, Ögyen gTérdag Lingpa, Kunkhyen Rongpa, Nuden Dorje Drophang Lingpa y Kunkhyen Longchen Rabjam (todos ellos descubridores de tesoros espirituales escondidos – gTér) no tienen parangón en la historia del mundo.

Dudjom Lingpa, Khalding Lingpa, Jamyang Mipham, y Patrül Dorje Chang son algunos de los famosos Lamas que vivieron a comienzos de siglo; su amor, sabiduría y poder, no tenían igual.

Su Santidad Dudjom Rinpoche y Su Santidad Dilgo Khyentsé Rinpoche, quienes dejaron este mundo en tiempos recientes, eran únicos en el poder del siddhi.

Dodrüpchen Rinpoche y Chatral Rinpoche son dos vivos ejemplos de siddhas que se dedican activamente al beneficio de los seres, y representan de un modo auténtico al poder de los siddhas del pasado.

Al practicar las enseñanzas de los linajes regidos por semejantes siddhas, deberíamos juzgar la importancia de la práctica ritual por su significado interno más que por su apariencia externa. Tanto en retiro solitario o practicando en grupo, el significado interno no debería perderse en la mera representación del ritual externo. En cualquier actividad que representes, recuerda la esencia de la enseñanza.

Cuando practicamos el mantra y la visualización de uno mismo como deidad, la melodiosa voz concentra la mente y previene que el pensamiento discursivo nos cause trastorno. Si tu voz tiene cualidad de canción, invocará la bendición del guru y la fuerza de tu devoción aumentará.

Ya que no hay otro dios (Ser de sabiduría) que nuestra propia mente, cualquier música que nos guste complacerá al ser de sabiduría; si es ejecutada con devoción hacia nuestro guru. Mientras el toque del kangling (trompeta de hueso de fémur) agrada a la deidad colérica, el toque de gyaling y silnyen (oboe y platillos) agrada a la deidad pacífica.

Pero por encima de todo (y para diferenciarlo claramente de la práctica del Hinduismo) no debe existir apego a tendencias monoteístas o eternalistas, en las que cualquier principio de consciencia se define como dotada de una existencia permanentemente identificable. Todos estos principios son analizados en un lenguaje claro y simple para el lector en el libro *Vistiendo el Cuerpo de las Visiones*.

Lama Sonam Sangpo (Gyaltsen Rinpoche)
Katmandú, Nepal

Vistiendo el Cuerpo de las Visiones

Apertura

Somos la danza de la existencia y la no-existencia. A menos que sepamos esto – el Tantra es imposible. Pero, tanto si lo comprendemos como si no – el Tantra está representándose continuamente; es lo que está sucediendo.

Practicar Tantra, es precipitarse a un fuego de sabiduría y volver a emerger *vistiendo el cuerpo de las visiones*. El Tantra es locura radicalmente positiva; el compromiso, basado en la experiencia de la vacuidad, de desaparecer sin dejar rastro en cada instante. El Tantra es el ímpetu de la bondad – el compromiso, basado en las fugaces apariencias que llamamos realidad, de estar totalmente identificados con escandalosas expresiones de lo que esencialmente somos. El Tantra conjura con la electricidad del ser: el *centelleante voltaje* que crepita extáticamente entre la vacuidad y la forma. El Tantra es la alquimia de apariencia sutil – el modo de transformación que nos permite recrearnos ilimitadamente, de acuerdo al caleidoscópico patrón de momentos que abarca nuestra experiencia de la vida.

El Tantra es conocido como el camino corto, el camino súbito – la línea directa a la cima. La vacuidad es la realización cumbre del sendero Sútrico; pero ahí es donde comienza el Tantra. Hay caminos más seguros que serpentean la montaña laboriosamente; y los montañeros marchan con el pesado equipaje de sofisticadas precauciones de seguridad, de filosofía y moral codificadas. Pero el Tantra escala la cara vertical sin oxígeno. Los escaladores ascienden desnudos. Están expuestos al sol, al viento, a la nieve y a la helada del Lama. Alcanzan la cumbre muy rápidamente; pero, algunas veces se caen.

No hay ninguna razón para escalar esta montaña – ninguna razón aparte de la crucial vitalidad entre vida-y-muerte, de experimentar cada instante; en conexión con el guía que nos muestra esas brillantes alturas. La montaña está justo ahí; y al mismo tiempo no está. En realidad no importa – ¡simplemente escalamos! Escalamos porque sabemos que somos escaladores, y porque no tenemos elección.

No tenemos elección: vislumbramos la sensación de ausencia de límites en los ampliamente abiertos ojos del guía, y somos seducidos hacia la inmensidad. Escalamos puramente por la propia escalada, y nos comprometemos totalmente a la textura de esa experiencia. No somos los cansinos animales de carga que llevan los pesados fardos del intelecto y la filosofía al campamento base. El campamento base del Tantra es la vacuidad, en la cual reconocemos *la danza de la existencia y la no-existencia*. Desde la perspectiva Tántrica la escalada es una danza sin fin, es lo único que hay. No hay meta más allá de la asombrosa gracia de la propia escalada, y desde esa perspectiva – no hay 'caída'. La 'caída' es un concepto que sólo existe cuando el destino es 'más elevado' que el punto de partida. Pero en el Tantra; el punto de partida es transformado en experiencia cumbre por la impecable cualidad de escalar semejantes alturas.

Somos la danza de la existencia y la no-existencia. A menos que sepamos esto – el Tantra es imposible. Pero, tanto si lo entendemos como si no – el Tantra está representándose continuamente; **es** lo que está sucediendo. Pero esto es un tanto poético. ¿Qué pueden significar estas declaraciones tan extraordinarias? La respuesta podría ser muy técnica, y podría también precisar de un arduo esfuerzo intelectual o una perspicacia espiritual poco común. Podría estar oculta en términos esotéricos, y en un sinfín de impronunciables palabras extranjeras. Es cierto: el Tantra es muy complejo. Pero; es también absolutamente simple – increíblemente franco; totalmente directo.

No sólo es tan visible como tu propia nariz – sino que es tan cercanamente obvio como el puño que aterriza sobre ella. A cierto nivel, no puedes pretender que no esté sucediendo.

El Tantra es muy complejo; pero, del mismo modo que lo es el cuerpo humano. Entender la bioquímica, fisiología y anatomía del cuerpo es una empresa de gran envergadura. Pero tener un cuerpo humano (estar encarnado) es también muy elemental. Vivimos y morimos. Nacemos y procreamos. Comemos, bebemos y defecamos. Corremos, saltamos, hacemos el amor, dormimos, hacemos la guerra, ' hacemos muecas' frente al espejo – experimentamos una completa gama de emociones.

El Tantra no es una filosofía, no es algo que se pueda estudiar o aprender. El Tantra sólo se puede comprender mediante la experiencia. No es suficiente con leer sobre montañismo, ni con escalar la pared del jardín. Para *saber* de montañismo tenemos que estar ahí fuera, en esa cresta helada con el sol resplandeciendo sobre la nieve cristalina. Así pues, en cierto sentido este libro no tiene nada que ver con el Tantra.

El Tantra es lo que está sucediendo. Es lo que se está revelando espontáneamente en cada momento – en cada punto-instante de ser. El Tantra es nuestra relación con la vida. El escribir y leer este libro son símbolos de la energía libre que es el Tantra. Está siempre a nuestro alcance; pero no podemos tocarlo – porque nuestras manos están casi siempre demasiado apretadas. Parece que hay algo a lo que estamos agarrados con gran desesperación – algo que tememos perder si soltamos el asidero. ¿Qué es eso tan valioso que tenemos en nuestras manos? ¿Quizás algún terrible secreto que estamos ocultando de nosotros mismos?.

Pero no, esto no tiene sentido. ¿Quién estaría de acuerdo con una idea tan absurda? Quiero decir; no parece que estemos en semejante estado de pánico.

Vivimos de un modo perfectamente razonable … ¿o no? Bueno, quizás sí – pero quizás no. ¿A lo mejor hay algo … que no es exactamente como debería ser? Esto nos sucede en ciertas ocasiones, y cuando lo hace – tendemos a reflexionar sobre cómo podríamos adaptarnos , para poder sobrellevar los aspectos más peliagudos, duros y amargos de la vida. Hay ciertos problemillas tales como la muerte, a tener en cuenta… Puede que hayamos formulado algunas ideas sobre cómo nos gustaría ser, que estemos albergando alguna noción de cómo cambiar para adaptarnos, o para ser más 'espirituales'. Que hayamos elaborado el concepto embriagador de una versión idealizada de nosotros mismos: como alguien que siempre destaca sobre los demás; que va flotando por la vida como si fuera su propio guión para la iluminación. Por otra parte podríamos querer averiguar quién somos, más allá de lo que aparentamos ser – más allá del sentido convencional de lo que parece que significa estar vivos.

Hay una proliferación de ideas sobre lo que es, o podría ser, el hecho de ser humano. Puede que nos hayamos enrolado en alguna forma de introspección, o dado una rápida ojeada a algún programa de desarrollo personal. Que nos hayamos embarcado en algún tipo de disciplina cuasi religiosa o código de moralidad. Incluso nos hemos podido convertir en devotos del último 'Guru Mundial', y rendir el crudo filo de nuestro dilema a sus perfectas garantías y consuelo. Pero (y a menudo puede ser un considerable 'pero') con frecuencia nos dejan persiguiendo nuevas versiones de nosotros mismos – que posiblemente no se manifiestan jamás. Estas otras versiones pueden quedar en meros ensueños 'espirituales'. Rara vez podemos realizarlos, porque apenas tienen conexión con lo que realmente somos.

De alguna manera; lo que verdaderamente somos, el crudo dinamismo de nuestras personalidades, puede que parezca no ser nuestro mayor potencial.

Lo que somos, según nuestra propia percepción, podría parecer demasiado imperfecto; demasiado peculiar; aburrido; malhumorado; rabioso; sentimental; hipersensible; auto-indulgente; promiscuo; irritable; impaciente; lascivo; torpe; extravagante; impulsivo; sensual; auto-destructivo; perezoso; tímido; rígido; confundido; perverso; obsesivo; o quizás, simplemente demasiado 'inespiritual'.

Desearíamos dejar de sentir ciertas cosas, poder intensificar los colores de la vida, estimular el contraste, o rebobinar en los trozos donde la cuota de excitación fuera demasiado baja. Desearíamos poder omitir la horrible resaca y que nuestros orgasmos fueran cada vez mejores. Tener fabulosas visiones espirituales, sueños llenos de significado y poderosas revelaciones. Pero puede que esto no suceda y tengamos que ir por la vida tratando de encontrar la respuesta hasta terminar enfrentados al inconveniente hecho de que aún somos humanos, con todo lo que ello pueda suponer. Podemos descubrir que cuando todo está dicho y hecho, aún seguimos consumidos por una 'anorexia espiritual' o sufrimos de 'indigestión espiritual'. Padecer de hambre espiritual, por causa de una postura purista en la que rechazamos cualquier forma de guía, o; atiborrarnos de cada bocado de toda tradición espiritual que podamos devorar.

No hay respuesta fácil. Desafortunadamente no hay una píldora que podamos tomar – ninguna solución instantánea para el escozor de la realidad. Podemos intentar con ahínco desembarazarnos de nuestra forma de ser, porque 'como somos' puede parecer demasiado alejado de la 'iluminación'. Podríamos hacernos: vegetarianos; frutívoros; o macro-neuróticos. Podríamos 'hacer': hatha yoga; aeróbic; o 'sanación'. Renunciar al mundo o intentar exprimirlo hasta la saciedad – no habría mucha diferencia. No es; que estas cosas tengan problema alguno, o que no puedan ayudarnos en algún aspecto. Tampoco se trata de que no podamos utilizar alguna de estas cosas como parte importante de nuestras vidas.

Sino simplemente que es nuestra responsabilidad el hacerlo y el serlo. Tenemos que entrar en lo que verdaderamente somos, y experimentar la transparencia de ello. Hay muchas cosas que podríamos hacer para cambiar, y posiblemente muchas de ellas serían válidos trampolines para la realización, pero aun así depende de nosotros el saltar. Tenemos que lanzarnos a cualquiera que sea el precipicio hacia el que estos caminos nos conduce.

El Tantra no se implica en ninguna clase de manipulaciones. No hace ningún intento para adaptar nuestro modo de ser al nivel de nuestros mecanismos convencionales de experimentar el mundo. Pero el Tantra tampoco rechaza nuestros mecanismos convencionales – simplemente trata de sumergirnos en la *electricidad original* que es la base de todo lo que somos. Transformación, en términos Tántricos, significa: disolverse en la fuente original vacía de nuestro Ser y resurgir de nuevo a través del mismísimo tejido de cómo suceda que somos. Es al mismo tiempo muy poderoso y muy decepcionante, darse cuenta de que *exactamente lo que somos* es la base fundamental de la sabiduría y la confusión. Antes de que podamos actualizar la no existencia del ego, tenemos que hacernos amigos de lo que aparentamos ser.

Tenemos que aceptar dondequiera que estemos, no sólo como punto de partida; sino también, de un modo extraño, como nuestra meta. Hay algo caprichosamente poderoso en esto – algo imprevisible, y en un sentido relativo, ¡de muy poca fiabilidad! Es la energía de nuestro ser manifiesto. Es la esencia del Tantra.

Desde esta perspectiva, lo que sea o como quiera que seamos, es *esta energía* – la energía de la iluminación.

Si estamos haciendo pucheritos, pavoneándonos o haciendo el gallito: *es esta energía*.
Si estamos derrochando, temblando o enfurecidos: *es esta energía*.
Si estamos enviciados, delirando o babeando: *es esta energía*.

Si estamos intrigados, fascinados o atormentados: *es esta energía.*
Si somos bombardeados, estamos desconcertados o aislados: *es esta energía.*

Y esta energía, es nuestra iluminación sin principio.

Esto puede parecer bastante chocante o no ser particularmente espiritual. Pero, esta es en gran medida la realización del Tantra. (Este puede ser por supuesto el punto en el que decidas que no quieres seguir leyendo.)

El Tantra es la energía del Ser; pero experimentamos esta energía a través de filtros dualistas. De este modo nos separamos de la verdadera textura de la experiencia. Nos separamos al intentar reconstruir la realidad, ¡mientras la estamos percibiendo! Es una tarea absurda e imposible. Pero; estamos casi continuamente inmersos en ella.

En occidente, el Tantra ha sido muy tentador para los emocional e intelectualmente salvajes. Esto ha sido en especial cierto para los que han deducido que el camino es la indulgencia hacia un hedonismo desbordante. Sin embargo, aunque hay alguna conexión con el hedonismo, por su característica de no retener, esta perspectiva está seriamente desencaminada. El Tantra no tiene que ver con la búsqueda de extremos – aunque se pueden cultivar sensaciones extremas como aspecto poderoso del sendero. Fundamentalmente, el Tantra no busca los extremos ni los evita. El poder intrínseco de cualquier sensación se hace manifiesta al darnos cuenta de su naturaleza vacía.

El Tantra no excluye el hedonismo, pero tampoco lo alienta. Es más bien el 'camino del medio' que caracteriza a los vehículos Budistas. Este camino del medio no debería entenderse como una solución intermedia, ni como un arreglo espiritual o existencial. No se trata de una postura centralizada para alcanzar una dudosa ecuanimidad o una sospechosa igualdad de experiencia.

Semejante ecuanimidad no sería más que una incapacidad 'cósmica' para conmover; un anestésico espiritual; una filosofía de salón para los tranquilos y razonables. El 'camino del medio' se traduciría mejor como: 'la vía que rechaza todas las coordenadas de referencia' - 'la vía que no busca situarse en territorio conocido o cognoscible'. Esta es la vía que no mantiene posición ni postura alguna para establecer una definición estática del Ser. Sin embargo; al igual que no busca los extremos, tampoco los evita. Sólo evita apegarse a ellos como definiciones últimas. Evita utilizar cualquier tipo de experiencia como medio para definir concretamente la naturaleza de la realidad. No dice : *"yo* estoy aquí porque *eso* está ahí"; "soy *ahora* porque era *antes,* por lo tanto seré en el *futuro"*. No dice: "Pienso, luego existo." De hecho – rechaza todo 'luego' o 'por lo tanto'.

El Tantra no puede ser manipulado como parte de una estrategia ascética o hedonista.

Si el Tantra es manipulado para fines referenciales – deja de ser Tantra, y se convierte en una tantrificación tortuosa o en una excitación tantrificada. Tratar de utilizar la práctica del Tantra para fines referenciales, la convierte en otra versión de nuestra confusión – acabamos en una forma de samsara que parece más 'espiritual'. No hay nada piadoso o puritano en estas afirmaciones. Nada particularmente erróneo con el hedonismo como opuesto al ascetismo – o con el ascetismo como opuesto al hedonismo. En el Tantra, el sentido de oposición no existe. Comoquiera que seamos, y cualesquiera que sean nuestras inclinaciones – *eso,* forma la textura de nuestra práctica. La oposición entre el hedonismo y el ascetismo no existe en el Tantra, porque el Tantra no se implica en hacer ajustes a nivel material. No hay una postura concretamente identificable que pueda relacionarse con el Tantra.

Apertura

Los tantrikas[1] tienen apariencias ilimitadas y sus prácticas no son necesariamente fáciles o claras de identificar. Un cierto tipo de tantrika puede aparentar no hacer nada que se parezca a una práctica espiritual, como es generalmente entendida. El Tantra contiene muchas prácticas físicas, y métodos para 'sintonizar' nuestra condición al nivel de la energía; pero estos métodos no se utilizan como fines en sí mismos.

En el camino Sútrico, cuando nos movemos hacia la vacuidad – es muy útil aplicar controles al nivel de la realidad física que reflejen la cualidad del estado de vacuidad. Esto significa que el ascetismo o la renuncia de lo externo es importante. Sin embargo, la vacuidad es la *base* del Tantra. Esto significa que el Tantra se mueve hacia la forma para experimentar la unificación de la forma y la vacuidad. Desde esta perspectiva el hedonismo no es un problema – y si lo es, entonces el ascetismo es del mismo modo un problema. Con el Tantra tenemos un hedonismo y un ascetismo vacíos. No tenemos que renunciar al hedonismo ni al ascetismo para practicar el Tantra – sólo tenemos que ser conscientes de que el Tantra no puede ser encapsulado en ninguno de los dos modos; tampoco como un arreglo intermedio entre ambos.

En el Sutra, el ascetismo es un aspecto de la vacuidad que necesita estar presente en nuestro sendero como medio para cortar nuestro apego a la forma. El hedonismo es rechazado porque sin la experiencia de la vacuidad, no es más que un medio para permanecer en el reino de la confusión. En el Tantra el ascetismo es un aspecto de la forma que tiene que estar presente en nuestro sendero, como disciplina para ver la cualidad de vacuidad de la forma. El hedonismo es un aspecto de la vacuidad que necesita estar presente en nuestro sendero, como espontáneo reconocimiento de las cualidades de forma de la vacuidad.

1 Practicantes de Tantra.

En el Tantra la sensación es el sendero. Esto significa *toda* sensación: calor y frío; placer y dolor; intenso y suave; agonía y éxtasis; esperanza y miedo; enamorarse y tener un ataque de pánico. Ningún aspecto de estas polaridades es un fin en sí mismo. El tantra es simplemente el *mismo sabor* de toda sensación.

Nadie puede ser llamado yogui, yoguini, o tantrika, si no puede experimentar placer y dolor – y experimentar el mismo sabor de la energía que es el campo original de ambas experiencias. No estamos hablando de lograr un equilibrio emocional insulso, banal y fúnebre. Tampoco se trata de mantener rígido el labio superior, ni de estoicismo. El Tantra no se involucra en controles de esa índole. El Tantra es consumadamente heroico, pero no en el sentido de una bravura inspirada por una causa. El heroísmo del Tantra es totalmente sin causa. El Tantra requiere un heroísmo autoexistente – un heroísmo independiente de puntos de referencia de cualquier tipo.

El heroísmo autoexistente está relacionado con los términos Tántricos *pawo* y *pamo*, *khandro* y *khandropa*. *Pawo* es la experiencia masculina externa (forma) de la cualidad de ausencia de miedo – la actitud de guerrero de quien está en relación íntima con la muerte.

Pamo es la experiencia femenina interna de la cualidad de ausencia de miedo, que emerge y se manifiesta externamente cuando un practicante femenino realiza su propio pawo interno. *Khandro* es la cualidad externa femenina (vacuidad) de la espaciosidad o inspiración, en la que toda experiencia se convierte en sendero. *Khandropa* es la cualidad masculina interna de la espaciosidad, que emerge y se manifiesta externamente cuando un practicante masculino realiza su khandro interno. La muerte para el héroe o la heroína Tántricos, es consecuencia y precursora del nacimiento – del mismo modo que el nacimiento es consecuencia y precursor de la muerte. El héroe y heroína Tántricos saben que la alternancia de nacimiento y muerte, momento a momento, es la energía de la vida.

El héroe y la heroína Tántricos saben que ellos mismos emergen de la vacuidad y se disuelven continuamente en ella. Sólo una persona así puede vestir el cuerpo de las visiones.

Comentario de preguntas y respuestas

Pregunta: Rinpoche, cuando dijo usted que 'practicar el Tantra es precipitarse dentro de un fuego de sabiduría'; me pregunto por qué se le llama 'fuego de sabiduría'. ¿Podría explicar por qué se utiliza la palabra 'fuego'?

Rinpoche: La palabra 'fuego' se utiliza porque el fuego transforma la solidez en vacuidad y nos muestra la naturaleza vacía del mundo material. El fuego es un elemento fascinante – es tangible e intangible al mismo tiempo. No lo puedes coger – sólo puedes coger lo que se está quemando. Es intangible y aun así destruye o devora la tangibilidad. El fuego es una brillante manifestación visual como el *long-ku* o *sambhogakaya*[2] – el puente entre la existencia y la no-existencia. Tiene un gran poder para transformar la materia, y sin embargo parece insustancial. Así pues, 'fuego de sabiduría' como término Tántrico conlleva el sentido de que la sabiduría; es decir la sabiduría primordial, puede cambiar nuestro modo de percibir el mundo de un modo radical. El fuego de la sabiduría puede quemar la ilusión – puede reducir a cenizas nuestros rígidos conceptos fuertemente orientados hacia lo material.

P: ¿Es el mismo sabor de toda sensación equivalente al mismo sabor de forma y vacuidad?

R: Si … pero es más bien que el mismo sabor de toda sensación se hace posible al experimentar el mismo sabor de la forma y la vacuidad. (canta) "No sé cómo nos hemos metido en esta clase de fregado, supongo que es el trato con la forma y la vacuidad."

P: (Risas) ¡Supongo! Creo que ahora lo he captado. ¿Quiere usted decir que es la experiencia básica de la no-dualidad lo que te permite saborear la intrínseca 'igualdad' de todo?

---

2   La esfera visionaria. Ver capítulo 2.

R: Si. Pero es importante recordar que esta intrínseca igualdad no quita valor a la momentánea cualidad que tienen los fenómenos de ser únicos.

P: Cuando dice usted que el Tantra es complejo y muy simple al mismo tiempo – puedo ver fácilmente la complejidad, pero la simplicidad la encuentro más …

R: ¿Compleja?

P: Si.

R: Las cosas más simples pueden parecer absurdamente complejas si no están relacionadas con nuestra experiencia concreta – si no están relacionadas con nuestra situación inmediata. Para alguien que no sepa atarse los zapatos, una serie de instrucciones verbales puede resultar muy compleja – ¡incluso para quien sepa atarlos¡ Sin embargo la tarea en sí misma es sencilla – muy sencilla de hecho. Pero cuando hablo de la simplicidad del Tantra; me refiero también a la simplicidad directa de la energía – la cruda realidad del Tantra, como *electricidad de la existencia y la no-existencia*. Antes de poder relacionarte con el Tantra como método esotérico elaborado, tienes que tener cierta percepción de que el Tantra está conectado con: tu ropa interior; tu lavadora; la devolución de tus impuestos; tu vida amorosa; tu indigestión; el pago de tu hipoteca; tu gusto en la música … el Tantra no está separado; por lo tanto es simple. Es simple porque es directo y porque no es posible escapar de ello. Así pues, la simplicidad de la que hablo es un asunto de conocimiento y experiencia; una cuestión de absoluta franqueza y franca inmediatez.

P: Puedo entender que algo sea simple cuando tengo el conocimiento y la experiencia, pero la idea de 'absoluta franqueza y franca inmediatez' está fuera del alcance de mi conocimiento y experiencia. ¿Hay algún modo en el que pueda relacionarme con ello desde mi conocimiento y experiencia actuales?

R: ¡Es muy sencillo! ¡Lo único que tienes que hacer es dejar de intentar relacionarte desde tu experiencia y conocimiento presentes! Eso sólo te llevaría a crear más complejidad. Es el propio hecho de traducir lo desconocido lo que crea complejidad. Cuando conviertes lo desconocido en lenguaje, se convierte en el lenguaje de lo desconocido. ¡Simplemente deja de intentar!

Es así de sencillo. Una vez que aceptas que no puedes interpretar el Tantra de acuerdo a un criterio intelectual; te encuentras en una simple no-conceptualidad. Y *eso*; es absoluta franqueza y franca inmediatez. Quedas suspendido; a gran altura y sin provisiones. No hay lugar hacia donde correr; ningún lugar donde esconderse. No puedes hacer nada con este asunto del Tantra. El Tantra rechaza ser educado y explicarse de una manera civilizada. Se sitúa ahí: como tejido de la existencia; como transmisión visionaria; como oración o mantra; como relación con una persona, el Lama, que no se somete a las reglas de la dualidad. Quedas enfrentado a ello en el momento. No hay nada que hacer con ello aparte de experimentarlo. Puedes aceptarlo o intentar rechazarlo; ¡pero estará siempre ahí riéndose abiertamente de ti!

P1: No entiendo cómo puede una persona 'no someterse a las reglas de la dualidad'. ¿Cómo sería relacionarse con una persona así?

P2: ¡Ya *estás* relacionándote con una persona así!

P1: Ah … si … por supuesto … (risas)

R: Creo con toda seriedad, que si quieres saber de verdad cómo sería relacionarse con una persona que no se somete a las reglas de la dualidad; necesitas encontrar un auténtico maestro realizado, tal como Dudjom Rinpoche. No tiene mucho sentido mirarme a mí (risas).

P: Pero los Lamas siempre dicen que …

Apertura

R: Si, ¡pero yo lo digo de verdad!

P: ¡Pero todos dirían también eso!

R: Entonces supongo que tendrás que hacer de mí lo que quieras. Espero que disfrutes de la experiencia.

P: ¿Pero no es importante en la práctica del Tantra considerar a tu Lama como indistinguible de Buda?

R: Si.

P: Entonces …

R: Eso es para tu propia mente; para tu propio beneficio. Es para tu práctica. La idea de considerar a tu Lama como un ser iluminado es que sólo puedes recibir transmisión de visionamiento Tántrico y mantra de un ser iluminado. Sólo puedes recibir transmisión de Padmasambhava o Yeshé Tsogyel, de los propios Padmasambhava y Yeshé Tsogyel. Esto significa que para dar la iniciación, el Lama tiene que ser capaz de disolver su experiencia de sí mismo en la vacuidad y emerger en la forma de la deidad.³ En ese momento, el Lama tiene que ser considerado *como* la deidad. Si hay algo que surge a través de mí, se debe a la gran bendición de Khyunchen Aro Lingma.

P: ¿Puedo volver al tema del 'no saber'?

R: ¡Hazlo por favor! Yo no sé absolutamente nada (risas). Tengo la mente como un par de medias sin entrepierna … ¿Qué querías preguntar sobre el 'no saber'?

P: Entonces el 'no saber' como estado en el que sientes el momento presente tal como es … ¿No es en realidad tan complicado?

---

3 'Deidad' es el término utilizado en este libro para lo que comúnmente se refiere como: 'yidam'; 'Ser de sabiduría' o 'deidad de sabiduría'. Ver Capítulo 4.

R: Estás en lo cierto, es simple. Es mucho más apropiado no saber – no comprender la experiencia del Tantra. Por eso practicas, saber que no sabes es absoluta franqueza y franca inmediatez.

P: Rinpoche, cuando habla usted del héroe y la heroína Tantricos, puede sugerir la idea de que está teniendo lugar alguna guerra o batalla. ¿Cómo encaja eso con el pacifismo, o con la búsqueda de un estado de calma?

R: No lo hace. La paz y la calma son lo que buscas cuando vives en alboroto. Si has comprendido que todo está vacío en su naturaleza; no hay necesidad de buscar paz o calma. No hay guerra ni batalla – y al mismo tiempo las hay. No hay 'ego', y al mismo tiempo lo hay. No hay 'no-iluminacion', y al mismo tiempo la hay. ¡¿Cómo puede ser esto?! Ésta es la situación para el tantrika—guerra y paz—¡La corriente alterna! ¡El imprevisible parpadeo entre la vida y la muerte!

Así pues; ¿Dónde nos sitúa esto? Nos sitúa en una interesante posición. Hay algo que me gustaría decir: el poder del Tantra no va con querer estar en calma. ¡Va con estar dispuesto a cabalgar sobre el voltaje del puro pánico! El estado de paz y calma es lo se busca en el Sutra, porque todo lo que conocemos es alboroto y lucha. Pero en el Tantra, tenemos cierto conocimiento de la calma del 'no-surgimiento' – el estado sin definiciones; el estado de vacuidad. Así; cuando reconocemos que este estado de vacuidad es la base de lo que somos, podemos girarnos y ¡enfrentar los fenómenos con feroz compasión! El espíritu del heroísmo abraza el tumultuoso torrente de la existencia, en el que: guerra y paz; calma y pánico; se alternan – pero tienen el mismo sabor intrínseco.

Los senderos del Sutra y del Tantra son muy diferentes. El Sutra se basa en la necesidad de realizar la vacuidad. El Tantra se basa en la necesidad de unificar la vacuidad con los fenómenos que continuamente emergen de ella. Y *nosotros* somos los fenómenos que emergen de la vacuidad.

Nuestro mundo, la materia de nuestro universo, son los mismos fenómenos. Para entrar en la perspectiva, meditación y acción del Tantra, se requiere más bien de heroísmo que de la necesidad de cultivar calma y paz.

P: Creo entender por lo que usted dice que las afirmaciones hechas desde el punto de vista del Sutra no son aplicables al nivel del Tantra. Esta es una distinción que no había encontrado con anterioridad. ¿Es esto específico de la tradición blanca de la Escuela Nyingma?

R: No hay 'sí' o 'no' para esto. No se trata de que las afirmaciones hechas al nivel del Sutra no sean aplicables al nivel del Tantra. No puedes establecer una regla así; no es tan simple como eso. Es más bien que el Sutra y el Tantra tienen diferentes *bases*. Ahora bien, ¿Qué quiero decir con esto? Quiero decir que el Sutra ve al individuo con un particular nivel de experiencia. Desde ese nivel de experiencia el individuo necesita practicar de un determinado modo, y desarrollará comprensiones de acuerdo a una visión particular. La base del Tantra asume la experiencia adquirida a través de la práctica del Sutra – a menos que se tenga esa experiencia de un modo natural.

Las bases del Sutra y del Tantra son diferentes, pero eso no significa que cada aspecto de su práctica sea diferente. Tampoco significa que algunos aspectos de sus distintas perspectivas no vayan a ser iguales. Puede que estas perspectivas simplemente estén expresadas de un modo diferente. De hecho hay afirmaciones de los Sutras que son aplicables a los niveles del Tantra y Dzogchen.[4]

P: ¿Podría usted decir algo más sobre la idea de que la experiencia del Sutra puede 'poseerse de un modo natural'?

---

4 Para llegar a entender la diferencia entre el Sutra y el Tantra, es esencial entender sus respectivas bases.

¿Significa que es posible tener algún tipo de familiaridad innata con la vacuidad; quiero decir una familiaridad consciente, sin hacer ningún esfuerzo para ello? Y si es así, ¿cómo o porqué puede ser cierto para algunos y para otros no?

R: La respuesta a la primera pregunta es 'sí'. La respuesta a la última pregunta es que hemos tenido vidas anteriores en las que se han acumulado todo tipo de experiencias. Si sólo tienes en cuenta esta vida, entonces no hay respuesta a esa pregunta – aparte de alguna clase de selección natural o el favoritismo fortuito de un personaje creador divino.

Pero volviendo al asunto de la calma ... La base del Tantra es la vacuidad, y en el Tantra tenemos la práctica de vestir el cuerpo de las visiones. Para que esto sea posible, el estado de 'calma' de la vacuidad es asumido como fundamental. Por lo tanto; cuando alguien habla en el lenguaje característico del Tantra, no habrá un énfasis particular en la calma. Pero este modo de hablar no es exclusivo de la tradición blanca de la Escuela Nyingma. Sólo estoy hablando del Tantra en el lenguaje del Tantra, no en el lenguaje del Sutra.

P: ¿Por qué querría alguien hablar del Tantra en el lenguaje del Sutra?

R: Por la misma razón que hablarías de hacer el amor en términos biológicos. Puedes hablar en términos basados principalmente en los hechos o en términos poéticos. También puedes hablar del Sutra en el lenguaje del Tantra – y es crucial entender esto – las enseñanzas del Budismo son supremamente fluidas. El Sutra, el Tantra y el Dzogchen son simplemente el conocimiento comunicado que emerge de *trül-ku, long-ku* y *chö-ku* – las esferas de la forma, la energía y la vacuidad.[5]

---

5 *Trül-ku, long-ku* y *chö-ku* son tratados en el Capítulo 2.

Puedes hablar en el lenguaje, o desde la perspectiva de cada uno de estos senderos; y en los términos de cada uno de ellos.

P: ¿Pero por qué elegirías hacer eso?

R: ¡Para causar la mayor confusión posible! ¿Por qué crees tú?

P: Para … lo siento, no tengo ni idea.

R: ¿Tiene alguien alguna idea …?

P: ¿Para presentar la perspectiva de los distintos vehículos?

R: Bueno, en parte sí. Se podría decir que es para presentar la perspectiva más completa de cada vehículo. Pero ese no es el propósito principal. También se puede decir que es para crear un puente entre los vehículos que permita manifestar su continuidad; eso también sería cierto. Pero fundamentalmente es un acto de pura elocuencia, es una manera de dirigirse a la posición exacta de cada individuo. Es un resultado natural del poder de la enseñanza: que se comunica con elegancia concisa con cada persona, en cualquier posición que se encuentre. Para alguien que se dedica a la práctica del Tantra podría no ser apropiado cambiar de marcha y ser abordado en el contexto del Sutra. Aunque puede haber asuntos a tratar dentro de la práctica, en los que el Sutra sea el remedio preciso. En pro de la fluidez, el maestro puede elegir presentar el Sutra en el lenguaje del Tantra. Cada Lama tiene su principal postura de enseñanza, y eso determinará el lenguaje de su enseñanza. Así pues, si un Lama enseña principalmente desde la perspectiva Sútrica, los otros niveles de la enseñanza serán por lo general abordados en los términos del lenguaje del Sutra.

P: ¿Entonces depende de si es un Lama Sútrico o un Lama Tántrico?

R: Bueno; depende más bien de si el Lama en cuestión elige enseñar de acuerdo a la perspectiva de un particular vehículo.

Esto puede parecer una repetición de lo que acabas de decir, pero hay una sutil diferencia. Esta diferencia hay que tenerla en cuenta de un modo muy claro; especialmente si queremos evitar entrar en juicios falsos y artificiales, sobre los modos en los que enseñan los distintos Lamas. La postura de enseñanza de cualquier Lama, no es una definición de su realización. Sólo porque uno enseñe Sutra y otro enseñe Tantra—o incluso Dzogchen—no supone evidencia alguna de su capacidad relativa.

Un maestro Tántrico puede manifestarse como maestro Sútrico, para el beneficio de sus estudiantes. Un maestro de Dzogchen puede manifestarse como maestro de Tantra por la misma razón. También es preciso recordar que todos los niveles del Budismo son iguales – sólo hay niveles 'más elevados' y 'más bajos' de practicante. Para los 'practicantes del nivel Sútrico', el Sutra es el sendero más elevado posible. Espero que entiendas esto, porque tener una idea equivocada en este tema conduce hacia todo tipo de dogmatismo sectario e intolerancia … ¡ni qué decir de lo terriblemente aburrido que resulta!

P: Parece que aún tengo cierto problema con la idea de 'más elevado' y 'más bajo'. Entiendo que se aplique a los practicantes más que a los vehículos del Budismo; ¿pero por qué tiene que verse a la gente como más elevada o más baja en sus capacidades? ¿Por qué no pueden ser sencillamente diferentes?

R: Para empezar, no se trata de emitir un juicio. Se podría decir 'más veloz' y 'más lento' en términos de orientación. Sin embargo; deberías recordar que todos somos iguales y desiguales al mismo tiempo. Iguales en el sentido de que todos estamos iluminados, y desiguales en cuanto a nuestra experiencia de claridad o confusión. Nuestra igualdad es una característica de vacuidad y nuestra desigualdad es una característica de forma.

Todos tenemos el mismo valor, y sin embargo alguna gente tiene mayor claridad o capacidad para entrar en el 'proceso corto'. Si deseas llegar a un lugar, puedes ir en bicicleta, en coche, o – dándote cuenta de que ya estás allí: Sutra, Tantra y Dzogchen. Obviamente sólo puedes conducir un coche si has adquirido esa habilidad, y si has aprobado el examen de conducir. En la esfera última de la existencia no hay diferencia entre la gente. Pero en la esfera relativa de la existencia hay diferencias relativas entre la gente, y esto no supone problema alguno … ¿o qué piensas tú?

P: Entiendo eso, pero el modo en que la gente se trata entre sí en base a la desigualdad … creo que es un problema …

R: Si … puede ser un problema. Pero; veamos cómo puede funcionar esto de un modo *útil* en cuanto a la compasión activa. Digamos que estás tratando con un niño que actúa de modo malévolo hacia ti. ¿Cómo te relacionas con ese niño? ¿Lo tratarías como a un igual? Si te relacionas con él o ella como igual, tendrías que relacionarte del mismo modo que lo harías con otro adulto.

Podrías estar muy enfadado y decidir evitar a una persona que ha actuado de ese modo. Pero con un niño reconoces que tiene una capacidad limitada para entender el efecto de sus actos y de cómo éstos son entendidos en el mundo de los adultos. Reconoces que tiene que aprender a comportarse. Tienes que ser tolerante y humanitario, incluso cuando le das una reprimenda. Este es un ejemplo bastante claro. Si un niño vomita en tu alfombra no pensarás en guardarle rencor. Pero si alguien entra en tu casa totalmente borracho y vomita sobre ti y tus muebles, puedes sentirte desconcertado y muy enfadado. Así pues; ¿por qué puedes enfadarte con el adulto y no con el niño? Es sólo una cuestión de desigualdad. Permites que tu compasión activa actúe con el niño, porque se supone que los niños no son responsables. Cuanto más joven son, se supone que son menos responsables.

Este sistema funciona bien con los niños, todo el mundo lo entiende. El sistema se viene abajo cuando todos estamos categorizados del mismo modo como adultos. Cuando somos adultos se supone que todos somos iguales; a no ser que estemos mentalmente enfermos. No creo que este sistema sea muy compasivo. Esta forma de igualdad es una fuente de infinidad de problemas para la gente. Si consideras que alguien es desigual a ti, significa que puedes hacer muchas concesiones por él o ella. Que puedes ser tolerante y comprensivo. Todo se basa en el entendimiento; entender que alguien tiene menos capacidad; menos perspicacia; menos inteligencia; más dolor; más confusión – cualquiera que sea la condición de la persona. Si sabes que alguien está experimentando más dolor que tú, puedes abandonar cualquier rencor que pueda surgir en relación a lo que hace.

P: ¿Pero no sería como mirar a la gente por encima?

R: No. ¿Por qué? Sería así desde una postura de arrogancia; pero no actuarías así como practicante.

P: Y si yo fuera practicante de Tantra y otro fuera practicante de Sutra …

R: Eso no funciona así. No puedes hacer esa clase de distinción. Sería tan absurdo como si hubiera dos personas en un restaurante; y una dijera: "Estoy comiendo el postre y ella está comiendo el plato principal, así que puedo mirarla por encima" … Cada parte de la comida es válida. Pero en realidad no es ni siquiera eso … Eso sería mirar a estos vehículos de un modo lineal, y pueden ser vistos como totalmente interpenetrantes.

No comparemos sólo el Sutra y el Tantra; miremos al Sutra y al Dzogchen. Alguien podría decir que el Dzogchen está mucho más allá del Sutra como vehículo de práctica.

Pero entonces; sí miras al Sutra del Corazón … ¿qué encuentras? Encuentras que dice: 'La forma es vacuidad y la vacuidad es forma …' y decir que la vacuidad y la forma son no-duales es la base del Dzogchen. Lo que hay que entender es que el hecho de que tu práctica esté basada principalmente en un vehículo – no excluye en modo alguno la práctica de los otros vehículos.

Todos tenemos nuestra condición relativa, y hay prácticas de todos los vehículos para permitirnos trabajar con el modo que suceda que somos en el momento. En el Tíbet no había tal criatura como el practicante que sólo practica Sutra. Cada practicante practica elementos de los otros vehículos dependiendo del estilo de su particular Lama y tradición.

P: He escuchado a algunos Lamas decir que el Tantra es peligroso, pero otros introducen a la práctica Tántrica desde el comienzo. Esto me ha provocado cierta confusión. ¿Es una cuestión de escuelas diferentes; o encaja con lo que usted dijo sobre las posturas de enseñanza?

R: Si. Diferentes posturas de enseñanza.

P: Parece que este concepto nunca se pone de manifiesto.

R: Bueno, yo no diría 'nunca'…

P: Bueno, en mi experiencia…

R: No es de extrañar. El maestro, tradicionalmente, presenta la naturaleza de la enseñanza de acuerdo al vehículo que se ajusta a la energía del trabajo de su vida.

P: ¿Y si ese vehículo no es el adecuado para el estudiante?

R: Se va con otro maestro cuya enseñanza esté dirigida a su capacidad como individuo.

Es un proceso 'auto-selectivo', que es la razón por la que es muy importante especialmente al principio estudiar con distintos Lamas. No significa que tengas que ser espiritualmente promiscuo, sino que necesitas encontrar tu *hogar*. Esto es indispensable para empezar de tal modo que nos proporcione una base saludable para la práctica. No deberías buscar sólo la enseñanza 'más elevada' – sino más bien el maestro que parece ser capaz de cambiar tu vida de verdad.

Entonces sigues esa enseñanza; y si hay enseñanzas más elevadas en algún otro lugar, quizás tengas que relajarte en el lugar donde te encuentras. Tener cierto conocimiento sobre ti mismo y lo que necesitas, es más útil que correr tras la más elevada, rápida, avanzada, etc. Eso se convierte en una mera pérdida de tiempo.

P: ¿Hay alguna razón por la que los maestros no enseñan a todo el mundo de acuerdo a su capacidad personal?

R: Bueno, es obvio que eso ocurre. Sin embargo, cada maestro tiene su propio mandala de estudiantes y discípulos. Es decir, cada Lama trabaja con un grupo de gente; y la energía del grupo tiene que ser tenida en cuenta. El grupo es lo que se conoce como *gendün (sangha* en sánscrito), y es muy importante que haya cohesión de grupo. El grupo espiritual o familia alrededor de cualquier Lama tendrá una cierta personalidad, y sus miembros se ayudarán entre ellos. O más bien, *deberían* apoyarse unos a otros. Ésa es la idea… Naturalmente, habrá estudiantes más antiguos que realizan estudios más avanzados; pero esto tiene que darse de tal modo que se amalgame con el 'nivel de perspectiva' del grupo como un todo. Esto es por lo que el Tantra, por ejemplo, podría ser enseñado en el lenguaje del Sutra.

P: Pero parece haber cierto conflicto sobre dónde sería apropiado empezar …

R: ¡Claro que puede haberlo! ¡Siempre hay conflicto en el mundo acerca de una cosa u otra!

Hay algo que encontrarás que es siempre cierto: dondequiera que hay gente, hay normalmente algún tipo de conflicto.

La gente parece tener intereses creados en encontrar problemas entre diferentes sistemas de trabajo. Pero lo que es de verdad pertinente es que tengas confianza en la naturaleza de *tu* perspectiva y en la dirección de *tu* sendero. Más esencialmente, debería señalar que todo sendero se considera a sí mismo como la base. Cada uno de los nueve vehículos de la Escuela Nyingma tiene una base. La naturaleza de un vehículo es que tiene una base. El significado de 'base' es que – ahí es donde empiezas. *Eso* es apabullantemente simple, ¿no? ¡Por supuesto que lo es! *Eso* significa también que cada vehículo contradice cada nivel precedente; pero no es ningún problema. Sólo hay problema cuando eres incapaz de comprender la multiplicidad de posiciones en el campo de la verdad relativa.

La contradictoria naturaleza de los distintos senderos, sólo presenta algún problema si no aciertas a comprender que sus diferencias se encuentran en la diferencia entre sus bases.

Sus bases son diferentes porque las capacidades relativas de los individuos son diferentes. Esto significa que lo que es un método útil para una persona, puede ser un obstáculo para otra. Cuando comprendes esto de un modo fundamental, se vuelve muy simple. Entonces no sólo no habrá conflicto entre los distintos vehículos del Budismo sobre cómo y dónde sean presentados, sino que; llegarás a entender también los métodos de *cualquier* religión. Esta es la verdadera base de la tolerancia – algo realmente vital.

P: ¿Significa esto que todas las religiones conducen a la misma meta?

R: No. Pero tampoco significa que no lo hagan.

P: Pensaba que ése era el significado de tolerancia.

R: No. El significado de tolerancia es dejar a la gente en paz con cualquier método que elijan emplear. Tolerancia significa también que no tenemos por qué emitir juicios sobre otros sistemas – en especial cuando no sabemos cómo funcionan en la práctica. Tolerancia no significa hacer declaraciones generalizadas como: 'Todas las religiones son una'. Es muy intolerante que la gente diga que el suyo es el único camino. ¡Es muy intolerante que la gente diga que lo que yo enseño sea obra del diablo! Puede que yo no esté de acuerdo con la idea de que el Tantra sea adoración al diablo, ¡pero defendería su derecho a mantener semejante perspectiva! La tolerancia no implica limar las asperezas de todas las diferencias, significa ver las diferencias y permitir que existan sin emitir juicios condenatorios. Tolerancia es tener una confianza *real*.

P: Esto es alentador, pero en cuanto a las diferencias… o al hecho de ver esas diferencias… ¿no significa que algunas veces habría que expresarlas?

R: Posiblemente; pero eso no es un problema.

P: ¿No podría hacer que la gente entre en conflicto?

R: Es muy probable; pero eso tampoco es un problema. Nadie tiene porqué ser defensivo sobre su sendero – ¡no hasta el extremo de tener que destruir a alguien! Si puedes apreciar lo que es valioso en otro sendero no importa mucho que haya puntos de desacuerdo.

Las expresiones de divergencia sólo tienen que efectuarse en el contexto de Lamas que estén enseñando a sus propios estudiantes. Puede haber divergencia de perspectivas sin que tenga que haber hostilidad. De todos modos; lo que es necesario en el contexto de las enseñanzas es la confianza en el sendero de uno mismo. Si tienes confianza en tu propio sendero, no tienes por qué denigrar otros senderos. No tienes que reforzarte a ti mismo a través de descartar o rechazar otros sistemas – eso es innecesario.

P: ¿Entonces, usted jamás expresaría crítica alguna?

R: Bueno, al menos no desde el impulso neurótico de ser crítico. No si es como medio para sentirse firme y establecido. Pero ser crítico puede ser útil. Si nadie es crítico y todo el mundo es demasiado 'agradable-simpático', entonces no hay ambivalencia; no hay *filo*.

Es bueno que la gente pueda debatir, ¡pero el 'perdedor' no tiene por qué arder en la hoguera! De hecho, no tiene por qué haber siempre un perdedor – o del mismo modo un ganador. Podría haber un espíritu amistoso de desafío y apertura para el aprendizaje. Siempre aprendo cosas de mis encuentros con gente de otras tradiciones. Las otras tradiciones siempre me aportan nuevas formas de ver cómo funciona la tradición Nyingma, y adquiero una valiosa perspectiva para comunicar los Tantras Nyingma de un modo más eficaz en Occidente. Esto no significa mezclar, sintetizar o combinar ninguna cosa. Significa simplemente: estar abierto a que la tradición de uno mismo crezca dentro de la integridad de su propio funcionamiento. Así pues, permitámonos por supuesto estar en desacuerdo con ciertos puntos de vista. ¡Pero no dejemos que eso nos ponga furiosos o violentos!

Permitámonos reconocer que *no* creemos en Dios (¡sea cual sea el modo en el que él, ella o ello pueda estar definido!). Pero permitámonos también tener la gracia de reconocer el beneficio que pueda haber en los sistemas que utilizan ese concepto. De hecho, podríamos abordar esto con gran dulzura y humor.

P: Rinpoche, dijo usted que en la práctica del Tantra nos identificábamos totalmente con 'escandalosas expresiones de lo que verdaderamente somos'. Entiendo que hablaba sobre la naturaleza del yoga de la deidad, y si es así; ¿de qué modo son las deidades 'escandalosas'?

R: Son escandalosamente contradictorias desde cualquier punto de vista convencional que puedas imaginar.

Están rebosantes de sangre, y aún así son el juego de luz de los cinco colores. Son sexuales, y sin embargo no físicas. Son dinámicas, y aún así inmóviles. Feroces, y compasivas. Son lo que somos, y al mismo tiempo aparentamos no ser. ¡Son escandalosas! ¿Que otra cosa llamarías a una mujer negra desnuda con el cabello llameante; empuñando un cuchillo de cobre que se alza en su mano derecha, y un cuenco de cráneo humano burbujeante de océanos de sangre menstrual en su mano izquierda; cuya lengua parpadea como rayos; cuyos ojos giran salvajemente; con una chirriante cabeza de cerdo emergiendo de la parte superior de su cabeza; pisoteando sobre los cadáveres del ego sometido a matanza; que va adornada con huesos humanos de cementerio; viste una falda de piel de tigre; y mece vistosamente un tridente adornado por una calavera, una cabeza putrefacta y una cabeza recién cortada, en el pliegue de su brazo izquierdo? Yo la llamaría Tröma Ngakmo, pero la llamaría también escandalosa. Es algo que está totalmente fuera de la idea que tenemos de nosotros mismos. Es una imagen tan violenta – y sin embargo, es el medio por el cual se manifiesta la compasión y se destruye el enaltecimiento personal.

P: Esto me transporta más allá del lenguaje. Puedo percibir el sentimiento de algo… muy inspirador…

R: El lenguaje es sólo un vehículo, y con el Tantra en particular estamos hablando de lenguaje crepuscular – el lenguaje que tiende un puente entre lo conocido y lo desconocido. Cuando hablamos del Tantra, en algún punto a lo largo del camino, el intelecto tiene que ser dejado atrás. Cuando las palabras son utilizadas de esta forma, no hay más elección que *sentir* el significado. Hay una magnífica *pasión espaciosa* en el Tantra, que da nacimiento a una poesía de la más poderosa índole – la poesía sin poeta. Pero esta es una declaración demasiado limitada. De lo que en realidad estamos hablando es de la poesía que va más allá del poeta y del no poeta – la instantánea naturaleza explosiva del significado.

P: Este 'lenguaje crepuscular' y el modo en que usted lo describe… así es escucharle a usted, Rinpoche. Tengo la sensación de saber cosas que posiblemente no puedo saber, o quizás sé pero no sé que las sé – sea lo que sea… es como estar temporalmente transportado de la realidad ordinaria ¿es así como se supone que es esto?

R: Un poco excesivo, diría yo. Pero si, así es como se supone que es. Sólo estás escuchando un eco de Chhi-'mèd Rig'dzin Rinpoche. Con él es así todo el tiempo, incluso cuando se trata de una conversación sobre qué tomar para cenar.

P: ¿A que se refería usted cuando dijo que no tenemos porqué ser los cansinos animales de carga que llevan a cuestas el equipaje del intelecto y la filosofía al campamento base? ¿Por qué es una 'carga'? ¿No puede ser útil en algún momento?

R: Por supuesto, el intelecto es muy útil dentro de sus límites. Pero a lo que yo me refería al decir que no tenéis que ser los cansinos animales de carga… esta afirmación tiene cierto grado de extravagancia – tiene la intención de animar. Si has alcanzado un punto en el que ves que el intelecto es limitado, empiezas a sentir que te gustaría desprenderte de la carga de tener que llevarlo en todas las situaciones. Esto no lleva ninguna intención de menospreciar el camino Sútrico; es simplemente una declaración de júbilo, ¡de reconocer que puedes escalar una montaña! Naturalmente, tienes que llegar a la montaña; ¡pero a lo mejor ya estás allí! Quizás puedas empezar a escalar de inmediato. De todos modos, si has llegado al punto donde comienza la escalada y quieres mantener todo el equipo que has utilizado en el camino hasta la montaña – te conviertes en una bestia de carga. No puedes escalar si vas cargado como un yak.

Podríamos hablar de diferentes tipos de proceso, como 'proceso largo', 'proceso corto', y 'no-proceso' o 'proceso instantáneo'. El proceso largo se atribuye a la enseñanza del Sutra.

Yo lo llamo proceso largo porque no existe el sentido de poder atajar ninguna cosa. Se tiene que proceder de manera gradual, es un método valioso que se ajusta bien a mucha gente. Con este método tienes que examinar cada aspecto de la situación al detalle. No se puede pasar nada por alto. No se puede acelerar; porque en cierto sentido no hay nadie que te diga, ¡a por ello! Pero el Tantra es el proceso corto porque tienes al Lama gritándote desde lo alto de la cresta: "¡Puedes hacerlo!" Obviamente tiene que haber una gran confianza para que el proceso corto funcione; o tienes que ser consciente de tu situación de un modo preciso. Entonces finalmente tenemos el proceso inmediato, repentino o instantáneo; al que podríais llamar el 'proceso del no-proceso'. Esto es el Dzogchen, el método en el que el camino y la meta son indistinguibles.

1

Danza sin límites

Porque el Tantra está representándose continuamente en nosotros; a través de nosotros; y a nuestro alrededor – podemos o bien reconocerlo asiendo los desnudos cables de la existencia y la no-existencia, o: tratar de fingir con todas nuestras fuerzas, que no está sucediendo.

Aunque no es posible practicar el Tantra sin una comprensión experiencial de la vacuidad, sí *es* posible abrirnos al reconocimiento de la experiencia Tántrica. A un nivel fundamental, no es posible evitar esta experiencia Tántrica. Sucede tanto si nos gusta como si no – ¡sucede continuamente! El Tantra es cada matiz de la existencia y la no-existencia en unión extática – ¡en una danza florida, fecunda y feroz! Si no fuera posible vislumbrar destellos de esto – ser *atravesado por la metralla del Tantra*, no tendría sentido continuar explicando a partir de aquí. Quiero mostrar; que no sólo son posibles estos vislumbres, sino que en su pura potencia son inevitables.

Esta es nuestra situación. Este mismo momento es Tantra, y contiene una energía ilimitada. Es despiadada y compasivamente intransigente. La pura potencia de lo que somos es arrolladora y provocativamente inconveniente; ¡pero está ahí! Cuando nos retraemos de ello por cualquier variedad de pavor, eso es también Tantra. Es imposible esconderse de nuestro propio modo de escondernos. La energía del Tantra es lucha y vuelo. Este es un hecho terroríficamente obvio, pero nos hemos hecho 'expertos' en fingir que no nos damos cuenta de ello. Tenemos que evitar darnos cuenta, para poder permanecer no-iluminados.

Pero dondequiera que miremos, el espejo de la realidad lo refleja para nosotros. Así pues; al percibir este espejo, tenemos que parpadear u oscilar nuestros ojos y nuestros sentidos. En cuanto al parpadeo de nuestros sentidos, la conceptualidad es lo que predomina – debemos ignorar deliberadamente lo que está ahí.

Pero; no podemos actuar fortuitamente; debemos ignorarlo de un modo sistemático y a propósito. Esta particular 'habilidad' es el método en el que utilizamos nuestra adicción a la forma como único foco de seguridad, y esta es nuestra principal oportunidad para permanecer no-iluminados. Este espantoso engaño nos permite reciclarnos continuamente en el círculo de una confusión de la que somos cómplices. Pero; hagamos lo que hagamos, dondequiera que miremos, el espejo de la existencia y la no-existencia está ahí – reflejando el conocimiento de nuestra condición. Porque el Tantra está representándose continuamente: en nosotros; a través de nosotros; y a nuestro alrededor – podemos o bien reconocerlo asiendo los desnudos cables de la existencia y la no-existencia, o: tratar de fingir con todas nuestras fuerzas que no está sucediendo. Tanto si nos gusta como si no – el Tantra *es* lo que está sucediendo. El Tantra es el entramado de la realidad.

Quizás esto no haga más que añadir más confusión. Podríais pensar: 'esto es un disparate'; 'no es más que verborrea psicótica.' Podríais decir: "¡¿De qué está hablando este maníaco – quién ha accedido a publicar esta locura?!" Estas son serias consideraciones. No deberíamos evitar la ambivalencia que generan; si tenemos un interés real en la práctica del Tantra. No podemos permitir pasar por alto nuestro sentimiento de sospecha – necesitamos ser reales sobre quién, qué y cómo somos.

Quizás en este punto quieras lanzar este libro a la papelera, o quizás lo encuentres inspirador y no lo quieres dejar. Estas son elecciones que pueden *juguetear* entre ellas.

Puedes permitir que esta ambivalencia exista, mirar la alternancia de tus actitudes y sentimientos; y permanecer con la energía que se desprende de ello.

Al tiempo que lees estas palabras, es posible que oscilles entre comprensión e incomprensión. ¿Cómo sienta eso? A lo mejor es frustrante, irritante. Quizás no puedes hallar una palabra en particular para definir ese momento en el que el saber se vuelve no saber. ¿Qué es eso si no le pones etiqueta? ¿Qué sucede si dices: "Este momento es más poderosamente *lo que yo soy*, que el momento en el que todo parece estar bajo mi control"? La práctica del Tantra no es para los sensatos o cautelosos; pero tampoco para los tontos o inestables. Si vamos a contemplar la posibilidad de abordar este desafío, es preciso que la vacuidad y la forma puedan *danzar* como configuración de nuestras personalidades. 'Vacuidad' y 'forma' son los términos más importantes en el intento de establecer una relación con los aspectos simbólicos estructurales del Tantra como teoría y como práctica. Sin cierta idea o noción de lo que estas palabras significan, todo el conjunto de las enseñanzas Tántricas puede parecer demasiado sólido y monolítico.

Podríamos estar mirando a una fantasmagórica casa de fieras – o a una colección medieval de ciencias supersticiosas o ingenuas. El Tantra no tiene nada que ver con el intento de escapar de la supuestamente dura realidad del mundo. En un sentido muy pertinente; estas no son 'enseñanzas antiguas'. Puede que se hayan practicado durante mil años; pero su vida y efectividad se deben al hecho de que su esencia está más allá de los patrones culturales. La vacuidad y la forma se pueden experimentar directamente en nuestra propia situación; en el medio experiencial de nuestro Ser. Es crucial entender que no hay división entre el medio puro de la deidad y el supermercado, aparte de las limitaciones de nuestra propia visión kármica.

Es necesario que entendamos la vacuidad y la forma en un espectro de modos lo más amplio posible si queremos integrar su significado en nuestras vidas.

Este significado tiene que ser activamente descubierto en el mismo tejido de nuestra experiencia. A menos que la vacuidad y la forma sean los términos experienciales con los que interpretamos el evento de nuestra vida, los aspectos rituales y simbólicos del Tantra pueden convertirse en una mera forma de pasar el tiempo en un florido ambiente espiritual. La forma puede entenderse como 'existencia' con respecto a la vacuidad como 'no-existencia'. Pero no es fácil relacionarse con esto de un modo ordinario; podríamos desarrollar el concepto nihilista de que la vacuidad significa anulación o aniquilación. Tenemos que mirar a la idea de la vacuidad, y explorar lo que significa en términos experienciales. Cuando se discute sobre la vacuidad en cualquier escuela o vehículo del Budismo; no se habla de una mera 'nada'. La vacuidad no es un vacío. Vacuidad es una *cualidad de la existencia*, del mismo modo en que la forma es una *cualidad de la no-existencia*. No se puede hablar de la vacuidad sin hablar también de la forma, porque la vacuidad sólo puede entenderse en términos de forma; y la forma en términos de vacuidad.

La cualidad de vacuidad de la existencia es el ruedo en el que las cosas suceden. Es el espacio vacío en el que las cosas nacen. El espacio libre de conceptos que permite la posibilidad de la inspiración. El vacío sub-atómico en el que las partículas aparecen y desaparecen. Es una vacuidad *creativa*; un espacio creativo. Normalmente no asociaríamos la idea de la vacuidad con la creatividad. Es más común creer que tiene que haber una especie de 'algo', de lo que la creatividad se alimenta. En cuanto a las artes y el modo en que la creatividad funciona, es interesante observar cómo nacen las ideas. Si retrocedieras siguiendo a una idea hasta el momento de su gestación; no encontrarías nada.

No hay un punto en el que puedas decir: "La idea venía sin lugar a dudas desde esta referencia particular." Es como si las 'referencias' para cualquier obra de arte, emergieran como el kyil-khor [1] alrededor de un ímpetu inicial sin forma para el que no hay definición. La vacuidad es la cualidad de la realidad que da nacimiento a la forma. La forma sólo puede existir por causa de la vacuidad; que es por lo que a menudo se refiere a la vacuidad como 'la Gran Madre'. También se le llama 'la matriz de la potencialidad', 'Madre de los Budas'. Sin la cualidad generadora de vida de la vacuidad, sólo nos queda la forma como única referencia de seguridad. Pero es imposible relacionarnos con la forma sin hacerlo también con la vacuidad, porque son no-duales; son *aspectos una de otra*. Tenemos miedo a la vacuidad porque nos imaginamos que es una experiencia en la que la forma se pierde, y tememos que pueda perderse para siempre. Nos agarramos a la forma como seguridad porque creemos que no está vacía en su naturaleza. Nuestra experiencia de insatisfacción se basa en el hecho de que estamos continuamente tratando de alcanzar la forma y lo que encontramos es la vacuidad. En realidad no se puede encontrar ninguna otra cosa – la forma está abocada a reflejar siempre la vacuidad. La vacuidad está abocada a reflejar la forma. Este auto-reflejo sin fin es la *danza sin límites* del Tantra.

Si queremos cultivar cierta comprensión sobre el significado de la vacuidad, necesitamos buscar sus reflejos en el espejo del mundo de la forma. Tenemos que mirar a los momentos en los que nuestra experiencia es transitoria; cuando una secuencia de eventos parece concluir, y el comienzo de una nueva no se ha hecho aún manifiesto. Hay un intervalo ahí – y ese intervalo es la vacuidad.

---

1   Mandala en Sánscrito; gestalt físico-visionario-espacial. Kyil-khor es el ambiente expansivo y total del Ser, que puede ser experimentado a través de las dimensiones física, visionaria y espacial de la existencia – las tres esferas del Ser. Ver capítulo 2.

En momentos así, no nos sentimos cómodos; pero no es porque estas transiciones sean intrínsecamente incómodas. Si observamos nuestra experiencia mientras vamos a través de ella, podemos percibir que tenemos una sensación de nosotros mismos que no está necesariamente coloreada por nuestras circunstancias. Esto puede hacernos sentir relajados, pero también puede ponernos tensos por querer saber qué ocurrirá a continuación. Si estuvieras en un teatro como espectador, ese intervalo podría emocionarte porque puede guardar alguna sorpresa – pero cuando esto sucede en la vida real se tiende a sentir de un modo diferente.

El teatro proporciona una forma a la cualidad de ausencia de forma del no saber lo que ocurrirá a continuación – pero la vida no parece proporcionarnos eso. El teatro y sus representaciones pueden ser entendidos como telón de fondo estructural para la incertidumbre. No te importa la incertidumbre porque tienes la definición de ser un espectador – de ser parte de una audiencia. ¿Pero quién eres tú cuando el teatro es el contexto entero en el que te encuentras?

¿Qué sucede cuando la representación teatral es la propia naturaleza de tu existencia? ¿Cuando la cortina se cierra; hay un intervalo, y el siguiente acto aún no ha comenzado? ¿Qué eres tú si no eres un espectador? ¿Si la audiencia no es una audiencia? ¿Cuando la otra gente sólo está interesada en sus propios asuntos; interpretando sus propios guiones que pueden parecer no tener conexión alguna con la forma en que te gustaría que se desarrolle tu obra? Lo que sucede es: que experimentas la vacuidad.

Si has llegado al final de una serie traumática de sucesos, puedes encontrar la vacuidad de ese final como un gran alivio. Si llegas al final de algún tipo de cautividad, el prospecto de la libertad resultará estimulante. Es vital entender que la vacuidad no es necesariamente amenazadora. La vacuidad parecerá amenazadora pero también seductora.

Lo mismo sucede con la forma. Por ello necesitamos mirar a nuestra relación con las cualidades de vacuidad de nuestra situación humana, observar el modo en el que buscamos la vacuidad cuando la forma empieza a volverse opresiva. Necesitamos también observar el modo en el que solidificamos la vacuidad aplastando nuestra propia libertad, al intentar que la forma se manifieste con excesiva prontitud.

Quizás sería interesante permitir que las cosas permanecieran indefinidas sólo un poco más de tiempo de lo que habitualmente hacemos. Podríamos intentar establecernos en la sensación de incertidumbre y sentir la textura de ello. Tenemos que llegar a una comprensión en la que vemos que las experiencias de la vacuidad y la forma son como cuentas en el hilo de energía que abarca la naturaleza de lo que somos. La palabra 'Tantra' (*gyüd* en tibetano) significa 'hilo' o 'continuidad'. La idea de hilo aquí, es que en cualquier forma que se manifieste nuestra experiencia de ser; la energía de nuestra iluminación sin principio está ahí. Desde esta perspectiva tenemos que llegar a sentir que podemos fluir con la multiplicidad de definiciones que manifiesta la realidad. Podemos sentir una *danza* en la que nadamos en esas corrientes y nos relajamos en los estanques de quietud. El Tantra nos introduce al *mismo sabor* de la vacuidad y la forma. Para ello necesitamos desarrollar la habilidad de saborear activamente la tensión dualística; en lugar de experimentarla en el papel de víctima. Esta tensión dualística es creada por nuestros continuos intentos de agarrarnos a la forma mientras rechazamos la vacuidad.

Hay una historia interesante que tiene que ver con esto, en forma de cuento popular tibetano. Es sobre un hombre que nunca se conforma con cómo le van las cosas deseando siempre que le fueran mejor. Estaba sentado en su casa un día cuando alguien llamó a su puerta. Al abrir la puerta se llevó una gran sorpresa al encontrar una mujer joven y extraordinariamente atractiva.

Al preguntarle lo que quería, ella dijo: "estoy buscando un lugar donde vivir." Le preguntó que quién era, y ella respondió: "Oh, nadie; sólo soy la Dama de la Buena Suerte – la mujer que trae larga vida, riqueza, fama y felicidad a quienquiera que me ofrece una habitación en su casa." Al oír esto se sintió muy emocionado, y dijo: "No busques más querida, puedes vivir aquí todo el tiempo que quieras; de hecho, creo que sería una gran idea que nos casáramos."

La mujer se quedó a vivir con él y el hombre empezó a tener mucho mejor aspecto, se sentía en forma y rebosante de salud. Varias empresas comerciales que poseía comenzaron a producir grandes beneficios y pronto contrató nuevos empleados.

Se encontró con que se estaba convirtiendo en un hombre respetado en la ciudad. Se casó con esta asombrosa mujer que cambió las circunstancias de su vida de un modo tan formidable y se afianzó en la idea de vivir felizmente para el resto de sus días. Pero de pronto; un día alguien llamó a su puerta, y al abrirla se encontró con la anciana más fea y estúpida que había visto en su vida. Además de fea era deforme y vestía unos harapos grasientos y ennegrecidos. Sólo mirarla le parecía espantoso, y ni qué decir del hecho de que no olía particularmente bien. Al preguntarle quién era; ella respondió: "Oh, nadie; sólo soy la Dama de la Mala Suerte – la mujer que hace la vida miserable, causa enfermedad, infamia y pobreza a quienquiera que vive conmigo." El hombre dijo horrorizado: "Tú no puedes quedarte aquí, ¡no hay sitio! ¡Yo de ti probaría en el siguiente pueblo!" Pero la mujer meneó su cabeza y dijo: "Me temo que eso no es posible; tengo que vivir contigo." El hombre aterrorizado, le preguntó nerviosamente que por qué tenía que ser así. La anciana lo miro fijamente con una mirada que no admitía discusión y exclamó: "¡Porque estás casado con mi hermana!"

La buena suerte es vacuidad y forma. La mala suerte es vacuidad y forma. Todo lo que surge es vacuidad y forma. Fuera del contexto de los cuentos populares, la buena suerte puede hacer a la gente sentirse tan nerviosa como la mala suerte. Es muy probable que la gente se aferre a la aparente seguridad del 'frío confort', en lugar de abrirse a un cambio emocionante pero que es quizás demasiado expansivo. Forma y vacuidad quedan reflejadas en la seguridad e inseguridad. La forma parece ser un foco de seguridad; porque proporciona una referencia coherente para nuestra existencia. Pero la forma es impermanente y no puede evitar destruirse a sí misma como punto de referencia. Decir que la forma es impermanente, no es distinto que decir que la forma es vacuidad. La vacuidad no parece proporcionar foco alguno para establecer seguridad; porque no ofrece una referencia coherente para apoyar lo que sentimos que significa existir. Sin embargo, la vacuidad es permanente. La vacuidad es inmutable en sí misma – es siempre la misma vacuidad; y por lo tanto proporciona una seguridad indestructible. Desde la perspectiva dualística resulta muy extraño que la única seguridad real sea la inseguridad.

Esta forma de pensar es primordial en el Tantra. Para abordar la enseñanza y la práctica del Tantra, es preciso que abracemos el significado experiencial de la danza sin límites de la vacuidad y la forma. Para esto tenemos que permitir que cada polaridad pueda existir dentro de nosotros – albergando deliberadamente la paradoja experiencial y existencial. Por lo tanto, necesitamos: cautela e imprudencia; precaución y locura; credulidad y escepticismo. Necesitamos tanto la locura como la absoluta cordura. A menos que estemos preparados para sentir la textura de estos estados irregularmente alternantes – la energía del Tantra seguirá siendo incomprensible para nosotros.

Si somos capaces de reconocer esta energía libre; y de abrazar con alegría la posibilidad de expandirnos en la temible totalidad de todo lo que se presenta – entonces podremos saber lo que es estar vivos. Si estamos dispuestos a ser impecables en esto—de ser tan escandalosos como nunca—podremos establecer una conexión personal con las prácticas Tántricas que dirigen nuestra experiencia hacia el *intenso fuego de sabiduría*.

Comentario de preguntas y respuestas

Pregunta: Rinpoche, cuando dice usted que el Tantra es 'simplemente lo que está sucediendo', ¿qué significa eso? Parece decir que estamos practicando el Tantra tanto si lo sabemos cómo si no, y no entiendo lo que esto significa en lo que respecta a mi vida cotidiana.

Rinpoche: Bien; veamos lo que ocurre en el momento presente. Tomemos el aquí y el ahora como ejemplo. Podrías decir que *esto* es Tantra; porque estoy dando una introducción al campo del Tantra. Podría estar incluso explicando algunas enseñanzas Tántricas. Pero no es eso de lo que estoy hablando. El significado del Tantra es de mucho mayor alcance que eso. Se podría decir que estar con el Lama *es* la experiencia del Tantra; eso sería cierto, y tendremos que mirar más adelante a lo que esto significa. Pero más que alguna clase de presentación formal, lo que tienes es tu experiencia de lo que está sucediendo. El hecho de que estás luchando con paradojas intransigentemente persistentes que parecen contenerse unas a otras como las capas de una cebolla o de una especie de muñeco ruso. El Tantra es el sentido en el que esto se convierte en algo con lo que se puede trabajar. Tienes lo desconocido y lo conocido; que reflejan la vacuidad y la forma; tu incomodidad y comodidad a punto de presentarse. La sensación que se tiene al hacer una pregunta; al exponer tu conocimiento y falta de conocimiento. Tienes ansiedad y confianza; placer y dolor. Es una situación en la que puedes *sentir* la electricidad de la paradoja; en la que puedes *¡cabalgar sobre la energía de la dualidad!*

P: No estoy seguro de lo que eso significa…

R: Puede significar que el placer y el dolor se alternan… y quizás puedas sentir cierta electricidad en eso. Algo que sientes – del mismo modo que sientes tu propia piel.

Cierto sentido de no estar identificado con ninguna sensación en particular – sino con todo lo que se presenta como sensación. Hay una poderosa *carga* ahí, con la que te podrías relacionar como tu propio dinamismo sin forma. Eso puede ser crucial. Ahora bien, puedes ver eso como 'simplemente lo que sucede'; o como una grandiosa oportunidad. Puedes verlo también como una indicación de que estás implicado en el samsara: en la ilusión; la insatisfacción; 'las pasiones' como a menudo se describen. No me gusta utilizar la palabra 'pasión' de este modo. Creo que necesitamos un poco de pasión en nuestras vidas: cierta energía directa y no contenida; cierto fuego en el corazón; cierta lava primal en el ombligo; cierto *descaro* genuino. Sin pasión es difícil dar origen a la compasión. Sin pasión cómo puedes hacer el voto de vaciar el samsara hasta sus abismales posos y liberar a todos los seres. Por lo tanto no hablo de 'las pasiones'; hablo de las neurosis dualísticas. Pero estoy divagando...

Así pues, este placer y dolor, y lo que sucede cuando alternamos entre ambas experiencias. ¿Qué hacemos con ello? ¿Intentamos desembarazarnos del dolor? Y si lo hacemos, ¿*cómo* lo hacemos? ¿Nos retractamos de la posibilidad del dolor tratando de contener nuestra dedicación al placer? ¿Buscamos el dolor porque sentimos que es el único factor en el que podemos confiar? ¿Cuál va a ser nuestra forma de proceder?

El Tantra no tiene que ver con ninguno de estos procedimientos o estrategias. El Tantra simplemente reconoce que el placer y el dolor existen, y que son expresiones dualísticas del estado no-dual. Por este motivo, el Tantra está sucediendo todo el tiempo. Si reconocemos esto tenemos la oportunidad de encontrar el *mismo sabor* del placer y el dolor, o al menos, de abordar nuestra experiencia desde esta perspectiva. Tan pronto como puedas ver tu placer y dolor desde este punto de vista; habrás entrado en el mundo Tántrico – ¡que es donde siempre has estado!

P: ¿Pero qué ocurre si no tengo éxito? Parece una práctica muy avanzada.

R: ¿Avanzada? Bueno sí; supongo que puedes decir que es una práctica avanzada. ¿Pero por qué involucrarte con ese concepto? ¿Por qué albergar ideas como éxito y fracaso? No hay razón para que no puedas mantener la *perspectiva* Tántrica cuando estás experimentando la alternancia de placer y dolor. Creo que debes olvidarte de si tendrás éxito o no, no es tan importante en lo que concierne a la motivación del momento. Lo que *es* vital es que mantengas la perspectiva presente en lo posible. Recordar la perspectiva es en sí mismo muy poderoso. Sería vano sugerir que alguien pueda adoptar sin más la postura de experimentar el mismo sabor del placer y el dolor; no puedes hacer eso sencillamente porque suene maravilloso. Pero; el hecho de que *es* posible hacerlo sigue ahí, y lo es para cualquiera en cualquier momento. Esto puede parecer contradictorio; pero todos estamos iluminados desde un sin principio, así que es posible que te encuentres con la experiencia de su mismo sabor – sólo por un momento. Si recuerdas la perspectiva y la tienes presente, entonces cuando llega el momento en el que el placer se vuelve dolor – simplemente permanece con la perspectiva.

No digo que se pueda dar un paso directamente a un elevado nivel de práctica, ni que haya una 'cura instantánea del samsara'. No hay cura instantánea fuera del instante presente. Dentro de ese instante sí puedes experimentar el mismo sabor. También puedes perderlo de inmediato; pero es vital que sientas que es posible. Si crees que es una práctica muy avanzada nunca lo probarás, y así no podrás descubrir ninguna cosa. Pero si estás demasiado confiado y te imaginas que puedes hacerlo porque te sientes bravucón, es más que probable que te lleves una decepción.

P: ¿Se refiere usted a eso cuando dice; incluso sin la experiencia de la vacuidad, se pueden vislumbrar destellos del reino del Tantra?

R: Sí, es muy posible si estás dispuesto a *vivir la perspectiva*, a practicar esta perspectiva. Mucha gente parece disfrutar escuchando estas enseñanzas cuando sus vidas van bien. Disfrutan leyendo libros sobre este tipo de cosas, y discutiendo sobre ello con sus amigos. Pero cuando la vida empieza a ponerse 'interesante' parecen olvidarlo todo sobre la perspectiva. Hay una vieja maldición china que dice: 'Que vivas en tiempos interesantes.' Yo os deseo a todos los presentes que viváis en tiempos muy aburridos. Pero si alguna vez la vida se pone 'interesante'... ¡Espero que permanezcáis con la perspectiva! Esta perspectiva contempla la posibilidad de la ambivalencia como un campo con el que se puede trabajar. Desde esta perspectiva puedes contemplar la posibilidad de asir los *desnudos cables eléctricos* de la esperanza y el miedo para sentir el *voltaje existencial de la realidad.*

P: Rinpoche, usted dijo que el modo en el que nos mantenemos no-iluminados, era un proceso en el que parpadeamos todos los sentidos deliberadamente. ¿Podría decir algo más sobre esto?

R: Bien; recuerdo que cuando estaba en mi primer año en la escuela de arte me invitaron a una fiesta que se celebraba en una residencia palaciega en el campo. Era una de esas casas en las que el camino que conduce hasta ella tiene unos ochocientos metros. La puerta frontal tenía unos impresionantes escalones circulares que bajaban hasta una explanada en la que había un gran número de coches y motos aparcados. Alguien había colocado una luz estroboscópica que latía escaleras abajo, de tal modo que tenías que caminar hacia la luz al tratar de entrar en la casa. ¡Es muy difícil subir escalones cuando éstos aparecen y desaparecen en frente de ti! La mayoría de la gente tenía que subir a cuclillas. Los que trataban de subir caminando se caían. Así que tuve una idea, parpadeaba mis ojos al tiempo con la luz de tal modo que la cortaba del todo. No estaba tan oscuro como para no ver los escalones, y caminé sin problemas hasta la puerta. La gente quedó bastante sorprendida.

Puede ser muy fácil no ver lo que no quieres ver. En este caso fue de gran ayuda; pero cuando se trata de ver la naturaleza de la Mente, cortamos el espacio al parpadear al tiempo que surgen nuestros pensamientos.

P: ¿Cómo funciona la ambivalencia en relación a la sabiduría y la compasión en la práctica del Tantra?

R: La sabiduría y la compasión son vacuidad y forma; no están separadas. Ésa es la meta del Tantra – la unificación de la vacuidad y la forma. Si la práctica del Tantra es unificarlas, entonces la ambivalencia es naturalmente un aspecto poderoso del sendero. Mientras persista la apariencia de la dualidad, la energía de la ambivalencia estará ahí: me ama, no me ama; me ama, no me a ma… ¿Lograré la realización a través de la práctica, o no me traerá más que dolor de tobillos y rodillas? Uno de los grandes tantrikas indios arrojó su *teng'ar* (rosario) a la letrina disgustado, después de haber practicado su *yidam*[2] ¡sin interrupción durante doce años! ¡Ese fue un poderoso ejemplo de ambivalencia! Y en aquél momento despertó de nuevo a la práctica; se convirtió en un *mahasiddha*.[3] Hubo algo que jamás le había sucedido antes de aquello. La danza de la vacuidad y la forma había estado estancada – ¡faltaba la electricidad de la ambivalencia!

Sabiduría y compasión pueden sonar muy bien como conceptos. Quizás a todos nos gustaría sentarnos en perfecta postura de loto, rezumando compasión hacia todos los seres y morando en un estado de 'gran sabiduría'. Pero no siempre es así, ni siquiera para los mahasiddhas.

---

2 Ser-de-consciencia (ser de sabiduría o deidad meditacional). Esta práctica está descrita en el capítulo 4.
3 Fue uno de los ochenta y cuatro mahasiddhas o grandes maestros realizados.

Para los tantrikas la sabiduría y la compasión son polos eléctricos vivos. ¡Los agarras y experimentas la oleada de la existencia y la no-existencia encendiéndote como el sol! Entonces… es posible que irradies compasión desde el espacio de sabiduría vacío de tu ser.

P: Este asunto de la vacuidad y la forma parece muy importante para la práctica del Tantra, pero parece que requiere también de una implicación casi de vida y muerte…

R: No 'casi'.

P: Una implicación de vida y muerte (risas). Eso es muy poderoso, pero muy difícil.

R: Si. Pero no más difícil de lo que tienes ahora mismo. *Tienes* una implicación de vida y muerte con ser exactamente lo que eres. ¡Existir *es* una implicación de vida y muerte!

P: Supongo que no hay modo de sortear eso, ¿no es cierto?

R: No, si tienes suerte.

P: Encuentro difícil entender la vacuidad. Parece significar que no hay nada, y no tengo ninguna experiencia de eso en mi vida.

R: En realidad es muy probable que tengas una experiencia considerable de la vacuidad en tu vida. La vacuidad no es un concepto abstracto; un estado místico; o una especie de condición última. La vacuidad es una cualidad de la existencia, al igual que la forma. Tu vida *es* vacuidad y forma. ¿Pero cómo se manifiesta eso? Vacuidad es cuando tienes un nombre 'en la punta de la lengua' y no puedes recordarlo: el nombre que simultáneamente sabes y no sabes. Forma es ir corriendo entre montones de nombres tratando de encontrar el apropiado; como un perro que busca el pedazo perfecto de caca de oveja para comer. Forma es cuando el nombre te viene – ¡de la vacuidad! Cuando esto ocurre jamás parece provenir del acto de buscarlo.

Viene de la vacuidad de estar en equilibrio entre el saber y el no saber. Entonces el nombre está ahí, pero es un nombre vacío, porque ya no estás luchando por encontrarlo – simplemente está ahí. Tienes la sensación de que algo ha surgido, y se ha disuelto de nuevo.

Vacuidad es el momento en el que te despiertas del sueño; justo antes de conceptualizar que has despertado. Vacuidad es crisis de identidad, es el opuesto de *déjà-vu*. Se le llama *jamais-vu* – la sensación repentina de no tener ningún concepto de dónde estás ni de lo que estás haciendo. Vacuidad es el momento anterior al nacimiento de una situación. Vacuidad es incomprensión, estupefacción o asombro sin palabras. Vacuidad es la cualidad de la sensación que no es una cosa ni otra. Todos estos son reflejos de la vacuidad.

P: ¿Podría usted decir algo más sobre la sensación de algo que no es una cosa ni otra, Rinpoche? Me suena familiar en cierta manera, y sería de gran ayuda saber cómo relacionarse con esto como práctica.

R: Bien; tomemos el miedo y el júbilo. La energía es exactamente la misma, es sólo una cuestión de interpretación. Un piloto de carreras siente miedo; pero ese miedo se experimenta de acuerdo a parámetros positivos en los que tiene la cualidad que se conoce como excitación, es emocionante. La sensación de que tu vida está en peligro puede enfermarte hasta el punto de vomitar; o puede hacer que experimentes el estar vivo de un modo muy poderoso. Después está el enamorarse y el sufrir un ataque de pánico. Si observas los síntomas fisiológicos, verás que son idénticos. Este podría ser un aspecto de *vivir la perspectiva*. Quizás la próxima vez que empieces a sentir pánico, te digas a ti mismo: "¡Esto es fantástico, es como enamorarse!" Y cuando te enamores digas: "¡Puede que esto sea un ataque de pánico!" Si miras atrás puede que haya ocasiones en las que si hubieras pensado: 'Esto es un ataque de pánico' ¡podría haberte ahorrado un montón de problemas!

Pero; sentir el aspecto dual de cada sensación, es un modo muy efectivo de entender la cualidad de vacuidad de la forma – a través de la cualidad de forma de la vacuidad.

P: ¿Entonces para vivir la perspectiva tendríamos que ver muchas de las áreas de nuestra experiencia que encontramos incómodas, como oportunidades para lograr una mayor experiencia del Tantra? Parece implicar que no puedes esconderte de nada, permaneciendo siempre presente ante cualquier cosa que surja. Supongo que para mantener eso se necesita una gran cantidad de energía.

R: Estás en lo cierto; menos en lo de que se requiera mucha energía para mantenerlo. En realidad requiere mucha más energía crear un caparazón en el que intentamos vivir como si no estuviera ocurriendo nada. ¡Mantener la ilusión de la dualidad requiere de una increíble cantidad de energía! Si 'estar presente' supone un esfuerzo, entonces es que no estás realmente presente. Es una especie de teatro; es fingir que estás presente, cuando en realidad estás haciendo una prueba de conducir sin ninguna intención de comprar. Para eso necesitas efectuar un gran esfuerzo. Es como ser un hippie o budista de fin de semana; o un tantrika de cinco segundos.

P: ¿Entonces… la línea básica es abandonar toda expectativa?

R: Sí. Tienes que hacerlo sin red de seguridad. Si practicas el Tantra con la red de seguridad del samsara; todo el asunto se torna en decepción, y tu práctica se convierte en un hobby. Tienes que ser total.

P: Pero cuando no estás más que empezando eso parece imposible. ¿Qué haces si no tienes el coraje para ser total?

R: Eso no es problema. Si tienes miedo de ser total; experiméntalo como tu condición. Permite que tu miedo a la implicación total se sitúe en el mismo espacio que tu fascinación por ello.

Lo que es una pérdida de tiempo es decirte a ti mismo que eres total, cuando no lo eres. Ser total es reconocer tu condición *exactamente tal como es*. Ser total en este sentido significa actuar sin la red de seguridad de la imagen personal. Estás abordando cada situación exactamente cómo eres – sin ninguna pretensión de ser total; o incluso espiritual. Es suficiente con ser real. Si eres real, habrá mucha ambivalencia.

P: ¿Por qué no olvidarse sencillamente de todo y pasarlo bien?

R: Claro que sí, adelante. Podría ser así de sencillo.

P: Vacuidad y forma, como sabiduría y compasión, femenino y masculino, parecen ser un tema central en el Tantra. Siento que aquí hay algo que es importante entender…

R: Entender la vacuidad y la forma – es todo lo que necesitas. No hay nada que comprender más allá de eso. La comprensión total de los cinco elementos brota naturalmente de ese entendimiento. Esa es la esencia del Budismo. Por muy complejo que parezca el Tantra, se trata sencillamente de la vacuidad y la forma como danza de los cinco elementos. Puedes dividir el diccionario por la mitad – en palabras de forma y palabras de vacuidad. Si miras a cualquier aspecto de lo que somos, encontrarás la manifestación de la vacuidad y la forma. Tenemos un 'instinto de supervivencia' y un 'deseo de morir'. Buscamos la excitación y la relajación. Nos sentimos atrapados en roles y tenemos crisis de identidad. Sentimos que la gente no aprecia nuestro valor, o que tienen una visión de nosotros mucho más allá de lo que en realidad somos – ambas son expresiones de la vacuidad y la forma. Si tus talentos fueran ignorados, te podrías sentir muy identificado con la realidad de lo que sabes que tienes para ofrecer. Si eres una estrella legendaria de rock, puedes llegar a sentirte como un fantasma habitando una personalidad creada por otros.

Vacuidad y forma como femenino y masculino; compasión y sabiduría; método y visión – dan origen a la increíble riqueza de enseñanzas disponibles en los Tantras Budistas.

P: Cuando habló usted de la cualidad del mandala con respecto a entender el Tantra, me dio la impresión de que se refería a que era posible experimentar los aspectos de vacuidad y forma de las circunstancias de nuestra propia vida en términos del principio mandala.

R: Sí. Si empiezas a ver tu vida como el juego de la vacuidad y la forma, puedes empezar a apreciar el color y la vivacidad del Tantra. Esto es especialmente vital cuando has recibido iniciación a la práctica de una deidad. Recibir una iniciación implica mucho más que el lograr acceso a un paisaje esotérico interior. La introducción a la perspectiva Tántrica provoca nuevos vislumbres de nuestra propia dimensión Tántrica. Esta dimensión arrolladoramente personal se llama kyil-khor. Kyil-khor es el perfil totalmente privado—y sin embargo completamente público—de nosotros mismos que jamás creímos tener. Bueno, quizás hubo indicios de ello, pero siempre nos las arreglamos para mantenernos lo bastante ocupados conceptualmente para olvidarlo. Generamos una amnesia selectiva; y después olvidamos que lo estamos haciendo. Esta dimensión Tántrica, kyil-khor, impregna lo que somos; y sin embargo, está casi totalmente oculta por el estilo de nuestra percepción. Por este motivo tenemos que aprender a cómo *ver*. Necesitamos hacerlo mediante la práctica de *vivir la perspectiva*. Tenemos que estar abiertos al modo en el que las cualidades de nuestra existencia crean un patrón inspirador. El Tantra es una *danza sin límites*. La danza de nuestros sentidos con sus correspondientes campos sensoriales – divididos y aun así no-divididos, separados y aun así no-duales. El juego de la vacuidad y la forma es el tejido de la experiencia – la sangre vital del Tantra.

2

Entrando en la Esfera de la Energía

Existimos en continuo flujo. Nos movemos y somos movidos, en la danza de las apariencias – en el ilimitado patrón de la creación y la destrucción. Lo perceptible y lo imperceptible parecen hacer el uno del otro un misterio.

Sentimos que somos sólidos, y sin embargo no estamos seguros de nuestra existencia. Sentimos que nuestro mundo es coherente en un momento; y al siguiente, toda la estructura de nuestra vida parece cuestionable. Si no experimentamos nuestra espaciosidad intrínseca – sólo podremos experimentar esta alternancia como: dolor; incomodidad; aislamiento; aburrimiento; pánico; o insatisfacción.[1] Pero tan pronto como empezamos a practicar la meditación; a mirar fijamente a la naturaleza de lo que somos; empezamos a sospechar un poco de nuestra vida. Quedamos intrigados por las transparentes ambivalencias de nuestra situación. Es muy posible que las cosas no sean lo que parecen ser; y al mismo tiempo sean exactamente lo que parecen. Podríamos llamar a esto la broma Tántrica, el sentido del humor vajra que nos incita continuamente a preguntarnos: ¿Qué está ocurriendo? ¿Por qué es tan sólida esta solidez, y al mismo tiempo tan insustancial? ¿Por qué estoy consumido por tanta certeza e incertidumbre? A veces la solidez es demasiado sólida, presente, dura y directa. Esta solidez puede volverse terriblemente omnipresente; terroríficamente 'en nuestro camino'. Puede que deseemos gritar: "¡Tierra trágame!"; "¡Piérdete cuerpo!"; "¡Que desaparezcan todas las cosas y toda la gente!"

---

1 De todos modos, nuestra espaciosidad intrínseca resplandece todo a través, porque estamos iluminados desde un sin principio. Esto da origen a la alegría, exaltación, amor, asombro, simpatía, etc. – todas las emociones positivas que experimentamos junto con las frustraciones del samsara.

Cuando una solidez tan inconveniente domina nuestra experiencia, nos gustaría volvernos: un poco borrosos, un poco amorfos – para no tener que relacionarnos con la intransigente rigidez de un mundo que no parece estar dispuesto a acomodarse a nuestras sensibilidades.

Algunas veces esta solidez es como una telaraña – nuestra realidad deja de comprenderse a sí misma, y parecemos estar presenciando una representación de la que estamos desconectados. Nuestra experiencia parece atenuada, y nuestra identidad parece carecer de sustancia. El mundo permanece igual; nosotros cambiamos. Nosotros permanecemos igual; el mundo cambia. Evolucionamos; quedamos estancados. Los patrones cambian; los patrones se congelan. Los fenómenos internos regulan los fenómenos externos; los fenómenos externos regulan los fenómenos internos. Las múltiples realidades de la existencia se interpenetran unas a otras. Vivimos en continuo flujo.
Nos movemos y somos movidos, en la danza de las apariencias – en el ilimitado patrón de la creación y la destrucción. Lo perceptible y lo imperceptible parecen hacer el uno del otro un misterio.

Es como si nuestra percepción fuera como la superficie de un arroyo, y esta superficie fuera inconsciente del lecho del río o del cuerpo móvil de agua que constituye su flujo. Este puede ser un concepto difícil de entender, pero considérate a ti mismo como la tensión superficial del agua, un darse cuenta o consciencia bidimensional. ¿Qué sucede cuando un guijarro cae al agua? Un pez salta – ¿qué experimentarías? Quizás sería algo así: un punto aparece, crece con rapidez y súbitamente decrece. Vuelve a convertirse en un punto y desaparece. La experiencia ha desaparecido; y con ella, todo sentido de comprensión. Ahora; ¿Qué fue eso? ¿Cómo ocurrió? ¿Fui yo? ¿Fue una alucinación? ¿Fue Dios, o el diablo? Puede que fuera una experiencia espiritual... ¿Pero qué significa?

¿Qué puedo hacer con ello? Desde la perspectiva del Tantra somos bidimensionales en nuestra visión del mundo y la de nuestro ser. Pero el tantrika vive en un mundo tridimensional – un mundo de una suntuosa fluidez creativa. Estas dimensiones son las tres *esferas del ser*, y para la práctica del Tantra es fundamental tener una comprensión de ellas. Estas tres esferas del ser son: *chö-ku, long-ku* y *trül-ku*.[2] Estos términos tienen un significado tan rico y exorbitante que no es posible abarcarlo en una sola palabra de las lenguas occidentales – nuestros vocabularios no son aptos para ello. De todos modos, como punto de partida podemos referirnos a ellos como: *vacuidad, energía* y *forma*. Chö-ku—vacuidad—es la esfera de potencialidad no-condicionada.

Long-ku—energía—es la esfera de apariencia intangible.

Trül-ku—forma—es la esfera de la manifestación realizada.

Chö-ku es la no-cosidad de la que toda cosidad emerge, y en la que se disuelve. En cierto momento de la historia (no hace tanto tiempo) esta declaración sería considerada por mucha gente en occidente como otra paradoja inescrutable más; o mera metafísica oriental. Pero esto ya no es así. Nuestra propia ciencia occidental, basada en lo material, ha desechado la 'objetividad' como medida última o fundamental de la realidad. Así que ahora estamos culturalmente más libres para examinar estas ideas. Al nivel de la materia la ciencia occidental ha hecho descubrimientos similares al Tantra: el bloque básico sobre el que se construye la realidad, sencillamente *no está*. La fuente de la que surge la materia es la nada; y sin embargo, *¡la cosidad* nace a la existencia! Las cosas son evidentemente existentes, pero al mismo tiempo parecen no existir. Ahora la ciencia también trata con la paradoja…

---

2   En Sánscrito son conocidas como *dharmakaya* (chö-ku), *sambhogakaya* (long-ku), y *nirmanakaya* (trül-ku).

No intento en modo alguno validar el Tantra en base a los descubrimientos de la física de las partículas. El mejor modo de validar la perspectiva, la práctica y la actividad del Tantra es a través de la experiencia personal – bajo la guía de un Lama cualificado. La gente se extravía a menudo al intelectualizar sobre este tema. Es una triste y fatigosa preocupación.

Los maestros Tántricos describen a menudo la comprensión intelectual como remiendo – que está destinado a caer algún día. Buscar la validación de la perspectiva Tántrica, es ocultar el hecho de que ésta debe ser *realizada*. He mencionado el tema de la física de las partículas para expresar deleite en el hecho de que ahora estamos preparados para entrar en la práctica del Tantra como paso pragmático. Espero que lo que estoy comunicando no se limite a una audiencia de 'sensibles' o de 'inclinación mística'. Me gustaría dirigirme a toda la gente que quiera abordar las preguntas básicas de la existencia de un modo ferozmente alegre.

El Tantra habla de la vacuidad como *espacio creativo*. El espacio creativo es la matriz de la potencialidad, la madre de los fenómenos. A diferencia de la física de las partículas, la palabra 'fenómeno' no se limita a los fenómenos materiales, sino que abarca también los no materiales – la naturaleza misma de nuestro ser. Nosotros también surgimos del espacio creativo.

La consciencia surge y se disuelve en el espacio original de la Mente-como-tal. Cuando hablamos de 'mente' se presenta un problema semántico. El Tantra habla de la mente de modos muy sutiles; tenemos una mente con 'm' minúscula, y una Mente con 'm' mayúscula.[3]

La mente de 'm' minúscula, es la mente tal como es entendida en la psicología occidental (incluyendo la función del cerebro).

---

3 *Sem* (mente) y *sem-nyid*. (Mente-como-tal, naturaleza de la Mente) en tibetano.

La Mente de 'm' mayúscula o Mente-como-tal, es la cualidad vacía o espacial de nuestro Ser.

Es la condición primordialmente presente y no-originada, en la que la mente de 'm' minúscula es una manifestación fluctuante. Si resulta difícil entender esto – considera un océano y sus olas. El movimiento de las olas; la corriente bajo las olas; la blanca espuma que anima la superficie del océano – todo esto es la mente de 'm' minúscula. El agua, el cuerpo del propio océano, es la Mente de 'm' mayúscula. Todos estos aspectos del 'océano' existen por causa del vasto cuerpo de agua que constituye el océano. Nosotros vemos las olas y oímos la abrumadora corriente, por causa del agua. Aunque las olas y la corriente *son* agua, éstas no constituyen una definición del agua – sólo definiciones de los distintos aspectos del agua. A diferencia del agua, sin embargo, las definiciones de la Mente no tienen límite ni fin. La mente no puede proporcionarnos una definición que abarque a la Mente. Cualquier concepto sobre la Mente, creada por la mente; es sólo el reflejo de alguna *cualidad* de la Mente – la mente no puede conocer a la Mente. Sólo la Mente puede conocer la Mente, porque tiene luminosidad propia. Luminosidad propia como descripción de la Mente, significa que su capacidad de conocer no depende de ninguna cosa – es *puro conocer*. Una ola es un aspecto del océano – no su completa gama de apariencias. Puede haber rizos, suave oleaje o enormes olas de una tremenda fuerza destructiva. De este modo, la mente es una manifestación de la Mente – sin embargo; por lo general sólo percibimos la mente.

Kunzang Dorje Rinpoche me contó una vez una historia sobre un tigre que creía ser una oveja. El tigre se había perdido cuando era un cachorro, y acabó siendo criado por ovejas. El tigre naturalmente se identificó con las ovejas y sus costumbres – aprendió a ser una oveja. Se movía como una oveja, emitía sonidos como las ovejas y era muy asustadizo.

Entonces; un día apareció otro tigre que pasaba sigilosamente por el lugar y quedó perplejo al ver al tigre-oveja mordisqueando la hierba. Era una extraña visión para el tigre, ya que el tigre-oveja debería estar mordisqueando a las ovejas en lugar de mordisquear pacíficamente la hierba en su compañía. Curioso y en cierto modo pasmado, el tigre se acercó lentamente y gruñó un sonoro barítono, '¡Hola!', que aterrorizó hasta tal punto al tigre-oveja, que corrió hasta caer exhausto.

Los seres realizados pueden aparecer ocasionalmente como tigres ante aquellos de nosotros que imaginamos que somos ovejas. Kunzang Dorje Rinpoche puede sin duda manifestarse como un tigre ante alguna gente. Su pura y chispeante presencia, su cualidad de estar *aquí*, tiene una fiereza que corta de cuajo toda pretensión. Si tienes agendas ocultas, es más que probable que experimentes cierto nerviosismo y temor en su presencia. Esto no es porque él *sea* fiero; sino porque es un tigre de un modo muy natural – y la mayoría de la gente se creen ovejas de un modo muy poco natural. Él ronda las vastas extensiones de la Mente mientras otros mordisquean la hierba en los cercados terrenos de la mente. Esto lo sé muy bien, porque yo mismo he sido una oveja prototípica en su presencia durante algunos años. Sin embargo, tiene una profunda habilidad para transformar ovejas. Desde que conocí a Kunzang Dorje Rinpoche he descubierto un poco de mi propia habilidad para: gruñir; rugir; agitar la cola; y acechar significados que silban en el viento. Ahora él parece la personificación de la cordialidad y la bondad. No podemos experimentar la lujosa calidez de la piel del tigre, ¡si quedamos petrificados ante sus garras y dientes! Lo mejor que podemos hacer como ovejas es balar lastimosamente.

Long-ku, energía, es la esfera de apariencia intangible. Es la *manifestación primaria* de la vacuidad – su espontáneo surgir inicial. Pero cuando utilizamos la palabra 'energía' podemos equivocarnos equiparándola con alguna clase de fuerza o carga.

Podríamos considerarla como una potencia, como la electricidad o incluso algo tan sutil como la luz. El Tantra, sin embargo, considera incluso a la energía más sutil de este tipo como sustancia. Así que cuando utilizamos la palabra energía en el Tantra – no estamos hablando de 'energía sustancial'; sino de energía *inmaterial*. Esta energía es la pura manifestación auto existente de la vacuidad; y es en sí misma la semilla insustancial del mundo material.

Long-ku es la esfera de la luz y el sonido. Pero como ya he dicho: estas cualidades de 'luz' y 'sonido' no son la luz y el sonido tal como las conocemos ordinariamente – aunque la luz y el sonido son métodos a través de los cuales podemos experimentar esta esfera. El tema de la energía es muy difícil para mucha gente; pero no debemos sorprendernos por ello. Si esta información te deja un poco aturdido y confuso, no te desanimes – deja simplemente que te invada. No te empeñes demasiado en entenderlo con las pinzas del intelecto. El único modo de entender esta información es practicar; y el punto de partida es encontrar el estado sin pensamiento. Hay prácticas bien conocidas como el *shi-nè*[4] (Meditación sentada); y si adquirimos experiencia en permitir que la mente se vacíe por sí misma, surgirá una completa gama de posibilidades de un modo natural. La comprensión de la energía es quizás el más valioso entendimiento que puede traernos este estado no-referencial. En cierto modo, no tiene sentido discutir sobre temas con los que la gente no tiene un punto de conexión. Pero; como ya dije anteriormente, este conocimiento es integral a nuestro ser. Por tanto, las explicaciones pueden conectar con nuestro conocimiento primordial. Si esto no fuera así, cualquier tipo de enseñanza resultaría tediosa. La comprensión *puede* resultar de la explicación, y a veces es un mero destello. Hay veces que permanece unos instantes mientras estamos en la presencia del Lama. Y algunas veces – cambia radicalmente nuestras vidas.

---

4   La práctica del shi-nè es tratada en el capítulo 3.

Esto me recuerda las muchas veces, al principio de mi aprendizaje, cuando tenía algún notable destello de entendimiento. Al estar escuchando alguna enseñanza; y de repente, quedar inundado por una perfecta comprensión. Era tan exquisita y completa que me hacía sentir ligeramente incorpóreo, pero al mismo tiempo enraizado en la tierra. Estos destellos tan claros y poderosamente vivos me hacían sentir a veces gran éxtasis, y corría a toda prisa para hablar de ello a la gente. Me sentía muy emocionado y obsequiaba a mis amigos con 'esta cosa tan asombrosa' que acababa de comprender. Parecía imposible retenerlo – ¡Era tan obvio! ¡Estaba tan claro! Pero para mi sorpresa, tropezaba con mis palabras. Comenzaba de nuevo para ir más despacio pero no podía ponerlo en palabras. ¡Era desconcertante! Lo había escuchado en palabras, ¿Entonces por qué no podía repetir aquellas palabras? De algún modo había perdido las palabras exactas del Lama. Había cierto patrón sutil en el orden de las palabras que aún podía saborear, pero no era capaz de reconstruir. No importaba desde que ángulo lo abordara, seguía siendo tentadoramente escurridizo. Algo se había escabullido por los costados. El sentido se había extraviado en algún lugar. La pura perfección de la explicación se había convertido en una incoherente colección de palabras. Cuanto más luchaba por atrapar la claridad que había experimentado con el lenguaje, más me eludía ésta. Al final la experiencia degeneraba en confusión y nubes de razonamiento. ¡Lo había perdido completamente!

Esto sucedió muchas veces, y lo siguió haciendo hasta que me di cuenta de que lo que tenía que hacer era sentarme en silencio, y permitir que mi entendimiento sucediera por sí mismo en el espacio de mí ser. Entonces descubrí que hay muchas clases de entendimiento.

Tenemos: el entendimiento que se escurre aunque las palabras de la enseñanza se sucedan unas a otras (quizás eso te esté sucediendo al leer estas palabras); el entendimiento que resplandece por un momento, y se va; el entendimiento que permanece pero no puede ser explicado; el entendimiento que permanece, pero sólo puede ser expresado en los mismos términos en los que se ha dado la explicación; el entendimiento que puede ser expresado en tus propias palabras; y finalmente – el entendimiento que puede ser expresado como una danza infinitamente variada, y cuyo carácter depende sencillamente del carácter de la pareja de baile.

El poder de explicación de Chhi-'mèd Rig'dzin Rinpoche ha sido siempre un ejemplo deslumbrante para mí. Tiene una increíble facilidad para orquestar: palabras; tonos; énfasis; miradas; gestos; circunstancias; atmósfera; estados mentales; ¡incluso el tiempo atmosférico! Él siempre conjuraba lo concebible y lo inconcebible con tan inmaculada precisión que me transportaba fuera de mi propio reconocimiento de mí mismo, flotando libre de conceptos en una infinidad de campos interpenetrantes de significado. Me recorrían unos sentimientos arrolladores que se presentaban por sí mismos, y me convertía en la enseñanza. Me disolvía en el espacio de Chhi-'mèd Rig'dzin Rinpoche. Entraba en una realidad en la que todas las demás realidades se explicaban por sí mismas con humor. Y entonces; de pronto desaparecía todo y me encontraba caminando de puntillas sobre excrementos en callejones indios. Con mis nervios chirriando por la cacofonía de estruendosos bocinazos de coche y el continuo asalto de música de películas hindús a todo volumen.

Trül-ku, forma, es la esfera de la manifestación realizada. Alguna gente estará familiarizada con la palabra 'trül-ku', que viene adjunto a los nombres de algunos distinguidos Lamas.[5]

---

5 *Tulku* es la ortografía fonética común de esta palabra. Algunas veces se escribe *trül-ku*, pero en traducción directa se escribe *sPrul-sKu*.

Todo Lama que es reconocido como encarnación de un previo Lama (habiendo alcanzado un elevado estado de realización, y cierto dominio sobre el proceso de la muerte) es denominado como trül-ku. En términos fundamentales todos podríamos ser considerados como trül-kus – porque estamos iluminados desde un sin principio. Sin embargo; debido a que no nos damos cuenta de nuestra iluminación sin principio, esta palabra no siempre es aplicable. En términos relativos (al estar atrapados en los procesos en los que filtramos nuestra iluminación sin principio) existimos como una 'ilusoria consciencia de forma' con el potencial de convertirse en trül-ku. Trül-ku es aquel que surge de la vacuidad como energía y se incorpora como forma – dándose cuenta y siendo libre en ese juego de la realidad.

La tensión que impide a la gente ser trül-ku, es que no se reconocen a sí mismos como ser-de-energía que surge del ser-de-vacuidad. Long-ku se conoce como tal porque lleva el conocimiento implícito de su propio surgir de ckö-ku; y la capacidad de manifestarse como trül-ku. Chö-ku se conoce como tal porque tiene luminosidad propia – está impregnado del conocimiento no creado de potencialidad ilimitada. Chö-ku, long-ku y trülku, existen como un campo único – el cuarto, que es la esfera indivisible del Ser. Se conoce también como *dorje-ku* (esfera indestructible) o *ngo-wo-ku* (esfera esencia).[6] Chö-ku, long-ku y trül-ku se manifiestan como tres modalidades inherentes de acceso a la experiencia unitaria de la realidad. Pero la experiencia de la realización no ve fronteras o divisiones entre ellas. La intención iluminada surge de la experiencia del campo único de la realidad, y por ello manifiesta métodos para entenderse a sí misma que son reflejos de nuestro sentido de divisibilidad.

---

6 *Vajrakaya* en sánscrito.

Esta intención iluminada utiliza la estrategia de las aparentemente separadas esferas del ser, como medio para comunicar la naturaleza de la realidad a aquellos que han quedado confundidos por la divisibilidad. Así pues; en la perspectiva del Tantra, esta representación de división es un aspecto de los medios hábiles que destruye la divisibilidad. El Tantra utiliza la fuerza de la propia ilusión, para destruir la ilusión. El Tantra funciona de este modo porque la energía del engaño no es otra que el juego de nuestra propia iluminación.

Dorje-ku es la cualidad absoluta no-dividida de la naturaleza iluminada. Ésta es la esfera completamente libre de inhibición – la esfera de la realidad indestructible, en la que las fijaciones dualísticas no tienen base. Cualquier cosa que surge en esta condición se convierte en un ornamento del estado iluminado en el instante de su surgimiento. Desde la perspectiva panorámico dimensional del Tantra, y para actualizar este estado—convertirse en trül-ku— necesitamos unificar la vacuidad y la forma entrando en la esfera de la energía.

Comentario de preguntas y respuestas

Pregunta: ¿Podría usted decir algo más sobre trül-ku? Tenía la impresión de que la palabra 'trül-ku' indicaba que un Lama era la emanación de una deidad; como Su Santidad el Dalai Lama es la emanación de Chenrezigs.

Rinpoche: Si. Eso es cierto; pero tienes que entender lo que eso significa, y el modo en el que sólo es una expresión visionaria de esta realidad. Puede que esto necesite una mayor explicación. Chenrezigs, la personificación visionaria de la compasión, es el *método* mediante el cual Su Santidad el Dalai Lama (y también algunos otros grandes Lamas como Su Santidad Gyalwa Karmapa, director supremo de la Escuela Karma Kagyüd) han *integrado* la vacuidad y la forma. ¡Chenrezigs es la naturaleza de tu propia Mente iluminada! ¡Cuando te des cuenta de esto, tú también serás una emanación de Chenrezigs!

P: ¿De quién es usted una emanación Rinpoche?

R: ¿Yo? De alguna especie de osito de peluche, me imagino.

P: No, en serio.

R: ¡En serio! Lo único que es especial en mí es que he tenido la gran fortuna de haber estudiado con algunos de los más grandes Lamas de este siglo. Sería más interesante escuchar algo sobre Kunzang Dorje Rinpoche, él es *muy* interesante. Kunzang Dorje Rinpoche está considerado como una emanación de Dorje Tröllö. Dorje Tröllö es la manifestación más colérica de Padmasambhava. Trungpa Rinpoche dijó que era el Maestro de la Loca Sabiduría, la forma de Padmasambhava que destruye los demonios de nuestra más atormentada confusión con ferocidad no-dual e ilimitado abandono.

Deberíais tener claro que los Lamas tienen personalidades muy diferenciadas en su forma de manifestar las enseñanzas. Las innumerables deidades de la tradición Tántrica existen como *métodos* para la realización. Todos los grandes Lamas vivos en la actualidad, pueden ser caracterizados por la expresión visionaria de éstas deidades. Esto no significa que haya diferentes clases de iluminación, sino que hay un número ilimitado de métodos a través de los cuales se pueden manifestar los Lamas para poder comunicarse de un modo efectivo con la gente. ¡No todo el mundo puede trabajar con un Lama colérico!

P: ¿Puede usted explicar lo que significa el término 'colérico' – y de qué modo puede ser un medio de enseñanza?

R: La ira, compasión colérica, o ferocidad con respecto al método interactivo del Lama, tiene que ver con la absoluta franqueza. Es el modo de comunicación en el que no hay transigencia ni cortesía, en lo que respecta a hablar en eufemismos sobre la situación de una persona. Esta cualidad de ira o loca sabiduría, no llama 'sala de reposo' a unos retretes, pero tampoco se complace en un comportamiento tosco sólo para escandalizar a la gente. Incluso las palabras 'retrete' y 'lavabo' significan simplemente: lugares para lavarse, ¡en vez de lugares para excretar! Hay una tremenda dignidad y humanidad básica en esta cualidad colérica. El modo en el que Kunzang Dorje Rinpoche manifiesta la compasión colérica, es siendo completa y absolutamente total en todo lo que dice o hace – en las cosas que son cruciales.

P: Creo que no entiendo muy bien por qué la absoluta franqueza tiene que ser considerada 'colérica'. A mí me suena ideal – estar tratando con la realidad absoluta todo el tiempo; incluso si es duro. Pero la palabra 'colérico' parece implicar algún tipo de ira, y no creo que se refiera a eso. ¿Quizás algo así como 'implacable'? Supongo que no entiendo muy bien el término.

R: Podrías decir también implacable; en el sentido de no mostrar piedad hacia las ilusiones que no harán más que causar sucesivo dolor al estudiante. Pero al utilizar la palabra 'colérico', se hace referencia a una considerable energía. Esta es la palabra que se utiliza popularmente para traducir la palabra tibetana *tröwo*. Pero se podrían utilizar otras palabras. Yo utilizo también las palabras 'ferocidad' o 'fiereza'. Es obvio que no llamaríamos 'ira' al modo en el que una tigresa consigue su cena… pero tampoco se refiere a eso. No estamos hablando del nivel de la cruda supervivencia, del hambre de matar para comer. ¡Estamos hablando de matar conceptos para poder salir a cenar al dharmakaya! ¡Estamos hablando de la posibilidad de acelerar – de ir más rápido! Con los métodos coléricos de enseñanza el estudiante se mueve más rápido, ¡Pero es un viaje que destroza los nervios! ¡Puedes desprenderte del yeso lentamente o arrancártelo de golpe! ¡Cualidad de colérico significa quitarte el yeso de golpe! Te contaré una historia. Una señora en sus avanzados cuarenta invitó a Chhi-'mèd Rig'dzin Rinpoche a su casa. Mientras se acercaba hacia él en la sala de estar, vio su propio reflejo en un espejo y comentó que debía perder un poco de peso.

Rinpoche dijo de un modo muy simple: "Por qué preocuparse, ningún hombre va a quererte de todos modos – eres demasiado vieja". Ahora; ¡Podrías pensar que es bastante grosero decir eso a alguien cuando te hospedas en su casa! Pero depende de la razón por la que lo hayas dicho; y de lo que se pueda lograr al decirlo. Hizo que algo captara la atención de la señora de un modo muy intenso. Confesó que le había hecho pensar en lo que estaba haciendo con su vida en lo referente a la práctica. Estaba aún muy apegada a la idea de que podía vivir en dos mundos – el mundo ordinario de 'casarse y vivir felizmente para siempre', y el mundo del Tantra. El mundo del Tantra no excluye la posibilidad de un matrimonio feliz, pero tampoco es un método esencial del sendero.

La declaración de Chhi-'mèd Rig'dzin Rinpoche no estaba dirigida a *cualquier* mujer en sus avanzados cuarenta, y no se puede decir que refleje su opinión en general. Fue una declaración personal en el ámbito de la enseñanza, dando a esa persona en particular una oportunidad directa de ver algo completamente desnudo sobre su estado mental. Es necesario entender que la clave no está en las palabras que utilizó, ni en el concepto que presentó ante ella. Está en el efecto que aquellas palabras tuvieron para ella en aquel momento particular. Las palabras fueron sólo un vehículo para la transmisión que estaba teniendo lugar – una sacudida mediante la cual se creó una posibilidad. En realidad tiene poco que ver con el contenido del asunto.

Pero la cualidad colérica no se aplica sólo a las palabras, sino también a las situaciones. Chhi-'mèd Rig'dzin Rinpoche a menudo hacía trabajar muy duro a la gente—sin excluirme a mí—¡muy duro de hecho! Genera una presión enorme sólo con aumentar la pendiente; ¡de forma que todo comienza a rodar más deprisa y con más furia! Tiene la habilidad de sacarlo todo a la superficie. Anima a que las circunstancias se presenten por sí mismas, ¡de tal modo que no puedes evitar reconocer que has sido tú mismo quien ha provocado tu impacto con la realidad!

P: ¿Podría usted darnos un ejemplo de cómo trabajaba de esta forma con usted, Rinpoche?

R: Si. Hubo una ocasión en la que que Chhi-'mèd Rig'dzin Rinpoche fue a enseñar a Holanda durante todo el verano. Era bastante al principio de nuestra relación, y yo estaba muy interesado en pasar el mayor tiempo posible cerca de él. Aquella me pareció una oportunidad maravillosa, pero en aquel tiempo yo era muy pobre. Tenía el dinero justo para tomar el 'Autobús Mágico' a Holanda, pero eso era todo, no tenía literalmente nada de lo que vivir.

Solía ir al restaurante de la estación de tren de Amsterdam, porque vi que la gente se dejaba a veces comida para salir corriendo a coger el tren. Yo merodeaba el lugar como un buitre cada par de días, y consumía varias comidas para mantenerme hasta la próxima expedición de caza. ¡De hecho eso me mantuvo vivo! Pero este es sólo el telón de fondo de la historia. Los días pasaban con normalidad en compañía de Chhi-'mèd Rig'dzin Rinpoche, entre estudio y práctica; pero algunas veces Rinpoche iba al rastro a comprar ropa para los huérfanos tibetanos, que después era enviada a la India o Nepal. En una de estas expediciones compró un viejo proyector de diapositivas, y cuando regresó me llamó para que le echara un vistazo. Era un viejo aparato que carecía de los componentes más vitales; como las lentes y el carro de las diapositivas. Chhi-'mèd Rig'dzin Rinpoche me miró y dijo: "¿Qué piensas de esto?" Yo respondí: "No creo que se pueda hacer nada con eso, Rinpoche". Debo decir, en este punto, que él me había enseñado a ser directo e ir al grano en mi forma de hablar.

En aquel tiempo yo sentía una necesidad espantosa de gustar; y un impulso casi irresistible de decir cosas para complacer en lugar de ser franco y correr el riesgo de disgustar. Así que después de lo que dije, Chhi-'mèd Rig'dzin Rinpoche me miró de su habitual manera. Era una mirada que estaba garantizado que me haría sentir incómodo. Entonces dije: "Me temo que es inútil, Rinpoche". Me miró fijamente, y replicó: "¿No hay nada que se pueda hacer con esto?" En este punto pensé que yo estaba ganando; así que proseguí diciendo: "Es mejor deshacerse de ello; siento decir que no sería de ningún valor para nadie". Por un momento miró hacia otra parte; y dijo con aparente resignación: "Ah ya… entonces he malgastado mi dinero…"

Esa fue mí perdición. Le eché una mirada cuidadosa al proyector y lo enchufé a la corriente.

El ventilador funcionaba, y dije: "Bueno, supongo que se podría hacer una especie de ventilador de mesa con ello…" Chhi-'mèd Rig'dzin Rinpoche aprovechó de inmediato esta sugerencia, diciendo: "¿Y tú podrías hacer eso?" Ya estaba, cometí el fatal error de nuevo, y lo sabía. No podía decir que no, o me preguntaría que porqué decía tonterías. Así que dije que podía hacerlo, pero que necesitaría algunos materiales y tendría que ir a comprar algunas cosas. Pero Rinpoche dijo: "No se debe gastar más dinero en esto, dijiste que era inútil. O bien se puede hacer algo o no, pero no hay que gastar más dinero". En cierto sentido me vino bien porque apenas tenía dinero. Entonces dijo que le debía sacar el mayor provecho posible para que no fuera tal desperdicio. Cogí el miserable objeto y medité sobre el modo de llevar a buen término esta estrafalaria tarea que me había infligido a mí mismo. Descubrí que la mujer de la casa en la que él se hospedaba no tenía herramientas; así que se lo mencioné a Chhi-'mèd Rig'dzin Rinpoche. Dije que sería mejor llevarlo de vuelta a Gales donde yo tenía herramientas que podía utilizar y después enviárselo por correo. Pero costaría dinero enviarlo, y no valdría la pena. O bien podía hacerlo o no, él dijo que no importaba. De pronto tuve el intenso sentimiento de que si importaba. ¡Importaba de un modo muy vital!

Así pues, equipado con un viejo cuchillo panadero y un destornillador, me dispuse para la tarea de fabricar en tres días un ventilador de mesa. Tuve que aprovechar un trozo de un viejo armario del jardín y esculpir una pieza que se ajustara en la cubierta de plástico del proyector. Para cortarla tenía que sujetar la madera con los pies contra el muro del jardín. Se me resbaló el cuchillo en varias ocasiones despellejándome las manos. ¡Era una tarea espantosa! Tuve que cortar la pieza varias veces, porque la madera se partía.

Después tallar el hueco de la sección de plástico del proyector calentando el cuchillo en el fuego de la cocina de gas. Hice unos orificios de ventilación en la parte trasera, clavando el destornillador caliente a través de los orificios de un patrón que yo había construido. Después tuve que limar las asperezas de los bordes quemados del plástico con un estropajo de alambre. Inserté un trozo de zinc perforado que encontré en el jardín, y le saqué un poco de brillo con un limpiador en polvo.

Utilicé tornillos del proyector para acoplar todo el aparato, y extrañamente después de tres días de sangre y sudor, había terminado la tarea. El ventilador más o menos funcionaba. Yo me sentía bastante orgulloso del 'gran logro'. Cogí mi creación y se la entregué a Chhi-'mèd Rig'dzin Rinpoche. Lo enchufó, vio que funcionaba, y dijo de un modo muy prosaico y sin darle mucha importancia: "Ya; bien". Eso fue todo; lo envolvió y lo guardó en su maleta. Ninguna palabra de felicitación ni muestra de alegría o satisfacción. Sentí cierta desilusión, pero no duró mucho tiempo. Rompí a reír a carcajadas, al tiempo que decía: "De veras siento que sea tan feo, Rinpoche". Fue entonces cuando me dirigió una amplia sonrisa.

P: Obtuvo usted alguna comprensión de esta experiencia, Rinpoche...

R: Sí. ¡Una gran comprensión! Fue una poderosa transmisión. Jamás volvió a hacer algo así conmigo. Después de aquello dejé de intentar hacer favores de un modo estúpido. Sin embargo; debo decir que este pequeño y miserable ventilador, se utilizó durante un buen tiempo en la mesa del trono de Chhi-'mèd Rig'dzin Rinpoche como mecanismo para esparcir incienso por la sala de meditación...

P: Usted dijo que Kunzang Dorje Rinpoche era un Lama muy colérico. ¿Ha heredado usted ese estilo de él?

R: No, yo sólo soy el gatito de compañía de Dorje Tröllö. Kunzang Dorje Rinpoche fue siempre muy amable conmigo. Me producía terror durante cierto periodo de mi aprendizaje, pero era mi propio problema. ¡Él era muy consciente de ello! Con una mirada era suficiente para ponerme a raya. ¡Me arrugaba como un gusano en un horno cuando me miraba de cierta manera!

P: Mencionó usted el dorje-ku… ¿Es a lo que algunas veces se refiere como el svabhavikakaya?

R: ¡Felicidades! ¡Yo jamás puedo pronunciar eso! Hay demasiadas 'a' s en sánscrito para mi gusto. En tibetano sería traducido como *ngo-wo-ku*. Yo tiendo a utilizar el término *dorje-ku*, que es intercambiable con ngo-wo-ku, porque la gente está ya familiarizada con la palabra 'dorje'.

P: Nunca he entendido que los cuatro kayas se referían a eso. ¿Entonces, el cuarto kaya, el dorje-ku, indica que los tres kayas son indivisibles en la experiencia de la iluminación?

R: Sencillamente *son* indivisibles. Pero; cuando no comprendemos el nivel sutil de la energía, la idea de que la realidad no está dividida puede ser mal interpretada. Sin una comprensión de la energía de la vacuidad, sería fácil decir: "La realidad es unitaria". El problema es que esto se convierta en una especie de monismo – la idea de que 'todo es uno'. Una vez, cuando me encontraba en la Comarca de Marín en California, me llevaban en coche de vuelta hacia la casa donde me alojaba. De repente rompí en carcajadas – era la matrícula del coche que iba delante, que decía: V R ALL 1 (V R TODO 1)

P: Ahora siento un poco de confusión… ¿Esta enseñanza de la cuarta esfera del ser no significa que las tres esferas del ser son una ilusión?

R: No. Las tres esferas del ser no son una ilusión, simplemente no están separadas.

Pero las podemos experimentar *como si* estuvieran separadas. Esto es crucial. Es igual que decir que el agua puede ser: hielo, líquido, o vapor – pero no le des mucha importancia a esta analogía.

P: ¿Entonces se podría decir que chö-ku, long-ku y trül-ku son ornamentos de la condición absoluta: dorje-ku o ngo-wo-ku?

R: Exactamente.

P: ¿Rinpoche, me pregunto si podría usted decir algo sobre 'las cuatro faltas' en lo que respecta a sem-nyid?.

R: Las 'cuatro faltas' o 'las cuatro constricciones' como las llamo yo, son los campos de estrechez dualística (o sem – mente de 'm' minúscula) en los que nos escondemos de sem-nyid – la naturaleza de la Mente. La primera de estas cuatro constricciones, es la idea de que sem-nyid está demasiado cerca – demasiado próxima para ser reconocida. Se tiene la sensación de que está desenfocada. Esto se podría describir como el intento de ver tu propio rostro sin un espejo. Nos hemos retraído en sem (que en su propia naturaleza no es otra que sem-nyid). Pero sem encuentra problemático mirar dentro de sí misma. Se puede decir que la mente encuentra difícil mirar a la naturaleza de la Mente. De este modo nos bloqueamos a nosotros mismos en una posición en la que parece confortable permanecer miopes. Esta es la primera constricción.

La segunda, es que el significado de sem-nyid nos resulta demasiado arrollador. Tenemos la sensación de que nuestra capacidad de comprensión está totalmente fuera de su profundidad. No tenemos un concepto de lo profundo o expansivo que podría ser este significado; o lo que podría abarcar. Tenemos el sentimiento de que si pudiéramos vislumbrar, incluso intelectualmente, el alcance de lo que significa sem-nyid, ello nos llevaría prácticamente a su realización. Con este método alejamos la realización a una distancia conveniente. Esta es la segunda constricción.

La tercera, es que sem-nyid es fundamentalmente demasiado simple para ser comprendida – demasiado fácil de entender. Lo único que se necesita es que reposemos en la pureza original del ser. Esto no requiere de ningún esfuerzo. Esta pureza original está continua e ininterrumpidamente presente. Nuestra situación es en cierto modo como estar caminando sobre una tabla que está apoyada en el suelo. No parece que eso tenga dificultad alguna.

Pero si la tabla estuviera a mil metros de altura; aunque fuera tres veces más ancha, tendríamos miedo de caer. Así pues; podríamos sencillamente *permanecer* en ese estado natural de pureza original… sería realmente fácil – tan fácil como caminar sobre una tabla a mil metros de altura. O; tan fácil como caminar sobre una tabla que está apoyada en el suelo de la sala de estar. De este modo solidificamos nuestra innecesaria incapacidad para reposar en el espacio de sem-nyid. Esta es la tercera constricción.

La cuarta constricción, es el asombro. Tenemos un sentimiento de pasmo total. Pero este asombro es un tanto excesivo para los sobresaltados límites de nuestro entendimiento. Parece que no tenemos una vía de acceso a esta experiencia, aun sabiendo que surge en el continuo flujo de lo que somos. De este modo damos nacimiento a cierto tipo de sensación – que podríamos llamar 'retracción mortecina'. Con esta retracción se establece una parálisis en la que la dimensión abierta de nuestra libertad intuitiva queda inhibida. Estas son 'las cuatro faltas'. Espero que ninguno de los aquí presentes esté aquejado por ello…

P: ¿Podría usted decir algo más sobre los niveles de entendimiento que ha mencionado con anterioridad? Como el entendimiento súbito que se pierde inmediatamente de nuevo – y el que permanece, ¿y cuál es la diferencia que hay entre ellos?

R: La diferencia es la *transparencia*. Sólo eso.

Se trata de lo transparente que eres contigo mismo, en lo que respecta a tu práctica. Si la enseñanza conecta con el grado en el que has integrado el significado de enseñanzas más fundamentales. Si alguien ha procedido sólo de un modo intelectual – o a veces ni siquiera eso. Entonces por supuesto, la enseñanza sólo aparecerá fugazmente en la blanca pantalla de su atención despierta, y eso será todo. La enseñanza se acaba; el alumbrado se apaga. El grado en el que la enseñanza permanece con el practicante depende de lo mucho o poco que puede entender desde su particular base experiencial. En última instancia, inspiración significa que cualquiera puede comprender por un instante cualquier enseñanza. Pero en lo relativo, esta comprensión sólo permanecerá y será accesible de acuerdo a lo que anteriormente haya sido comprendido.

P: ¿Es esta la razón por la que la gente busca continuamente más enseñanzas, y no parecen contentarse jamás con lo que reciben?

R: Sí.

P: Y la gente parece llegar a niveles muy elevados en las enseñanzas sin que ello afecte a sus vidas… ¿Es porque practican? … ¿o?

R: Porque no practican. Porque en realidad no quieren remangarse y afrontar el crudo material de lo que son. Con frecuencia, la gente desea seguir 'chutándose' la espiritualidad – como si ésta pudiera ser inyectada, esnifada, tragada o fumada. Es triste, pero bastante comprensible. No quiero ser demasiado duro en lo que digo sobre esto, porque cualquier conexión con la enseñanza sembrará una semilla para la liberación final de esa gente. Y; hasta cierto punto, todos somos esa gente. Es muy importante reconocer este factor. Siempre es mejor vernos como parte de un continuo flujo junto a 'esa otra gente' cuya forma de ser parece tan disfuncional desde una perspectiva espiritual. Yo también he disfrutado intensamente de la alegría; ¡y me he regocijado en ello!

Es bastante comprensible – muy comprensible… Pero… si existe una devoción real hacia el Lama, esto tiene que verse reflejado de un modo real en nuestra práctica. De otro modo no es más que una triste pérdida de tiempo; cuando menos.

3

Iridiscencia Original

Si somos capaces de entrar en el estado vacío, la complejidad del khyil-khor reemplaza a la complejidad de nuestra no-iluminación. Reemplazamos los enrevesados patrones de nuestra frustración con la reluciente iridiscencia del khyil-khor. Es en el umbral de esta experiencia cuando comprendemos algo disparatadamente potente: nuestra complejidad es solo una distorsión de la energía de nuestra iluminación. Entonces la apariencia del khyil-khor se convierte en una experiencia transformadora.

En cierto modo, la idea de la existencia y la no-existencia puede ser más fácil de entender que la esfera de la energía. Cuando algo o alguien, o bien está ahí o no está; es una situación más bien como de blanco y negro. O bien hay algo o no hay nada. Pero esta esfera de energía – este campo de iridiscencia original – no es particularmente como de blanco y negro en absoluto; de hecho, la pura escala de su espectro deja perpleja a la imaginación. Aun así, el origen de esta manifestación es la vacuidad; este despliegue es la *esencia inmaterial* de los fenómenos. Para entender lo que esto significa, necesitamos haber tenido la experiencia de la vacuidad. Sin ella, la esfera visionaria de long-ku tiene poco significado – a menos que nos llegue a través de la inspiración.

Pero la comprensión de la esfera visionaria de la existencia se encuentra en todos nosotros, y es posible acceder a ella a través de la práctica del *shi-nè* y el *lha-tong*. A esta esfera visionaria podemos llamarla también 'esfera de la energía', porque long-ku no es sólo una experiencia de visión interna, sino también de sonido interno.

La palabra 'visionario' conlleva el significado de algo que ocurre fuera del reino del intelecto manipulador. Abarca un completo reino de sensación y de significado. En la práctica del Tantra estas experiencias de la energía se utilizan como foco de la práctica.

Shi-nè es en muchos sentidos el método primordial de la práctica espiritual. La palabra 'shi-nè' significa: permanecer sin implicarse – no involucrarse en el proceso del pensamiento. Este es el medio por el cual llegamos a comprender la naturaleza de la Mente, como siendo distinta de los pensamientos e impresiones que surgen en ella. El Tantra se basa en la experiencia de la vacuidad, y la vacuidad es la meta del shi-nè. Antes de poder recibir, experimentar, o representar visiones; debemos ocuparnos de nuestra capacidad de 'ver'. Sin la habilidad para reposar en el estado vacío de la Mente, no obstruido por pensamientos ni impresiones, no tenemos el espacio necesario para darnos cuenta de la naturaleza visionaria de la realidad. Así pues, el shi-nè es una práctica vital si queremos abordar la posibilidad de trabajar con el Tantra.

La práctica del shi-nè implica soltar los procesos del pensamiento. Soltar toda participación en la manipulación del pensamiento. *Dejamos pasar y dejamos estar*; abandonamos cualquier forma de crear referencias. Intentamos eliminar la programación que nos impulsa a actuar bajo la noción: 'pienso luego existo'. Uno de los aspectos más fundamentales de todos los senderos Budistas, es que nos hacemos la pregunta: '¿No pienso, luego qué? ¿Qué es esta experiencia, en la que *no* hay una definición de mi Ser?'

Si nos implicamos en este proceso, sacamos a la luz una serie de mecanismos encubiertos en relación con el pensamiento. Descubrimos que generamos pensamiento de un modo deliberado, para probar nuestra existencia.

El murmullo de la fabricación incesante de pensamiento, con su color, textura, patrón, y variedad de matices emocionales, sirve para crear un campo artificial desde el que abordamos cualquier experiencia que se presenta. A través de la práctica del shi-nè, descubrimos que es posible soltar este hábito por periodos de tiempo. No es un logro fácil; pero está al alcance de cualquiera que desee seriamente desentrañar la naturaleza de la realidad visionaria.

No es que el pensamiento sea antitético a la naturaleza de la experiencia visionaria; sino más bien, que la velocidad neurótica del pensamiento crea una pantalla. No hay nada malo o reprochable en la naturaleza del pensamiento en sí mismo – es nuestra adición a ello lo que debilita nuestra experiencia visionaria. Es extraño pero cierto – realmente creemos en la idea: 'Pienso luego existo'. Esto nos causa una serie casi interminable de problemas; pero, por muy intolerables que estos problemas se vuelvan, seguimos sintiendo que vale la pena. Uno de los principales problemas es que nos volvemos incapaces de experimentar cualquier cosa que esté fuera del reino del pensamiento. Filtramos toda experiencia a través de la pantalla del pensamiento – y algunas cosas sencillamente no pasan a través de esa pantalla. Es como si estuviéramos en una especie de astronave con la oportunidad de contemplar increíbles vistas. Pero desafortunadamente, parece que hemos impregnado las ventanillas con algún tipo de pegamento opaco – no vemos nada.

Esta es una analogía. Probemos otra. Supongamos que estas ventanillas fueran de doble uso – que fueran ventanas o pantallas de televisión dependiendo del lado que pulsemos el interruptor. Entonces digamos que hemos olvidado que hay un interruptor. No pudiendo apagar los 'televisores' de nuestras mentes, perdemos contacto con su función como ventanas hacia el infinito – somos incapaces de contemplar la vista.

La práctica del lha-tong, que significa 'ver más allá', implica entrar en relación con lo que vemos a través de la ventana transparente sin tratar de cambiarlo a la pantalla de televisión. Con esta práctica, permitimos que los pensamientos (contenido mental) emerjan de nuevo; y encontramos la presencia del puro darse cuenta en su *movimiento* en lugar de en su contenido. Experimentamos así una implicación total con la textura no adaptada del momento. Con el trasfondo de estos dos métodos, la esfera del Tantra se abre ante nosotros, y podemos abordar la posibilidad de vestir el cuerpo de las visiones. Con esta experiencia somos capaces de recibir iniciación de un Lama cualificado. Un Lama cualificado es un ser extraordinario – alguien que puede introducirnos a la naturaleza de la dimensión visionaria. Esta introducción es indispensable para que la dimensión visionaria sea realizada, porque es a través de la iniciación que establecemos la conexión con los innumerables métodos de vestir el cuerpo de las visiones. Sin embargo, antes de hablar de la naturaleza de la iniciación y el modo en el que esta espectacular comunicación funciona, es esencial tener cierta comprensión del contexto en el que la iniciación o la transmisión de la visión son posibles.

El contexto de la visión es la vacuidad. La vacuidad original de la Mente iluminada es la fuente de toda visión. Volveremos a la idea de la vacuidad una y otra vez, porque sin ella el concepto de la experiencia visionaria puede ser completamente malentendido. De acuerdo a la enseñanza del Tantra, la naturaleza de la visión es la esencia de los cinco elementos: tierra, agua, fuego, aire, y espacio. Estos elementos esenciales son el *juego* de la vacuidad. Surgen de la vacuidad y se disuelven de nuevo en ella. La visión es el juego en el que estos elementos se emancipan como despliegue de la sabiduría y la compasión.

La sabiduría y la compasión son las cualidades humanas reconocibles de la vacuidad y la forma. La vacuidad es sabiduría, y la compasión (o compasión activa) es forma.

Vacuidad y forma, en su naturaleza esencial no-dividida como *danza de la realidad*; son la materia prima o fuente original de la visión. Esta fuente original, que da nacimiento al juego de los elementos, es una continua efusión de caminos que regresan de nuevo a ella. Cada patrón que brota espontáneamente de este espacio, es una comunicación – un método auto-existente para la realización de nuestra naturaleza intrínseca. Un patrón así podría ser denominado como imagen-de-consciencia, o estilo de auto-reflejo, que nos permite darnos cuenta del espacio ilimitado de lo que somos. Estamos hablando de caos y orden. Cuando hablamos de patrones que brotan espontáneamente del espacio; estamos hablando del símbolo que es la imagen-de-consciencia o deidad. Estamos mirando al modo en el que se establece el orden – el modo en el que nace el patrón desde el espacio original. La naturaleza de la práctica Tántrica es percibir cómo estos patrones surgen a través del símbolo; porque los símbolos que se utilizan surgen espontáneamente por sí mismos. Son comunicativos o instructivos, porque su propia naturaleza nos habla del modo en el que surgen.

El espacio original es la fuente de todo fenómeno, y esto es reconocido como juego de los elementos. Este juego es long-ku, la esfera de la energía o esfera visionaria; que es el puente entre la vacuidad y la forma. Es la energía de su aparente separación, y la energía de su danza indivisible. Cuando entramos en esta esfera, podemos dar un vuelco a nuestra no-iluminación – y experimentar el estado iluminado. Podemos entrar en el estado vacío y reavivar la naturaleza de la iniciación que hemos recibido, entonces la transformación se hace posible. A través de la naturaleza sutil y poderosa de la visión, podemos evaporar nuestros condicionantes en la vacuidad. Cuando entramos en la esfera de la energía al nivel de la experiencia interna, entramos en un mundo de flujo de sonido y luz, en el que existe la posibilidad de un profundo cambio personal.

Esta puede ser una experiencia arrolladora para nuestra forma habitual de entender el mundo.

En lo que respecta a nuestra práctica; esta es la esfera en la que la iluminación y la no-iluminación están divididas por la más inapreciable brizna de percepción. En realidad no hay división; pero para nosotros como practicantes, esta aparente división existe debido a nuestro sutil hábito de manipulación. El poder del Tantra es arrastrar este hábito hacia regiones de la experiencia en las que se hace cada vez más endeble. Estas regiones forman el espectro de la visión interna cuyo resplandor intimida nuestros habituales conceptos personales. Los conceptos dualistas se disuelven en el radiante cuerpo de las visiones que vestimos.

Nuestros hábitos perceptuales quedan temporalmente inhabilitados para mantener una existencia coherente ante el arrollador esplendor de las visiones Tántricas a las que hemos tenido acceso. Esta es la razón por la que el lenguaje que se utiliza para describir estos estados es a menudo descrito como 'lenguaje crepuscular'.

Por esto es inevitable que las enseñanzas del Tantra se conviertan en poesía. El lenguaje convencional no puede contener el significado de la experiencia Tántrica. Esta poderosa práctica es tratada con profundo respeto por los Lamas que practican y enseñan estos métodos, los cuales no deben ser abordados como un juego más en el supermercado espiritual. Todos los métodos que se enseñan en el Tantra tienen su origen en el contacto directo con la esfera long-ku de la experiencia. Por este motivo, el Lama es indispensable como guía si no queremos acabar trastornados – y emigrar a 'la Tierra de Nunca Jamás'.

Así que ahora, después de habernos explayado un poco en estas consideraciones, deberíamos examinar lo que significa *kyil-khor*. Este es un aspecto del Tantra Tibetano que ha sido enormemente malentendido.

Kyil-khor—iridiscencia original o mandala—es el juego de los cinco elementos. Es muy probable que la gente esté familiarizada con la idea de mandala; y esto puede suponer una barrera para su correcta comprensión. Generalmente se nos ha presentado la idea de que el mandala es una especie de círculo mágico, o un complejo diseño geométrico que consta de figuras cuadradas y círculos concéntricos. La gente considera a menudo al mandala como una especie de misterio insondable, o lo simplifica como alguna especie de mecanismo para focalizar la meditación. Estas dos perspectivas han sido exploradas en libros. Ambas perspectivas, a pesar de la aparente erudición de su presentación, sólo han servido para desviar a la gente de su correcta comprensión. No tiene ningún sentido desentenderse de la complejidad del mandala considerándolo como un misterio. Las prácticas del Tantra que utilizan kyil-khors complejos requieren de un arduo y concentrado estudio. Es inútil simplificarlos de forma artificial convirtiéndolos en un mero entretenimiento visual pseudo-espiritual. No se puede llegar a la simplicidad de esta forma. No todas las prácticas Tántricas implican el uso de complejos kyil-khors. La complejidad y la simplicidad existen dependiendo de la tradición y la naturaleza del individuo. Pero no importa lo complejos que puedan parecer estos kyil-khors; en esencia todos ellos son simplemente el juego de los cinco elementos. Su complejidad solo refleja nuestras complejidades como seres no-iluminados. Si podemos entrar en el estado vacío, la complejidad del kyil-khor reemplazará a la complejidad de nuestra no-iluminación. Sustituimos los enrevesados patrones de nuestra frustración por la reluciente iridiscencia del kyil-khor.

En este estadio de la experiencia nos damos cuenta de algo disparatadamente potente: nuestra complejidad no es más que una distorsión de la energía de nuestra iluminación. Es entonces cuando la apariencia del kyil-khor se convierte en una experiencia transformadora. La apariencia *es* el método.

La apariencia es la naturaleza liberada de lo que somos. Cuando nos convertimos en esa apariencia, soltando nuestra versión de lo que somos, nos abrimos a infinitas posibilidades. El kyil-khor es el campo del que surgen todas nuestras potencialidades. Este campo de luminosidad propia es el semillero vital de la creatividad. Los elementos surgen como matriz de la creatividad; del campo vacío de la propia existencia, y manifiestan las cualidades ilimitadas de la actividad iluminada.

Con los elementos surgen también el tiempo y el espacio. Al instante en el que algo surge en el espacio original – nacen unas coordenadas: 'Esto está aquí, eso otro está allá. Miro a esto, luego veo eso. Veo esto con el trasfondo de aquello. Experimento las cosas secuencialmente'. Cuando nada surge del espacio original, el tiempo y el espacio dejan de existir. En esa condición estos términos no tienen significado. Los elementos crean una dirección desde su naturaleza intrínseca, y el tiempo nace como base de su diversidad interpenetrante. Es decir; cuando nacen las diferencias lo hacen también los patrones – como interrelaciones entre *campos de cualidad*.[1] Estos campos de cualidad son la manifestación natural de los elementos; que son la fuente intangible de todo fenómeno tangible. Desde esta esencial perspectiva visionaria, el tiempo existe como un flujo que conecta interminables puntos focales de experiencia tangible e intangible. En términos simples, un patrón fundamental se forma por sí mismo.

Este patrón es la irradiación de las cualidades manifiestas de los cinco elementos. En la experiencia visionaria cada elemento se manifiesta como dirección y como periodo de tiempo. Estas cualidades comunicativas surgen espontáneamente de acuerdo a su naturaleza, como aspectos de la representación original.

El elemento espacio aparece en la posición central y periférica.

---

1 la palabra 'cualidad' aquí significa 'característica', 'atributo' o 'rasgo'. 'Campo de cualidad' es un conjunto de atributos.

Puede resultar extraño que el espacio que da nacimiento a los elementos sea también un elemento dentro de sí mismo; pero esto es algo muy crucial en la enseñanza del Tantra. El espacio se manifiesta como un elemento desde su propio interior, y esto; es la base del ser. Esto es lo que somos. Existimos en cuanto al espacio individualizado de nuestra cualidad del puro darse cuenta: *el espacio de la Mente*[2] dentro del espacio de la realidad.[3] Esta es la realización Tántrica. Como seres; somos espacios individualizados dentro del espacio original. Los elementos juegan dentro de esos espacios como danza no-dividida de la realidad. Estos son los dos kyil-khors – el kyil-khor del espacio interno y el kyil-khor del espacio externo. Hay un continuo intercambio de energía entre ellos, que abarca o bien la energía de nuestra iluminación o la aparente fricción de nuestra confusión. En la condición dualística, el kyil-khor interno y externo parecen estar divididos. Parecemos estar reñidos con el mundo de los fenómenos. En realidad no se puede hablar de un kyil-khor externo, como si el kyil-khor interno fuera algo diferente – no es algo que esté sucediendo fuera de nosotros; sencillamente lo parece desde una perspectiva dualista. Desde la condición dualista, la iridiscencia original no parece ser otra cosa que el mundo de las formas sólidas. Cuando la iridiscencia original de nuestro ser permanece oculta en el mundo material, experimentamos la existencia con cierta molestia. La representación del mundo de los fenómenos parece densa e impenetrable, y no la percibimos como juego.

Hay una historia de Jétsun Milarépa, gran yogui y poeta del Tíbet, en la que es desafiado a debate por un gran erudito. Al ser este último quien ha desafiado a Milarépa, le pide que elija un tema.

---

2   Chö-ku o dharmakaya – el potencial vacío del ser.
3   Chö-ying dharmadhatu – el potencial vacío de la existencia.

Milarépa le responde que puede elegir cualquier área que desee—el tema es irrelevante porque no hay un tema en el que 'destaque'—su conocimiento se ha unificado con el espacio; así que no tendría sentido elegir un tema de debate. El erudito confía en que derrotará fácilmente a Milarépa mediante el uso de la filosofía Madhyamika. Esta es la filosofía que muestra la naturaleza vacía de todo fenómeno y la naturaleza vacía del 'yo'.

Acomete con la pregunta: "¿Tiene solidez ésta roca?" (Los eruditos son propensos a hacer este tipo de preguntas, que consideran muy consecuentes) Suponiendo que Milarépa no está preparado para el análisis lógico que requieren estas cuestiones, queda sorprendido y muy enojado cuando éste le responde: "No". Ante lo que el erudito exclama: "¡Eso es un disparate! ¡Compruébalo por ti mismo!" y da un golpecito con su bastón en la roca para probar su caso. Milarépa pasa su mano a través de la roca como si no estuviera, y dice: "No veo razón alguna para creer en la existencia de esta roca". El erudito queda desconcertado por los poderes de Milarépa, pero su arrogancia le vence y concluye que debe ser algún tipo de superchería. Prosigue en su empeño y agita su mano en el aire preguntando: "¿Tiene solidez este espacio?" Milarépa responde: "Si", golpeando en el aire tan sonoramente con el bastón del erudito, que éste tiene que cubrir sus oídos ante el estruendo.

En ese momento se da cuenta de que ha cometido un error. Ve que estaba tremendamente equivocado al asumir que podía vencer a Milarépa en un debate intelectual. Pero lo que más le impresionó fue que Milarépa no mostrara ninguna señal de júbilo por su victoria. Para un yogui como Milarépa, tiene tan poco interés derrotar a un oponente como el tener un debate en primer lugar. A menudo el 'siddhi de no tener nada que demostrar, es la más poderosa exhibición de realización'.

Chhi-'mèd Rig'dzin Rinpoche tiene extraordinarias habilidades, aunque son expuestas en muy contadas ocasiones. Él jamás manifiesta sus extraordinarios poderes como mahasiddha a menos que sea para el beneficio de alguien. Es conocido por su habilidad para controlar el tiempo atmosférico y para saber lo que está sucediendo en diferentes partes del mundo; esto se ha hecho patente en numerosas ocasiones. Cuando alguien ha extraviado su equipaje en algún viaje de retorno de la India, él sabe invariablemente dónde se ha perdido y es capaz de dirigir a la persona en la línea de investigación que debe seguir. Siempre que alguien hace algún comentario sobre sus poderes, la respuesta es siempre la misma: "No soy yo, es la bendición de Padmasambhava". Para él no hay barrera ni obstáculo para la percepción en lo que se refiere al tiempo y al espacio. Hay muy pocos yoguis de su talla en la actualidad. Dondequiera que imparto enseñanzas, recuerdo siempre que mi poder de expresión me lo ha transmitido él. Tengo la sensación de que siempre que pienso en él, me vuelvo más fluido. Su estilo de humor se presenta a menudo como un método que se pone a mi disposición. La base de todos los siddhis o poderes, es la habilidad para permitir que el kyil-khor interno y externo no estén divididos. Si comprendemos esto, no habrá nada milagroso en la demostración de Milarépa. No hay nada que no podamos comprender desde la base de nuestra propia experiencia en la práctica. Existimos dentro de esta continuidad. No hay nada que nos separe de los grandes yoguis y yoguinis – aparte de 'nosotros mismos' y nuestras curiosas nociones de división y divisibilidad.

El patrón que presenta el kyil-khor tiene color, dirección, cualidades y tiempo. El elemento tierra aparece en el sur; el agua en el este; el fuego en el oeste; el aire en el norte; y el espacio en el centro y la periferia. Cada elemento tiene un color: la tierra amarillo, el agua blanco, el fuego rojo, el aire verde y el espacio azul. Estos son los colores que predominan en toda la imaginería Tántrica de deidades.

Estas son las pinturas llamadas *thangkas*, que en la actualidad son bien conocidas en occidente. Si bien manifiestan las elaboradas formas de los kyil-khor, o las igualmente elaboradas formas de las deidades – estas pinturas manifiestan el juego original de los elementos a través del color, la forma y el dinamismo de estilo simbólico. La naturaleza quíntuple de esta enseñanza Tántrica queda reflejada en todos los niveles del Budismo. En las enseñanzas del Sutra, se conocen como los cinco skandhas. En los Tantras externos, como las cinco familias Búdicas. En los Tantras internos, como la danza de los pawos y khandros. En la enseñanza del Dzogchen, se conocen como los cinco elementos. Las cinco familias Búdicas y los cinco pawos y khandros, son métodos para transformarnos a través de la naturaleza de la realidad visionaria[4] Este es el proceso que describo como vestir el cuerpo de las visiones.

---

4   Los cinco skhandas son el enfoque Sútrico para comprender nuestra condición dualista. Este enfoque opera al nivel del intelecto. Los cinco elementos son el enfoque de la enseñanza del Dzogchen. Este enfoque opera directamente a través de la naturaleza de los propios elementos.

Comentario de preguntas y respuestas

Pregunta: Rinpoche, ¿podría usted decir algo sobre el propósito del kyil-khor – me refiero a cómo funciona en nuestra experiencia?

Rinpoche: Si, esto es muy importante. Es esencial que haya una significativa conexión entre la perspectiva Tántrica y la textura de la vida. La práctica tiene que empezar aquí para todo el mundo. El Kyil-khor concierne de un modo muy vital a la dirección. Es el vivo sentimiento de estar relacionado con tu medio ambiente – de ser consciente de las sutilezas y matices de tu situación. El Kyil-khor está muy presente tanto si te gusta como si no, o tanto si lo percibes como si no. Cuando el principio del kyil-khor comienza a ser aplicable al nivel de los sentidos, existe cierto sentido de magia sobre nuestra existencia. ¡Empiezas a sentirte como si estuvieras realmente vivo! ¡El árbol bajo el que estamos sentados está realmente vivo; sus hojas están realizando la fotosíntesis en este mismo instante! Este árbol ha estado aquí durante mucho tiempo – conoce la tierra. Nosotros estamos aquí en este momento, atentos a todo esto – existiendo en presencia de todo lo que está sucediendo. No estoy diciendo que el kyil-khor tenga que ver con ser hipersensible, ni con tratar de ser omnisciente. Tiene que ver más con salir del caparazón de la orientación del yo. En el kyil-khor todo puede ser visto como el esplendor de nuestra cualidad del puro darse cuenta; y también como nuestra participación en el esplendor de todo lo demás. Existe la posibilidad de que oscilemos hacia dentro y hacia fuera de la existencia. Este árbol puede ser el centro del universo, y después tú puedes ser el centro del universo – ambas perspectivas son igualmente reales e irreales al mismo tiempo. El sentido del kyil-khor se muere cuando experimentamos el mundo como si viviéramos dentro de la cavidad del cráneo, y nuestro cuerpo fuera una especie de cohete que aterriza en la luna reportando información a una oficina de regulación administrativa.

Vistiendo el Cuerpo de las Visiones

Esta es la razón por la que la forma del kyil-khor no es rígida; y el centro y la periferia intercambian lugares. 'Aquí dentro' y 'ahí fuera' son sólo un estilo de orientación – que es por cierto bastante limitado.

P: ¿Qué podemos hacer para que eso sea real? ¿Cómo se puede activar este parpadeo entre sentirse el centro y la periferia?

R: Se trata simplemente de relajarse, no es preciso que realices un gran esfuerzo. La práctica del shi-nè es el mejor método para permitir que eso ocurra; pero junto con esto, puedes ser también consciente de que existe la alternativa de que tu posición no sea la que domine. Hay un ejercicio en el que puedes ver que estás en la periferia de cualquier cosa a la que estés mirando. Si miras a aquel ser con forma de oveja que hay allí… fíjate como todo irradia a *su* alrededor en lugar de a *tu* alrededor. Después observa como *ella* es un aspecto del mundo en el que *tú* estás en el centro. Después… oscila hacia atrás y hacia delante…

P: ¿No resultaría un poco desestabilizador? ¿O podrías quizás…?

R: ¡Espero que sí!

P: No… quiero decir, ¿no sería difícil vivir así en el mundo?

R: Bueno… eso es lo que nosotros pensamos…

P: ¿Y no es cierto?

R: ¿Tú que crees? ¿Cómo crees que haría eso difícil vivir en el mundo?

P: Es… no sé por dónde empezar…

R: ¿A lo mejor tienes un sentimiento sobre ello?

P: Si, creo que principalmente es un sentimiento.

R: Entonces necesitas averiguar cuál es la filosofía o las especulaciones que se esconden detrás del sentimiento.

P: ¿Cómo hago eso?

R: Tú eres psicólogo, un consejero, ¿no es cierto?

P: Si...

R: Entonces te sugiero que permanezcas con el sentimiento.

P: (Risas) Si, supongo que sería una buena idea.

R: Siéntate un rato con ello y después dime qué clase de ideas te vienen.

P: ... Parece que me ronda una idea que no ha tomado cuerpo apropiadamente, o que pierdo el contacto de los pies con la tierra. Tengo la sensación de que podría ser invadido o dominado – no parece tener mucho sentido. Parece que tengo miedo de entrar en una realidad de la que no pueda escapar...

R: ¿Te lleva esto a alguna pregunta?

P: Bueno si, pero no parece una pregunta muy inteligente...

R: ¡No tiene por qué ser inteligente!

P: Bien, de modo que no tengo por qué preocuparme por ello. ¿Entonces... podría suceder en realidad?

R: ¡Ha sucedido ya! Ese es el significado de *khor-wa*; eso es lo que significa la no-iluminación. Si la idea de la oscilación no te hiciera sentirte nervioso, habría algo erróneo contigo – al menos desde la perspectiva en la que crees que estás no-iluminado. Siempre que alguien comienza una práctica que amenaza su sentido de orientación individualizada – aparece algún miedo. A los occidentales nos produce una especie de perplejidad intelectual; pero esta es una gran ventaja.

P: ¿Por qué es una ventaja la perplejidad? ¿Yo creía que la perplejidad era parte de la neurosis del elemento espacio?

R: Si, perplejidad *es* la palabra que utilizo para describir la neurosis del elemento espacio. Pero cuando la utilizo en ese contexto se refiere a la aprehensión errónea inicial de nuestra naturaleza original. Puedes llamarlo si quieres: perplejidad original. Pero aquí estoy hablando de una perplejidad llana y cotidiana en el sentido ordinario de la palabra – un común debatirse en un área que parece demasiado grande para el intelecto. Esta perplejidad es siempre útil para apreciar las enseñanzas, porque nos muestra de un modo muy claro que el intelecto es estrictamente limitado. No sirve de nada utilizar el intelecto – en ese punto tiene que ser abandonado.

P: ¿Qué ocurre a la hora de hacer preguntas? Quiero decir que si permanezco con el sentimiento y trato de ponerlo en palabras; para tratar de descubrir mi filosofía subyacente – me está usted pidiendo que utilice el intelecto… ¿o no?

R: Por supuesto, te estoy pidiendo que utilices el intelecto – eso no es un problema. El intelecto es una función que tienes, y es también lo que alimenta el sentimiento de incomodidad ante el tema de perder tu orientación. Sin embargo, permitir que tu intelecto funcione, ¡no significa necesariamente que puedas entender lo que está sucediendo! El intelecto no siempre consigue que su actividad tenga sentido. Arroja todo tipo de material, incluyendo paradojas – y a veces cosas totalmente absurdas. Pero se puede trabajar con todo ello – todo sirve como combustible para implicarnos en la sensación de lo que somos a cada momento; *si* estás en el ámbito de la enseñanza.

P: ¿Y si no lo estás?

R: En última instancia siempre lo estás; pero cuando relativamente no lo estás – ¡no pierdas la cabeza! Sólo tienes que recordar que el intelecto es una herramienta.

Es muy útil, pero no puede resolver lo que está fuera de su propio ámbito. Y su alcance es bastante limitado. Aunque puede ser utilizado para señalar más allá de sí mismo, en lo que respecta a las enseñanzas tiene más en común con una llave inglesa o una llave de tubo que con nuestra claridad innata. Una vez que hayas asumido esta idea podrás reconocer cuándo el intelecto se ha salido de su terreno. Llegado ese punto serás capaz de hacer un trampolín con el material del intelecto y zambullirte en el cielo de la experiencia.

P: ¿Podría usted aclararme algo sobre el kyil-khor y la dirección de los colores? En el *Bardo Thödröl*[5] el blanco aparece en la posición central, y el azul en el este. Esto parece diferente del modo en el que usted lo describe.

R: Cualquiera de los colores puede aparecer en la posición central, dependiendo de la principal deidad de la práctica. Como he dicho con anterioridad, el kyil-khor es fluido, no es una estructura fija. Tienes que recordar que el kyil-khor es un medio para la práctica, y de ningún modo es una afirmación de la realidad última. Es un medio por el cual se puede experimentar la realidad última. El patrón que he descrito con el azul en el centro, es el patrón fundamental de los elementos. Es el patrón que se utiliza para hablar de los elementos en las enseñanzas del Dzogchen.

Sin embargo; al nivel del Tantra, habrá una particular deidad para cada práctica. Cuando tomas en cuenta el kyil-khor de una particular deidad, la posición de los colores dependerá de la asociación elemental de esa deidad. Por ejemplo, si la deidad es Seng-gé Dongma el patrón será el mismo que he descrito, porque Seng-gé Dongma es de color azul y éste será el color que ocupe el centro del kyil-khor.

---

5   Comúnmente conocido en occidente como *El Libro Tibetano de los Muertos*. Bardo Thödröl significa 'liberación a través de escuchar en el bardo'. 'Bardo' en este sentido es el estado intermedio entre una vida y la siguiente.

Pero si la deidad es Guru Drakpo, forma de yidam colérica de color rojo de Padmasambhava, éste estará en el centro, y en el oeste del kyil-khor encontrarás una deidad azul. En el *Bardo thödröl* la deidad principal del kyil-khor es blanca, así que el blanco estará en el centro del kyil-khor. Entonces; el azul que está habitualmente en la posición central, se moverá al este, que es la posición que ocupa por lo general el blanco. Es muy simple – cuando encuentres un color en el centro del kyil-khor que no sea el azul, significa que el azul tendrá que moverse a la posición que corresponde al color que está en el centro. Para expresarlo de otro modo: el azul es el único color que puede aparecer en cualquier posición dentro del kyil-khor. Esto es porque el azul es el color del espacio, y el espacio está en todas partes. El verde, el rojo, el blanco y el amarillo, aparecen o bien en sus direcciones cardinales o se mueven hacia el centro.

P: ¿Entonces… cuando alguno de estos colores se mueve hacia el centro, el azul se mueve a la posición del color que se ha movido al centro?

R: Exactamente, no es difícil de entender.

P: Bueno… entonces tengo otra pregunta – ¿espero que no le importe?

R: ¡En absoluto! Es un verdadero placer.

P: ¿No está la deidad blanca por lo general en la parte superior del mandala, en el norte en lugar del este?

R: Esa es sólo una costumbre tibetana. Los tibetanos sitúan el este en la parte superior del mapa, y nosotros situamos el norte en esa posición. Yo tiendo a utilizar el sistema occidental de direcciones cardinales, porque es más fácil para la gente.

P: ¿Pero no sería bueno que la gente aprendiera a relacionarse con las direcciones tal como se exponen en las enseñanzas?

R: ¿Por qué?

P: Es sólo algo que me estoy preguntando. ¿No sería de ayuda romper con nuestro hábito conceptual del lugar donde situamos las direcciones?

R: Probablemente sería de alguna utilidad como ejercicio para reorientarse de ese modo. Pero esa no era la idea que había tras ello en el Tíbet. La idea era tener algo con lo que relacionarse que hablara de una realidad conocida. Que el kyil-khor estaba reflejado en todas las cosas; desde lo ordinario hasta lo absolutamente no-ordinario. Desde esta perspectiva no tendría sentido tratar de reajustarse al concepto tibetano de la situación del este en el mapa. Estas enseñanzas tienen que establecerse en occidente, y estoy seguro de que algunas alteraciones son permisibles…

Aparte de eso, que el elemento aire esté en la parte superior y el elemento tierra abajo parece funcionar un poco mejor que tener el agua en la parte superior. ¡Bueno quizás no! Después de todo estamos en Gales, ¡y aquí llueve a menudo! Te sugiero que te relaciones con esto del modo que te parezca personalmente útil. Lo importante es que de verdad *puedas* relacionarte con ello de un modo personal. Esto tiene que convertirse en algo personal, y tienes que ser capaz de verlo en las situaciones cotidianas. A un nivel tiene que volverse muy ordinario, ¡si no se vuelve ordinario, no podrá volverse profundo! Lo profundo tiene que volverse ordinario, para que lo ordinario se vuelva profundo. Entonces todo se vuelve ordinario, y todo se vuelve profundo. Lo ordinario se vuelve profundamente ordinario, y lo profundo se hace natural; es decir, ordinariamente profundo. Nosotros tenemos nuestra propia cultura; y no hay nada *tan* terrible en ello para que no podamos mantener la posición de nuestras direcciones cardinales.

P: Puedo entender que el fuego sea rojo y el espacio azul; pero los otros colores no parecen en cierto modo tener relación. ¿Podría usted decir algo sobre esto?

R: Básicamente... no *hay* nada que entender. Aquí no hay nada con lo que necesites relacionarte. El Tantra no requiere que te relaciones con ello, de hecho si tratas de hacerlo; encontrarás que está vacío.

P: ¿Vacío?

R: Sí.

P: ¿Cómo?

R: Debes tener siempre en cuenta la danza de la vacuidad y la forma, esto es primordial. Si te implicas en el Tantra a través del intelecto; lo estarás haciendo sólo a través del aspecto forma de tu percepción. Si te implicas sin el aspecto vacuidad o intuitivo, el Tantra manifestará su vacuidad en tu incomprensión. Si vives el Tantra de un modo experiencialmente abierto—es decir: sin una fijación por una forma en particular—¡el Tantra manifestará su forma como significado directo! Para decirlo de otro modo – este simbolismo no existe como una especie de estructura codificada con la que puedas relacionarte. En realidad no importa que puedas o no relacionarte con ello intelectualmente. De hecho no importaría demasiado que el agua fuera rosa, o el espacio fuera verde. Lo esencial es que esta matriz simbólica surge de la *visión*. Nadie se ha inventado el Tantra, ni es un 'misticismo de diseño'. La naturaleza de este simbolismo ni siquiera está espiritualmente elaborada. Surge espontáneamente dentro de la continuidad iluminada de la Mente. Surge en la Mente de maestros como Yeshé Tsogyel y Padmasambhava. Este simbolismo se crea por sí mismo. Se crea a sí mismo *de sí mismo*. Por lo tanto... no lo puedes estudiar. No hay un texto en el que puedas descubrir razones lógicas por las que el aire deba ser verde. No hay respuesta para tales preguntas.

Cuando hablamos de los elementos; los elementos manifiestos son sólo un aspecto, la realidad concreta de la tierra, el agua, el fuego, el aire y el espacio; es sólo un nivel de la realidad. Estos elementos existen al nivel de nuestros cuerpos, emociones, intelecto, y también como las esencias intangibles.[6] En cuanto al hecho de que el elemento aire sea verde, se pueden ver otras correspondencias.

En su estilo dualístico restringido, el aire está relacionado con la envidia, la desconfianza y los celos. Decimos que se está verde de envidia. En cuanto al elemento agua, que está relacionado con la ira, también decimos que alguien está blanco de furia – por lo tanto hay obviamente una correlación. Pero debes entender que es inútil tratar de probar el Tantra de ese modo.

P: Gracias, ahora me ha quedado claro. ¿Pero se aplica eso también a las deidades; me refiero a la idea de no relacionarse?

R: Sin duda alguna. Antes de que puedas entrar seriamente en la práctica del Tantra; necesitas haber tenido la experiencia de la vacuidad – el estado no-conceptual. Sin esta experiencia lo único que puedes hacer es *intentar* relacionarte. Pero en el estado libre de concepto, la idea de relacionarse o no relacionarse no existe. Yo diría que si empiezas a relacionarte, es que has salido del estado vacío. Habrás vuelto al mundo de la mente conceptual. La funcionalidad del sendero de transformación reside en el hecho de que ocurre dentro del reino de la vacuidad.

P: ¿Rinpoche, qué significa que las deidades son espontáneamente comunicativas o instructivas por el modo en el que surgen?

R: La naturaleza de cualquier símbolo o deidad, es que surge espontáneamente. Aquello que surge espontáneamente no está condicionado por los patrones que se desarrollan en la dualidad.

---

6   Estas esencias intangibles de los elementos se conocen como *thig-lés*. En la práctica *togal* del Dzogchen uno descubre el nivel de experiencia en el que estas esencias energéticas se manifiestan como la visión del cuerpo sutil.

Esta es la razón por la que estos símbolos o deidades comunican la cualidad de la no-dualidad. Es un poco como estar con alguien que se siente feliz... aunque no tenga intención de hacerte feliz, puedes sentir que su felicidad es contagiosa. Naturalmente tienes que estar abierto a ese contagio y dejar pasar o soltar todo concepto, para que pueda surgir la visión de la deidad como campo de tu experiencia.

P: Dijo usted que entrar en la esfera visionaria puede ser una experiencia pasmosa de cambio personal y del modo en el que habitualmente vemos el mundo. ¿Podría usted poner un ejemplo de este tipo de cambio?

R: Bueno... puede que eso no tenga sentido. Un ejemplo tendría que ser específico, por lo que sería necesario fabricar algo. Podría hablar de la experiencia de alguno de mis discípulos, pero puede que no sea válido en lo que respecta a tu sentido de la realidad. Lo único que puedo hacer es hablar del marco abstracto en el que ese proceso se revela. Si eres capaz de soltar los puntos de referencia hasta el punto de identificarte completamente con la deidad; esa experiencia resplandecerá todo a través de un modo natural – aunque retornen tus estructuras de tendencia habituales. De hecho podrías mirarte a ti mismo por un instante y verte tal como te vería la deidad. Lograrías vislumbrar tus estructuras dualísticas como monumentalmente absurdas, cierto cambio sería inevitable. Sería como cazar a tu pareja en la cama con tu mejor amigo o amiga... creo que eso cambiaría de algún modo vuestra relación. Así pues... cazarte a ti mismo confundiéndote con los manifiestamente absurdos patrones del samsara, va a cambiar sin duda tu implicación con ellos. Estos patrones mostrarían una *transparencia* en el resplandor crepuscular de vestir el cuerpo de las visiones, que sería difícil, aunque no imposible, tomarse esas tendencias habituales totalmente en serio.

P: Mencionó usted la posibilidad de quedar perturbado por la práctica del Tantra si se practica sin la guía de un Lama… ¿En qué sentido se refería a eso?

R: Perturbado (risas). Sí… es una clara posibilidad. En cierto sentido ya estamos perturbados; pero lo estamos dentro de los parámetros convencionales de la visión kármica humana de acuerdo a los patrones que existen en esta parte del siglo veinte. Con el Tantra tenemos la posibilidad de generar o bien el orgullo vajra o algún tipo de psicosis. El orgullo vajra no es como entrar en un rimbombante mundo de fantasía. Es la sensación que se desprende del darnos cuenta de nuestro propio potencial sin principio a través de la apariencia inspiracional de la deidad. Cuando eres guiado por un Lama sientes una inmensa gratitud y devoción; porque sabes que cualquier cosa que se presente se debe a la realización de tu Lama. En este contexto no te vuelves arrogante, y como el orgullo vajra tiene que ver con la capacidad de liberar a todos los seres del círculo vicioso del dualismo, no te aíslas de tu entorno. La sensibilidad hacia el entorno y hacia el Lama te mantiene 'con los pies en la tierra'. Si vas guiado por un interés personal, es muy probable que te electrocutes en la corriente alterna y continua de la 'cordura' y la 'demencia'. La orientación personal en la práctica del Tantra produce los enredos y la maraña del trastorno mental – la pérdida de la capacidad para funcionar en el mundo ordinario. A lo que me refiero fundamentalmente por trastorno mental, es al estado en el que 'espiritualizamos' todas nuestras incapacidades imaginándonos que son signos de nuestro 'progreso'. Para mantener esta ilusión necesitamos aislarnos de la gente, ya que de otro modo nos recordarían constantemente que nos estamos volviendo disfuncionales.

P: ¿Podría usted explicar un poco más el orgullo vajra – cómo funciona? No veo clara la idea de que nuestra naturaleza iluminada sin principio sea descrita en cuanto a tener cierta apariencia – como la apariencia de Padmasambhava o Yeshé Tsogyel…

R: El orgullo vajra es el sentimiento que se tiene de uno mismo *como* deidad. La apariencia de la deidad no nos condiciona en absoluto. La apariencia visionaria de Yeshé Tsogyel es una *comunicación*, una ventana multisensorial de lo que somos. No es que te conviertas en Yeshé Tsogyel al nivel rudimentario de parecerte a ella; sino que su apariencia visionaria es la llave para ser lo que verdaderamente eres. Pero en ese proceso puedes también adquirir la habilidad de asumir la apariencia de Yeshé Tsogyel para el beneficio de otros seres atrapados en ciclos dualistas que se regeneran por sí mismos. Yeshé Tsogyel y Padmasambhava son cuerpos de visión que podemos vestir. Podemos vestir una gabardina, unos Levis y unas botas camperas, pero eso no significa que tengamos que estar condicionados por esa apariencia. En cierto sentido todas las deidades son la misma; son la misma en esencia. Todas son métodos para lograr la realización. Sus diferencias son sólo diferentes métodos de comunicación para el beneficio de los seres, que manifiestan una infinita diversidad en sus patrones de confusión.

4

Visionando

Todos nos cuestionamos nuestras vidas en ciertos momentos. Esto es un tanto inevitable. Nuestra iluminación sin principio resplandece continuamente todo a través, causándonos la irritación de querer preguntarnos lo que está sucediendo. Esto sucede en varias coyunturas de nuestra vida; y nos enfrenta al inconveniente hecho de que en cierto modo somos símbolos de nosotros mismos. No estamos del todo seguros de ser la verdadera cosa.

Vestir el cuerpo de las visiones es resurgir de la singularidad del estado de vacuidad al mundo de la multiplicidad. En la práctica del shi-nè hemos saltado a la vacuidad, hemos soltado el mundo de la forma en el que estábamos apegados a la multiplicidad. La palabra 'multiplicidad' se refiere a la experiencia de nuestra implicación con los campos sensoriales. Puede ser una implicación dualista o no-dualista. En esta experiencia nos orientamos de acuerdo a la relación, exploración, creatividad, y a las interminables variaciones que son posibles en esta interacción. La palabra 'singularidad' se refiere a la experiencia en la que no nos implicamos con ninguna cosa. Los campos sensoriales están funcionando pero no hay comentario. El cine está abierto y la película se está proyectando, pero no hay público. En lo que respecta al shi-nè, podrías verte a ti mismo como un cohete que ha sido lanzado fuera del campo gravitatorio del planeta. Este 'cohete' es nuestro propio ser, y el 'campo gravitatorio' es la fuerza de nuestras tendencias habituales.

Hablar de la práctica de visionar sin haber logrado el propósito del shi-nè, es como discutir sobre los problemas de re-entrada en la atmósfera del planeta antes de haber desarrollado la tecnología para lograr el despegue. Desarrollar la 'tecnología personal' para lograr el despegue no es de ningún modo fácil; pero con los recursos necesarios se puede realizar. Para un cohete se necesita una gran cantidad de combustible, y para un ser humano una gran cantidad de meditación. Pero cuando se ha logrado el despegue; la entrada en la condición vacía sucede de un modo natural. Si una persona ha sido capaz de soltar el apego a la forma, dejándola pasar y estar durante el tiempo suficiente para vencer la 'gravedad personal'; entonces el mundo de la forma se desvanece por sí mismo. Cuando este suceso en cierto modo milagroso tiene lugar, se pone de manifiesto que somos *nosotros* quienes creamos la gravedad que nos mantiene sujetos a la tierra.

Así pues, habiendo entrado en el estado vacío y habiendo sido capaces de permanecer en la experiencia de esta condición vacía, nos enfrentamos al prospecto de volver a entrar en el mundo de la forma. En realidad no tenemos elección respecto a volver al mundo de la forma, porque ésta surge continuamente de la vacuidad como funcionamiento implícito de la realidad. No hay nada esencialmente erróneo con el mundo de la forma, pero regresar a él acarrea ciertos problemas si al hacerlo entramos en la condición dualística. Hemos aprendido a funcionar sin puntos de referencia, y hemos podido entrar en la condición vacía – pero el problema de nuestro modo de relacionarnos con la forma como realidad generalizada aún sigue ahí. Es decir; nuestro modo de relacionarnos con la aparente inextricabilidad de la forma como percepción condicionada nuestra, y la forma simplemente como forma. Hemos aprendido que es posible soltar nuestro apego al mundo de la forma. ¿Pero cómo abordamos la forma desde la perspectiva de la vacuidad? No es posible ni provechoso esconderse en el estado de vacuidad.

Sería como tomarse un tiempo fuera de la realidad, como una versión pseudo-espiritual de suspensión criogénica. Embarcaríamos en la Nave Espacial Cuerpo Humano y saldríamos a la 'nada' interestelar. Una vez allí, entraríamos en la cámara criogénica – donde nuestras facultades sintientes quedarían suspendidas y congeladas hasta que finalizara el viaje. Si eso fuera posible, saldríamos de la cámara exactamente igual que cuando entramos. Sería quizás estupendo si queremos dejar pasar unos cuantos cientos de años hasta que las condiciones cambien, o si queremos invertir todo nuestro dinero y regresar para obtener un gran interés de él. Pero si queremos cambiar de un modo radical y fundamental; se requiere algo más.

Hay una historia que cuenta Dudjom Rinpoche; sobre un criatura tibetana llamada 'tsi-tsi gomchen'. 'Tsi-tsi' significa rata, y 'gomchen' significa gran maestro de meditación. Tsi-tsi gomchen es una marmota que hiberna la mitad del año. La historia cuenta que esta criatura entra en su pequeño agujero, y cuando sale de nuevo seis meses más tarde – sigue siendo una marmota. El simple hecho de aislarte en tu cueva de retiro significa muy poco – incluso la marmota hace eso. Si entras en un retiro de acuerdo al método de la marmota, sales igual que antes. Sucede lo mismo al entrar en el estado vacío. Si no hay claridad en el estado vacío—si no hay presencia—lo único que se consigue es tomarse un descanso. Si bloqueas el surgir del pensamiento, es muy probable que caigas en un estado denominado 'shi-nè somnoliento'. Esta es una condición en la que hay ausencia de pensamiento, pero en la que no hay presencia del darse cuenta. Es en cierto modo como entrar en coma. La gente que se ejercita en esta práctica puede hallarla muy relajante, pero no sirve para hacer frente a los fenómenos de su existencia. Tan pronto como regresan al mundo de la forma (es decir: cuando salen de su meditación y vuelven a su vida cotidiana) siguen con sus viejos patrones de reacción – la meditación y la vida cotidiana siguen estando separadas.

De hecho ya no puede decirse que sea meditación: se ha convertido en una simple técnica de relajación. Esto no es tan terrible, pero hay formas más fáciles de relajarse. Si tu objetivo es la relajación en el sentido que comúnmente se entiende esta palabra, el shi-nè es el método más difícil que te puedas imaginar. El shi-nè nos conduce a la más profunda relajación, pero no sin una persistente perseverancia. El fruto o resultado del shi-nè se llama *nè-pa*, que significa ausencia con presencia. Esta ausencia de pensamiento o contenido mental; junto con la presencia del puro darse cuenta, es el lugar donde comienza el Tantra. Desde esta dimensión de no-referencialidad surgimos en la forma de la deidad. Surgir como deidad, es *vestir el cuerpo de las visiones*.

La forma de la deidad es un método de realización extraordinario e inusual. Entre las distintas escuelas de Tantra Tibetano hay una increíble variedad de métodos visionarios que se conocen como *yidam*. La palabra 'yidam' se puede traducir como 'deidad', a veces se traduce como 'Ser-de-sabiduría'; también como 'deidad meditacional'. Para comprender la función de la práctica del yidam podemos llevar la analogía del cohete un poco más lejos. Es preciso mirar al problema de re-entrada ¿Qué ocurre cuando la nave espacial regresa a la atmósfera de la tierra? Salimos al espacio. Aunque esto conlleva sus dificultades, no hay problema para vencer la fricción – la atmósfera se hace cada vez más fina; experimentamos cada vez menos resistencia. La potencia requerida inicialmente para el despegue ya no es necesaria – tenemos el impulso de nuestra trayectoria. Pero cuando queremos regresar a la tierra, experimentamos exactamente lo contrario – la fricción aumenta cuando entramos en la atmósfera. Hay que hacer algo respecto a esta fricción; de otro modo la nave se quemaría.

El calor en el vehículo de re-entrada sería demasiado intenso para cualquier criatura viviente.

Este problema se superó con el diseño de unas baldosas especiales de cerámica, que absorbían el calor de la creciente fricción de la reentrada en la atmósfera. El yidam es nuestra configuración de baldosas absorbentes de calor. La forma del yidam absorbe el calor del mundo de los posibles puntos de referencia. Este 'calor' es el hábito de agarrarnos a los puntos de referencia, y lo experimentamos al emerger de cualquier periodo de vacuidad. La forma del yidam nos brinda la oportunidad de entrar en el mundo de la forma *como* yidam.

Esto ocurre a nivel interno en la meditación. También ocurre cuando vivimos en el mundo de acuerdo a la visión del Tantra. A esto se le llama *vivir la perspectiva*. Vivir la perspectiva significa retener el sentimiento de ser el yidam en todo lo que hacemos, y experimentar el mundo a nuestro alrededor como la dimensión realizada del yidam. Entramos en el mundo de la forma *convirtiéndonos* en el yidam – vistiendo el cuerpo de las visiones. En esta forma percibimos nuestro mundo visual como el kyil-khor del yidam, y el completo espectro de la dimensión auditiva como el mantra[1] del yidam. Así nuestro mundo se convierte en la dimensión liberada del yidam, y podemos transformar nuestras tendencias habituales con el poder de la *creatividad original*. La creatividad original existe en el nivel de la energía no-dual – la energía que emerge como eflorescencia natural de la realidad: el espacio sin principio del ser y el espacio sin principio de la existencia.[2] La cualidad de retener el sentimiento de ser el yidam se conoce como *orgullo vajra*, y es vital para el dinamismo efectivo de la práctica Tántrica. Es un modo extraordinariamente poderoso para ir más allá de los estrechos confines de lo que podemos pensar que somos.

---

1   *Ngak* (tibetano) – *mantra* (sánscrito).
2   El espacio del ser es conocido como *chö-ku* en tibetano (*dharmakaya* en sánscrito); el espacio de la existencia se conoce como *chö-ying* en tibetano (*dharmadhatu* en sánscrito).

Un medio para sintonizar con la gran compasión, energía, y sabiduría que constituyen la base viviente de lo que somos. Para comprender los aspectos más profundos de esta práctica, debemos mirar a la naturaleza del simbolismo y el ritual. La apariencia del yidam no es simplemente un método para hacer frente a nuestra adición a la referencialidad.

La forma del yidam es también *esencialmente instructiva.* Al asumir esta forma, aprendemos a experimentarnos a nosotros mismos como poseedores de capacidades ilimitadas. La naturaleza ilimitada de nuestras capacidades se describe por la infinidad de formas en las que se puede practicar el yidam. Cada forma es una vía particular de acceso a la experiencia de la iluminación. Estas vías funcionan de acuerdo a nuestras personalidades individuales. Las formas del yidam son interminables en su variedad; y continuamente emergen nuevas formas como visiones internas de los grandes maestros Tántricos. Cada forma es suntuosa de significado y puede ser explicada de un modo asombrosamente detallado en cuanto a cada color, expresión y matiz de su apariencia. Cada imagen es un retrato magnífico y completo del estado iluminado. La potencia de estas imágenes es el resultado de sus exuberantes cualidades polifacéticas – cualidades que engloban la arrolladora variedad de las funciones manifiestas del yidam. Es muy fácil caer en una de las dos formas de relación confusa que tendemos a establecer con el símbolo y el ritual. La gente tiende o bien a sentirse fascinada por el simbolismo, o a rechazarlo. Los que tienden a la fascinación lo coleccionan fuera del contexto de la práctica espiritual, o establecen una relación ingenua en la que creen que serán 'salvados'.

Este problema no afecta sólo a los occidentales; los tibetanos son tan propensos como nosotros a este tipo de distorsión. Después están los que rechazan el ritual y el símbolo. Los rechazan porque prefieren la postura última que está 'más allá del ritual y el símbolo'; o porque no tienen un particular interés en la espiritualidad.

El problema que se les presenta a los que están fascinados por el símbolo y el ritual, es que los mantienen siempre como algo externo a ellos. Tienden a convertirse en meros coleccionistas de objetos espirituales, o de ideas y técnicas espirituales. Me hablaron una vez de una persona que coleccionaba espadas porque eran el símbolo de Jampalyang, la deidad que encarna la cualidad iluminada de la sabiduría. Este hombre creía que si se rodeaba de estos poderosos recordatorios sobre la necesidad de cortar la ilusión de raíz – ello estimularía en él esa capacidad. No digo que eso no pueda tener algún efecto, ¿pero cuántas espadas necesitas colgar en la pared? ¿Cómo de especiales y caras tienen que ser? ¿Quizás bastaría con una? ¿Serviría un cuchillo de la armada suiza para el truco? Pero puede que no fuera lo bastante exótico o exclusivo. El problema para los que son ingenuos en su relación con el ritual y el símbolo, es que pueden volverse adictos al apoyo que les ofrece su forma exterior. Estos practicantes se convierten en 'grandes loros meditadores' – gente que se sienta y masculla a su paso por innumerables textos tibetanos, sin tener la experiencia de la vacuidad que hace posible la práctica de visionar.

Chhi-'mèd Rig'dzin Rinpoche llama a esto 'meditación del cerdo', porque es como gruñir con la cabeza gacha en un comedero de papeles. El problema para la gente que rechaza el ritual y el símbolo porque prefieren la postura última o no-dual, es que a menos que puedan entrar realmente en la condición última no-dual – se mueren de hambre en lo que respecta a su vida espiritual. La postura no-dual está bien para los gomchens, o para los que tienen suficientes vislumbres de realización en su práctica. Pero dondequiera que encuentres personas con esta capacidad descubrirás que de hecho *utilizan* el símbolo y el ritual. Mientras existimos en la condición relativa, requerimos de medios relativos para descubrir nuestra naturaleza última. En la condición relativa podemos vislumbrar la naturaleza última o no-dual de la realidad; pero no podemos mantener esa consciencia.

En la condición relativa el samsara y el nirvana están separados – la iluminación y la ilusión de la no-iluminación están divididas.

Los 'medios relativos' son formas de trabajar en el nivel de la experiencia en el que somos símbolos de nosotros mismos. En este sentido la no-iluminación es un símbolo de la iluminación. Los medios simbólicos o relativos no son directos; pero operan muy eficazmente cuando los medios directos no están disponibles. Los medios directos sólo se pueden emplear cuando podemos encontrarnos con facilidad en la condición última o no-dual. Pero muchos gomchens que se ejercitan en las prácticas últimas de los medios directos del Dzogchen, utilizarán los métodos relativos cuando sea necesario. Los medios simbólicos se hacen a menudo necesarios porque tenemos circunstancias externas al igual que circunstancias internas, y ambas se influyen mutuamente. Influimos en nuestro mundo y somos influidos por él. Nunca podemos tener un control total de nuestra situación relativa, pero hay muchas formas de trabajar con ello. El problema para los que no tienen interés en el ritual y el símbolo es muy claro. Se aíslan a sí mismos de medios potencialmente valiosos. Pero a veces se abren a considerar el valor de la metodología simbólica; si se cuestionan sus vidas. Todos nos cuestionamos nuestras vidas en ciertos momentos. Esto es un tanto inevitable.

Nuestra iluminación sin principio resplandece todo a través continuamente, causándonos la irritación de querer preguntarnos lo que está sucediendo. Esto sucede en varias coyunturas de nuestra vida; y nos enfrenta al inconveniente hecho de que en cierto modo somos símbolos de nosotros mismos. No estamos del todo seguros de ser la verdadera cosa. Tanto si lo reconocemos como si no, nuestras vidas están repletas de símbolo y de ritual. Nuestros patrones conceptuales son un sistema codificado de símbolos a través del cual representamos el ritual de nuestra existencia cotidiana.

Cada vez que repetimos una acción, se convierte en un ritual. Cada vez que saludamos a alguien de un modo habitual ejercemos un ritual. Si examinamos nuestro comportamiento descubriremos que no podemos hacer nada que no implique algún tipo de ritual. Podemos intentar ser espontáneos, ¿pero lo conseguimos en realidad? ¿Se puede decir que actuar por impulso sea espontaneidad? Que nuestras acciones estén ensayadas de antemano o que surjan de un impulso del momento, no es muy diferente en lo que respecta a la espontaneidad. Para que una acción sea verdaderamente espontánea, tiene que surgir de la vacuidad.

La espontaneidad no sólo se produce por la ausencia de una consideración prolongada. Semejante 'espontaneidad' no es más que imprudencia, impulsividad, pensamiento rápido o un acto reflejo hacia la existencia. La espontaneidad sólo puede surgir de la libertad real. Tenemos esta libertad cuando nuestra relación con la existencia no se establece a través de un sistema de estilos perceptuales dispuesto de antemano. La espontaneidad es una comunicación terriblemente directa en la que no hay barreras ni fórmulas preestablecidas que determinen el resultado que se vaya a producir. Espontaneidad es actuar *en* el momento de acuerdo a lo que hay en el momento. Pero esto de ningún modo significa actuar sin tener en cuenta los futuros resultados de nuestros actos. La espontaneidad real es compasiva *por naturaleza*, y las ramificaciones de todos los actos que derivan de ella son inherentemente perfectas. Incluso si el resultado parece imperfecto de acuerdo a la lógica convencional (bajo la perspectiva de los seres atrapados en la dualidad); la realidad es siempre compasiva. Esta es una de las áreas más difíciles de entender en lo que respecta a la actividad del maestro Tántrico o maestro vajra.[3] La espontaneidad es la claridad vacía que acepta totalmente los patrones que se perciben sin quedar condicionada por ellos.

3 La naturaleza de la relación con el maestro vajra es tratada en los capítulos 5 y 6.

No existe ninguna estrategia ni manipulación que actúe de acuerdo a conceptos de desarrollo o realización personal.

En nuestra condición como seres humanos estamos implicados en el 'simbolismo' y el 'ritual' de la no-iluminación. ¿Hay algo que se *pueda* hacer sobre este asunto? ¿Algún modo de desmantelar esta red de condicionamiento? ¿Alcanzar un estado en el que no haya ritual y seamos verdaderamente espontáneos? Resulta irónico pensar que el símbolo y el ritual del Tantra son un método idóneo para lograr la espontaneidad. ¿Pero cómo es posible? La gente que quiere ser libre, tiende por lo general a desechar las restricciones y a establecer su propia forma de hacer las cosas. ¿Entonces cómo tiene que abordar el Tantra alguien que quiere ser libre? El Tantra tiene que ser abordado desde la experiencia de la vacuidad, porque es sólo desde esa comprensión que la siguiente declaración adquiere mucho sentido: *La naturaleza simbólica del Tantra es un reflejo de la creatividad espontánea, que es inherente al tejido de la realidad*. No hay un solo aspecto del Tantra que haya sido inventado mediante los procesos manipuladores del intelecto.

Toda la imaginería Tántrica ha sido espontáneamente realizada y comunicada con la función implícita de liberar a todos y cada uno de los seres a su condición auténtica. Cada aspecto de las imágenes de las deidades del Tantra ha surgido a través de la *pasión espaciosa* de la visión. 'Pasión espaciosa' se refiere a la experiencia no-dual de la sabiduría y la compasión (vacuidad y forma). Es la cualidad comunicativa activa, inseparable de la experiencia de la vacuidad. La palabra 'espaciosa' hace referencia al aspecto ilimitado o vacío del estado no-dual. 'Pasión' se refiere a la energía que surge espontáneamente del estado de vacuidad, como infinita variedad. Esta infinita variedad es la manifestación de la realidad y del estado de realización. Puede que no sea fácil entender el término 'infinita variedad' y el modo en el que se corresponde con la realidad y el estado realizado.

Pero es muy importante entender estos términos con claridad; para que podamos comprender el modo en el que los aspectos interno y externo de la existencia se reflejan mutuamente. De otro modo, la pasión espaciosa puede no tener un significado activo al nivel de vivir la perspectiva.

En lo que respecta a la 'realidad'; 'infinita variedad' se refiere a los fenómenos no-sintientes de nuestro mundo – es decir: todo lo que carece de la facultad de tocar, saborear, oler, oír, ver, o pensar. La realidad de la que hablamos aquí es el mundo concreto que experimentamos con los sentidos. Hay algo de mágico en la utilización de estas palabras: 'infinita variedad' habla de la naturaleza ilimitada y transitoria de la forma – el modo en el que surge continuamente de la vacuidad y se disuelve de nuevo en ella. Infinita variedad significa que no podemos predecir el modo en que surgirá la forma de acuerdo a nuestra percepción dualista. Aunque esperáramos eternamente a que sucediera algo que podamos abordar desde una fórmula preestablecida, sería inútil. En lo que respecta al 'estado de realización'; 'infinita variedad' se refiere a los fenómenos sintientes del mundo – la consciencia de los seres. Del mismo modo en que los fenómenos físicos 'externos' surgen de la vacuidad y se disuelven de nuevo en ella – los fenómenos 'internos' no-físicos surgen de la consciencia y se disuelven de nuevo en ella. La diferencia entre los seres sintientes y los fenómenos no-sintientes, es que en los primeros hay un estado intrínseco de un puro darse cuenta que impregna este movimiento. El puro darse cuenta impregna a los seres como experiencia no-dividida de la vacuidad y la forma. En este sentido la pasión es infinita variedad – el aspecto de la existencia que es activamente compasivo por naturaleza. La realidad y el estado de realización se reflejan mutuamente. Desarrollar la pasión espaciosa tiene como meta la integración de este conocimiento al nivel de la experiencia.

La espaciosidad sin pasión no puede generar la cualidad interactiva de la compasión. La pasión sin espaciosidad se convierte en ciega obsesión – una visión claustrofóbica de la que derivan actividades sumamente limitadas y restrictivas.

¿En qué contexto funcional se puede decir que ha surgido la imaginería de las deidades a través de la pasión espaciosa de la visión? Este contexto requiere de un ser iluminado que es consciente del modo en que su energía no-dual surge espontáneamente. Esta realización habrá tenido lugar de acuerdo a los fenómenos puros de la experiencia interna. Un ser de estas características comunicará métodos de imaginería y sonido vajra, que son inherentes y brotan naturalmente de la visión. La importancia fundamental de este contexto funcional de la visión es que se ha descubierto que los métodos que manifiesta son *incondicionalmente transformadores*. Todo símbolo es por naturaleza un puente entre lo absoluto y lo relativo, un interfaz vivo y contundente entre la naturaleza última de la realidad y el espacio Mental de un perceptor culturalmente situado.

En cualquier lugar o época en la que se encuentre, un ser iluminado es una continua fuente de métodos visionarios. Debido a que la visión es naturalmente comunicativa (en lo que concierne a devolver a los seres a su estado iluminado) sus métodos surgen como respuesta a una infinidad de estilos perceptuales que varían de acuerdo a las diferentes culturas, lugares geográficos, climas y épocas. Esto significa que un ser realizado experimentará y transmitirá la visión en el estilo perceptual de aquellos a los que más puede beneficiar, en cuanto a la cultura en la que se encuentra. Las formas que adopten estas visiones responderán al tiempo y lugar específico de la manera más dinámica y eficaz. Esta capacidad espontánea de los seres iluminados, es un aspecto de su ilimitada compasión.

Esta compasión es inseparable del estado de iluminación y fluye de un modo natural y directo hacia todo el que está abierto al desafío de conectar con su propia iluminación innata. Las visiones del Tantra son una respuesta espontánea de los seres iluminados, que se dirige con *fabulosa precisión* a las condiciones específicas de los seres que continúan enredándose a sí mismos en la dualidad. La mayor fuente de estas prácticas visionarias es Padmasambhava. Padmasambhava (conocido también como Pema Jung-né, Guru Pema o Guru Rinpoche) es el segundo Buda, el Buda de los Tantras. Justo antes de morir el Buda Shakyamuni profetizó que vendría un Buda de una capacidad incluso superior, y que tendría el poder de enseñar los Tantras. Este Buda sería Padmasambhava – el Buda nacido del Loto; probablemente la más extraordinaria personalidad que el mundo haya conocido jamás. El propio Buda Shakyamuni enseñó en secreto el Tantra a los ochenta y cuatro mahasiddhas,[4] que a su vez pasaron estas enseñanzas a Padmasambhava.

Las deidades pueden manifestarse en infinidad de formas, y cualquiera que haya tenido contacto con las enseñanzas del Tantra Tibetano se dará cuenta del enorme 'panteón' de prácticas de yidams o deidades que hay en cada escuela del Budismo Tibetano. El yidam puede ser el propio Padmasambhava, o cualquiera de las formas en las que manifiesta sus distintos aspectos para liberar a los seres. El yidam puede ser también Yeshé Tsogyel, su consorte femenina iluminada, o cualquiera de sus emanaciones visionarias. Para practicar el yidam es necesario que se nos haya mostrado nuestra naturaleza iluminada a través de símbolos que emanan de la textura iluminada de la luz y el sonido. El método de la práctica de la deidad consiste esencialmente en 'desvestirnos'. Necesitamos estar desnudos de cualquier concepto respecto a nuestra identidad tangible.

---

4 Los ochenta y cuatro grandes yoguis y yoguinis realizados de la antigua India. Chhi-'mèd Rig'dzin Rinpoche es la encarnación de uno de estos mahasiddhas, llamado Humkara.

Tenemos que disolvernos junto a nuestro mundo en la vacuidad. El concepto que tenemos de nuestro cuerpo conlleva muchas referencias a la dualidad; por lo que debemos convertirnos en nada *(no cosa)*, o ninguna cosa en particular. Tenemos que permitirnos entrar en la dimensión abierta de nuestro ser – la dimensión en la que no hay referencias. En este espacio abierto del ser podemos emerger vívidamente como el yidam. En este estado desnudo, podemos vestir el cuerpo de las visiones. Tenemos una capacidad intrínseca para vestir el cuerpo de las visiones, pero ésta tiene que ser despertada por el Lama. El Lama es la persona que nos introduce al método de visionar.[5]

Una vez que el Lama ha sembrado en nosotros el patrón de un visionamiento particular – estamos preparados para experimentarnos como esa deidad. La forma que adopta la deidad puede ser pacífica, gozosa o colérica. Estas formas son siempre una variante de la forma humana. Se podrían describir como símbolos antropomórficos de la iluminación. Podemos visionarnos con muchos brazos o cabezas, y esas cabezas en algunos casos pueden ser aspectos visionarios de cabezas de animales.

Pero cualquiera que sea la apariencia de un yidam, la referencia humana básica está siempre presente. Esto nos proporciona un punto de partida relativo, desde el que podemos extender y expandir nuestro limitado concepto sobre el hecho de ser humano. Tenemos unas ideas limitadas sobre cómo y lo que podemos ser, porque nos sentimos más seguros al ponernos unos límites bien especificados. El Tantra proporciona un método que expande las nociones que tenemos sobre nosotros mismos más allá de todo horizonte, traspasando las barreras de lo que comúnmente consideramos. En el campo de la visión Tántrica podemos experimentarnos sin la restricción de ningún límite.

---

5   Se introduce a la práctica de visionar mediante la transmisión Tántrica o iniciación, que es tratada en el capítulo 7.

Las formas gozosa, colérica y pacífica de las deidades están asociadas a las tres tendencias básicas de distracción: atracción, aversión e indiferencia. Estas tres tendencias son el motor que se crea por sí mismo a partir de nuestra condición dualista. La dualidad, o ilusión de la dualidad, es lo que experimentamos al apegarnos a la cualidad de forma de la vacuidad. Cuando nos relacionamos con la forma como si estuviera separada de la vacuidad, nos sumergimos de lleno en un patrón cíclico. La naturaleza de este patrón es que intentamos experimentar continuamente la permanencia de la forma, y en su lugar experimentamos sus cualidades de vacuidad: insustancialidad; impermanencia; indistinguibilidad; discontinuidad; y carencia de definición. Escudriñamos sin cesar nuestro horizonte perceptual en busca de alguna prueba que confirme nuestra existencia como una forma sólida, predisponiéndonos al hacerlo a experimentar de una cierta manera. Debido a que la forma nace a la existencia y permanece por variados periodos de tiempo, descubrimos que podemos apegarnos a ella para buscar seguridad ante la vacuidad.

Pero como la vacuidad y la forma no están separadas; cuando tratamos de alcanzar la forma, no podemos evitar experimentar también la vacuidad. Y la vacuidad que experimentamos es la impermanencia de la forma. Siempre que nos empeñamos en esta lucha imposible por separar la vacuidad y la forma, nuestras respuestas quedan limitadas a la atracción, aversión e indiferencia. Nuestro error fundamental es creer que podemos establecer la seguridad en la cualidad de forma de la vacuidad. Para mantener la ilusión de que lo estamos logrando, nos confinamos a una actividad continua de manipulación. Cuando experimentamos la cualidad de forma de la vacuidad nos apegamos a ella, pero este apego hace que la forma se convierta en una amenaza latente para nuestra realidad concreta. A este proceso se le llama *atracción*.

Cuando experimentamos la cualidad de vacuidad de la forma nos retraemos de ella, pero al hacerlo proyectamos sobre ella los atributos de la forma y la experimentamos como una amenaza objetivada. A este proceso se le llama *aversión*. Mientras sigamos intentando validar nuestra existencia desde el punto de vista de la dualidad, seguiremos atormentándonos en continuas manipulaciones dualísticas que se socavan siempre a sí mismas. Parte del dolor de la experiencia humana se debe a que estas manipulaciones se socavan a sí mismas en una escala de tiempo variable. Si el resultado tardara siempre el mismo tiempo en presentarse, el problema sería menor; sospecharíamos muy pronto. Pero como los ciclos manipuladores en los que estamos inmersos son indeterminados, podemos engañarnos una y otra vez pensando que saldremos vencedores. Cuando fracasamos nos decimos que aprenderemos de esta lección de la vida. Pero es difícil aprender de estas lecciones, porque la siguiente serie de circunstancias nos parece siempre completamente diferente. Cuando tratamos de poner en práctica el 'aprender de la experiencia' lo único que hacemos es intentar manipular la forma en la que manipulamos, y todo se vuelve más enrevesado. Siempre mantenemos la esperanza de que un día aprenderemos las reglas de la existencia y podremos ser felices.

No digo que no debamos estar abiertos a aprender de los patrones de nuestra vida. Lo que estoy diciendo es que deberíamos evitar llegar a conclusiones irrebatibles sobre cómo asegurarnos de que el siguiente suceso de nuestra vida no sea: frustrante, doloroso, o deprimente. No se trata de ignorar nuestra experiencia pasada, pero tampoco de que seamos gobernados por ella. En el contexto abierto de la percepción podemos ver la interacción de la forma y la vacuidad. La forma existe en consideración a la experiencia pasada; y la vacuidad está libre de la experiencia pasada.

Esta no es una postura fácil de asumir, como a menudo me dice la gente; pero las alternativas tampoco son fáciles. La vida es dura o dura – fácil o fácil. Mediante la práctica de vivir la perspectiva Tántrica, descubrimos que optar por lo que parece fácil hace la vida dura; y a la inversa, optar por lo que parece duro hace la vida fácil. Esto no significa que esté incitando a buscar el filo duro de la experiencia, ni estoy abogando por el masoquismo. Buscar deliberadamente opciones difíciles es seguir una formula, lo que supone de nuevo apegarse a la cualidad de forma de la vacuidad. El método del Tantra es abrazar la ambivalencia de cada situación. Mientras sigamos involucrados en la manipulación dualística, experimentaremos la vida en función de las ocho realidades dualistas.

Estas realidades son descritas como los 'ocho dharmas mundanos' en la terminología Budista convencional, y están clasificadas como: esperanza y miedo; fama y vergüenza (o alabanza y censura); logro y fracaso; encuentro y despedida. Si calibramos la cualidad de nuestras vidas de acuerdo a estos criterios, no podemos evitar experimentarla en los términos de la *atracción, aversión e indiferencia*. Si no nos cuestionamos la naturaleza de la atracción, la aversión y la indiferencia, seguiremos generando la ilusión de la dualidad. Y esta ilusión es la que gobierna nuestra existencia.

Clasificamos todo lo que aparece en nuestro horizonte perceptual en función de: si prueba nuestra existencia en términos de dualidad; si desmiente nuestra existencia en términos de dualidad; o como una insulsa neutralidad que no da ninguna oportunidad a la manipulación en ninguno de estos dos modos. Todos nuestros intentos para establecer seguridad fracasan porque están basados en mantener la ilusión de la dualidad. Mientras sigamos operando desde el principio de que la dualidad es funcional, no lograremos establecer la seguridad que buscamos. En este sentido la iluminación es la comprensión ininterrumpida de que la dualidad no funciona.

La dualidad es la ilusión que sustenta la atracción, la aversión y la indiferencia. Nos sentimos *atraídos* hacia lo que parece confirmar nuestra existencia y sentimos *aversión* hacia lo que parece negarla. Cuando hay algo que no confirma ni desmiente nuestra existencia, lo *ignoramos*. Lo que no podemos manipular de alguno de estos dos modos, no logra despertar los aspectos activos de nuestra neurosis – desaparece en un paisaje gris de lánguido tedio. Las deidades gozosa, colérica y pacífica de la imaginería Tántrica son cuerpos visionarios que podemos vestir para transformar estos forzados amaneramientos perceptuales. Padmasambhava adopta todos estos aspectos en sí mismo, y así es visto (especialmente en la Escuela Nyingma) encarnando todas las prácticas visionarias. Padmasambhava es al mismo tiempo gozoso, colérico y pacífico. Es gozoso cuando está representado en unión con su *yum* o consorte femenina. En su forma como Guru Nangsrid Zilngön – el Lama que domina todos los fenómenos aparentes – su yum está representada por la presencia de su tridente Tántrico. Hay otras formas de Padmasambhava en las que está representado en unión real con su consorte femenina iluminada Yeshé Tsogyel.[6] La diferencia entre estas formas reside en si es el aspecto de método o el aspecto de sabiduría de la unificación el que está siendo enfatizado. Cuando la unión está representada por el tridente, éste es Yeshé Tsogyel como símbolo del aspecto de sabiduría de la apariencia manifiesta de Padmasambhava. La presencia de Yeshé Tsogyel representa la cualidad activa (método) de la vacuidad y la forma interpenetrándose. Padmasambhava es colérico porque está sujetando su *dorje* (cetro de rayo) con el gesto que domina todos los fenómenos aparentes.

---

6   Yeshé Tsogyel, el Buda Tántrico femenino, también adopta todos estos aspectos en sí misma. Ella también puede aparecer en unión con Padmasambhava. Para los Nyingmapas todas las deidades son manifestaciones de Padmasambhava y Yeshé Tsogyel, porque esencialmente son la interacción de la vacuidad y la forma al nivel de la liberación.

Su pie derecho se extiende en la postura que manifiesta su capacidad para entrar en actividad en cualquier momento. Es pacífico por su radiante expresión, y por la vasija de larga vida situada en el interior del cuenco de cráneo que lleva en su mano izquierda.

Las deidades gozosas aparecen habitualmente en unión con un consorte. Se conocen como *yab-yum*, que significa 'padre-madre' en referencia a la vacuidad y la forma: los aspectos masculino y femenino del sendero unificados. Las formas gozosas brillan con la pura vivacidad de una lujuria y entusiasmo ilimitados. Manifiestan la vibrante danza de la sabiduría y la compasión que son vacuidad y forma encarnando un deseo no-dual e inmaculado. A través de su impecable comunicación coital con cada faceta de la existencia, transforman la atracción. La atracción es también descrita como 'deseo' o 'lujuria'; pero la transmutación de esta distorsión de nuestra iluminación intrínseca no deriva en la extinción del interés, aprecio o gozo. No transmutamos la atracción para sumergirnos en una especie de nadidad miope, insulsa y castrada en la que el banquete profundamente sensual de la realidad se vuelve terminalmente insípido. La transmutación de la atracción permite que nuestro aferramiento neurótico a posibles pruebas de nuestra existencia, se relaje en su propia condición.

Las deidades coléricas están adornadas con los signos externos de la furia; de una violencia desenfrenada. Su terrorífica apariencia manifiesta el poder del Tantra para transformar cualquier cosa. La ira que manifiestan las formas coléricas es la ira no-dual e indestructible de la iluminación. La palabra 'indestructible' indica que no está construida a partir de la división dualística de la vacuidad y la forma. Es una ira no-dual – sin sujeto ni objeto. Esta ira indestructible o cólera vajra, es la terriblemente clara energía que corta de raíz nuestra más horrenda confusión y hace que surja la pasión de la bondad a través de las heladas venas del miedo y de la frígida obsesión por uno mismo.

Siempre que el resplandor de esta claridad brille a través del tejido de nuestra experiencia, la compasión quedará liberada. Cada una de las energías elementales iluminadas sirven para liberarse unas a otras. Pero aquí específicamente, la claridad es vacuidad y la compasión es forma. El cólera vajra es el aspecto energía de la compasión. El Tantra está basado en la experiencia de la vacuidad, y desde esta experiencia podemos llegar al conocimiento verdadero de que todos los estados mentales negativos o dolorosos son sólo distorsiones de nuestra naturaleza iluminada. Con este espectacular descubrimiento, las deidades coléricas se convierten en fantásticas expresiones de la compasión – manifestaciones del más profundo aprecio por la energía de la existencia.

Las formas coléricas transmutan la aversión. La aversión se conoce también como odio, pero esta es una palabra un tanto limitada para expresar la extensa variedad de actitudes manipuladoras que desarrollamos al sentirnos socavados por la naturaleza de la realidad. La aversión abarca desde la más ligera incomodidad, aburrimiento, irritación y resentimiento; hasta la más intensa repugnancia y violenta manía destructiva. La aversión es el aspecto de nuestro perfil perceptual que encuentra la vida inconveniente o espinosa. Preferiríamos recostarnos sobre un enorme cojín que absorbiera las violaciones que la realidad parece perpetrar continuamente sobre nosotros. Sería bastante desconcertante darse cuenta de que las historias más atroces de crueldad en el mundo son parte de una sucesión de acontecimientos que comienza con la más leve irritación – una negativa a aceptar la textura de la vida. Esta negativa a entrar en la tensión de la superficie de nuestra realidad particular contiene la semilla del impulso para cometer un genocidio. No hay 'gente malvada que haga cosas malvadas' que esté totalmente separada de lo que somos. Todo el mundo es capaz de ser despiadado a una escala global si se dan las circunstancias favorables y el nivel de irritación o incomodidad es superior al que podemos asumir.

Esto no significa que no podamos disfrutar del confort o que tengamos que llevar una especie de cilicio; pero sí que deberíamos analizar nuestro impulso por hacer que todo sea tan terriblemente acogedor. Necesitamos descubrir de dónde viene esta necesidad – el modo en el que surge. Mirar fijamente a nuestra necesidad imperiosa de tapizar cada superficie de nuestra realidad. Las deidades pacíficas tienen una apariencia serena y generalmente su postura es estática. La mayoría de la gente considera que las deidades pacíficas son las que personifican el estado de iluminación – pero esta es una comprensión parcial. Estas formas pacíficas sí personifican el estado iluminado, pero no más de lo que lo hacen las formas coléricas o gozosas.

Las formas pacíficas describen la transformación de la indiferencia. El estado de indiferencia es básicamente estático; una condición 'impasible' o emocionalmente inerte. La indiferencia es la incapacidad para establecer una conexión o la indisposición para ver las conexiones que están interminablemente presentes. Es la falsa tranquilidad de los que se aíslan del sufrimiento de los demás. La fingida 'calma' de alguien que ha desarrollado un desprecio autocomplaciente hacia su entorno. Es la calculada insensibilidad de los que asumen que pueden separarse de los efectos de sus acciones en el mundo. Todas estas cualidades se transforman a través de la cualidad inamovible y la indestructible serenidad de las formas pacíficas. Las formas pacíficas manifiestan la dimensión no-dual de la indiferencia. La indiferencia es también llamada 'ignorancia', pero esta palabra puede ser mal interpretada como 'no saber', en lugar de la intención activa de ignorar algo. Desde esta perspectiva, la cualidad estática de las formas pacíficas manifiesta una infinita apertura y aceptación – la buena disposición para encontrarse con todo el dolor del universo y no disociarse de su más infinitesimal expresión.

Cuando la atracción, la aversión y la indiferencia son transmutadas, damos nacimiento a la capacidad para el *compromiso extático* con la textura momentánea de todo lo que se presenta como juego de la vacuidad y la forma.

Comentario de preguntas y respuestas

Pregunta: ¿Si el Tantra no puede abordarse desde el intelecto, cuál es el propósito de estudiar lo que está usted presentando aquí?

Rinpoche: El intelecto es también una experiencia.

P: (sin respuesta)

R: Si el intelecto no es una experiencia; ¿qué dirías que es? Es importante recordar que en el Tantra los aspectos relacionados con la información tampoco están limitados por la lógica convencional y que son en sí mismos transformadores. Cuando estudias las enseñanzas Tántricas, te abres al modo en el que la dimensión de la experiencia visionaria puede ser señalada a través de las palabras. Decir que no se puede abordar el Tantra desde el intelecto, significa que aprender sobre ello no equivale necesariamente a una experiencia real. Puedes obtener un doctorado en Budismo Tántrico – sin que ello signifique mucho. Algunas veces es así. Conocí un hombre que se volvió mucho más inhumano y centrado en sí mismo por su obsesión de convertirse en un experto en el Tantra. Pero siempre puede llegar un día en el que esta persona dé un giro y descubra que la información es sólo una puerta. Lo que ocurre con la puerta es que tienes que pasar a través de ella. Depende más bien de la forma en la que estudies. Si estudias con apertura es diferente, las palabras y las frases *relucen* un poco. Cada momento en el que estás asimilando este material tiene que ser en cierto modo concebido como algo sagrado. Es importante que estés inmerso en ello sin tratar de poseerlo. Estar abierto a la experiencia de sentirte conmovido al escuchar y leer este material del mismo modo que lo harías con la música, la poesía o el arte. El estudio del Tantra implica mucho más que la recopilación de información detallada sobre el simbolismo.

Por esta razón es poco habitual escuchar a Chhi-'med Rig'dzin Rinpoche explicar el simbolismo de las deidades. Cuando le preguntan sobre ello a menudo responde: "Practica y lo descubrirás". Él tiene muy presente que tienes que tener la actitud correcta hacia el simbolismo. Si tienes la mente de un coleccionista de información no tiene sentido estudiar. Pero si estudias el Tantra del mismo modo que los amantes estudian sus cuerpos entre sí, se abre ante ti la posibilidad de una experiencia profundamente real.

P: ¿Cuando dice usted que no es posible separar la vacuidad y la forma, quiere decir que no funciona; que no podemos encontrar seguridad en la forma? Yo pensaba que en la condición dualista hacemos eso continuamente; entonces parece que *es* posible.

P: ¡Ja! Muy interesante. Tengo una serie de respuestas a esta pregunta que pueden parecer contradictorias. Digo efectivamente que no se puede separar la vacuidad y la forma. Pero; diría también que es posible experimentar la vacuidad y la forma *como si* estuvieran separadas. Estás muy en lo cierto cuando dices que no encontramos seguridad en la forma. Pero; también es cierto que al mismo tiempo *sí* encontramos seguridad en la forma – al menos de manera temporal. Si no pudiéramos experimentar cierto grado de seguridad en la forma, cesaríamos en nuestro empeño. Sin embargo mantenemos la ilusión de que: si jugamos bien nuestras cartas; si nos llega una mano ganadora o una racha de suerte; si fuéramos fantásticamente habilidosos… ¡podríamos librarnos de tener que morir! La ilusión de que podemos encontrar seguridad en la forma se sostiene por el hecho de que logramos hacerlo por diferentes periodos de tiempo. Cuando cualquier persona, situación, objeto o sensación, permanece durante el tiempo suficiente; tendemos a establecernos y afianzarnos en ello.

Establecernos en cualquier cosa que parece segura (esto es: sólida, permanente, separada, continua y definida) significa que decidimos fingir de un modo activo. Nos tapamos los ojos para perseguir el sueño imposible. El problema con el sueño imposible es que si llegamos a confiar realmente en ello, tenemos que destruirlo nosotros mismos. Cuando logramos sentirnos muy seguros de que podemos estar completamente relajados; un furtivo sentimiento de aburrimiento comienza a anidar en nosotros, nos invade un sentimiento de desolación y de una creciente carencia de sentido. El sueño imposible sólo funciona cuando estamos en el umbral de alcanzarlo. De ahí en adelante, todo es cuesta abajo. La forma es vacuidad y la vacuidad es forma… Eso es lo que dice el Sutra del Corazón. Cuando buscamos la forma obtenemos siempre la vacuidad, o bien porque la forma manifiesta su impermanencia; o porque la aparente permanencia facilita la experiencia de nuestra propia vacuidad.

P: ¿Es esta la razón por la que la gente que consigue lo que usted llama una buena carta, decide por alguna razón pifiarla haciendo algo verdaderamente estúpido, o asumiendo un riesgo absurdo?

R: Exactamente. La gente encuentra difícil entender por qué alguien que se halla en una situación maravillosamente segura puede querer arriesgar todo eso por lo que parece una pueril indulgencia del momento o una dudosa ventaja. Pero a cierto nivel la seguridad se vuelve agobiante. Parece no haber fricción – nada por lo que esforzarse y una ausencia total de aprecio. Es en este punto cuando nos damos cuenta de que la cualidad de vacuidad es muy necesaria. Puede que nos arrepintamos amargamente de nuestra 'insensatez' al destruir nuestra propia seguridad; y quedar desconcertados sobre la razón que nos ha impulsado a actuar de ese modo. Pero dentro de nosotros está el conocimiento de que de algún modo… parecía tener cierto sentido en aquel momento. Jugamos con la vacuidad y la forma.

Cuando sentimos que no hay seguridad hacemos todo lo posible para establecerla. Pero cuando experimentamos una seguridad total, nos sentimos forzados a ponerla en peligro. Cuando nos sentimos solos queremos compañía. Cuando llevamos una intensa vida social queremos intimidad. Cuando hemos adquirido alguna clase de compromiso, queremos ser libres. Cuando somos libres, deseamos algún tipo de compromiso. Cuando nos ignoran, queremos reconocimiento. Cuando somos famosos, anhelamos el anonimato. Podría seguir y seguir... Estos son ejemplos del juego de la vacuidad y la forma, en lo que respecta a nuestra experiencia cotidiana. Estas experiencias duales/no-duales de la existencia están continuamente manifestándose como textura de nuestra vida.

P: Nunca logro entender a lo que se refiere usted cuando habla de nuestro 'apego neurótico relajándose en su propia condición'. ¿Podría explicarlo un poco más?

R: ¿Cuál es la condición última de cada aspecto de nuestro ser?

P: ¿... la no-dualidad?

R: Si. Entonces... si cada aspecto de nuestro ser existe en última instancia en la condición no-dual; ¿qué se requiere para experimentar esta neurosis como no-dual?

P: ¿Que... no las manipulemos referencialmente? ¡Ah... entonces es cuando no hay manipulación! ¡Si no lucho contra la neurosis, ésta se relaja en su propia condición! ¿Quiere usted decir que la propia lucha es la fuerza que mantiene la neurosis?

R: ¿Qué otra cosa? (risas) Espléndido; muchas gracias.

P: Cuando utiliza usted la palabra 'visionar', ¿es lo mismo que 'visualización'?

R: Es lo mismo. No obstante, este punto tiene mucha importancia.

Mucha gente utiliza la palabra 'visualización' para referirse a varias cosas. Sin duda; cuando escuchas a cualquier Lama utilizarla, puedes estar seguro de que está hablando del proceso que he descrito. El problema se presenta cuando la gente confunde la naturaleza del Tantra pensando que es sólo una forma más de usar la imaginación. Este es un concepto totalmente equivocado.

P: ¿Pero no se tiene que utilizar la imaginación para lograr una imagen mental del yidam?

R: No. De hecho diría que la imaginación es un gran obstáculo para el visionamiento o visualización. El visionamiento no tiene nada que ver con 'imágenes mentales'. Tienes que saber distinguir entre: lo que surge dentro del flujo continuo de la mente y lo que surge desde la vacuidad. En lo que respecta a la vacuidad y lo que surge de ella; hablamos de lo que surge en la dimensión de la Mente (la Mente-como-tal, la naturaleza de la mente). En cuanto a lo que surge en el flujo continuo de la mente; estamos hablando de las maquinaciones de un intelecto dualista. La visualización de la que hablamos no es ningún tipo de sueño diurno, ni de proceso de imaginación intelectual. Estamos hablando de la *visión*, y la visión sólo puede surgir en el espacio o vacuidad de la naturaleza de la Mente.

P: ¿Entonces cómo surge la forma del yidam?

R: Surge de la vacuidad. Se crea por sí misma a partir del impulso hacia la liberación; que es la energía de la propia iluminación. Se crea por sí misma como realidad interna del Lama que está dando la iniciación. Una vez que has recibido la iniciación a la práctica de una deidad o yidam particular, la forma de esta deidad surgirá espontáneamente del estado de vacuidad cuando la estás practicando. La forma de la deidad surgirá también en tus sueños – quizás también en el vapor que sale de tu taza de café. Eso depende de la intensidad de tu devoción.

P: ¿De qué modo sucede eso, Rinpoche? ¿Cuál es el proceso?

R: No hay proceso – sucede simplemente porque tú tienes la llave; y la llave es el texto Tántrico o el mantra que se canta para instigar este surgimiento. Tu experiencia de la vacuidad es el horno en el que se cuece el pan de tu visión. El estado vacío es el entorno perfecto para que surjan visiones inagotables.

P: ¿Qué sucede cuando alguien no tiene la experiencia de la vacuidad?

R: Que es poco probable que surja el visionamiento.

P: ¿Entonces qué se supone que está haciendo alguien en ese caso; quiero decir, si está realizando una práctica Tántrica sin ser capaz de entrar en la vacuidad?

R: Está haciendo el ensayo de una práctica Tántrica. Está implicado en un proceso de imaginación activa.

P: ¿Diría usted que es una pérdida de tiempo?

R: No del todo. Pero tampoco es la práctica del Tantra, aunque no está totalmente separado de ella. Es importante hacer una distinción entre 'el Tantra que simplemente sucede' y 'el Tantra que es una práctica'. 'El Tantra que es una práctica' es el proceso de visionamiento y la recitación del mantra. También puede ser la recitación de una cierta liturgia que describe la función iluminada de la deidad en cuestión. 'El Tantra que simplemente sucede' es el lugar en el que estás en cualquier momento en lo que respecta a vivir la perspectiva, y más esencialmente diríamos que es el Tantra que sucede tanto si te das cuenta de ello como si no. El Tantra está sucediendo todo el tiempo. De hecho, en lo que respecta a estar haciendo un ensayo y si es una pérdida de tiempo o no: depende de la actitud de la persona que está practicando.

Si siente una gran inspiración por la apariencia de la deidad y la resonancia del mantra, es muy probable que eventualmente alcance cierto nivel de experiencia con la práctica. Como mínimo creará causas positivas para lograr la realización de estas prácticas.

P: Cuando dice usted que se puede lograr cierto nivel de experiencia por el hecho de sentir inspiración… ¿Cómo encaja eso con la necesidad de entrar en el estado de vacuidad?

R: Bueno, hay vacuidad y vacuidad. La vacuidad puede manifestarse también como forma; la forma de la devoción y de la inspiración. Si alguien tiene suficiente devoción hacia su Lama y tradición; el poder de esa devoción puede asaltar las puertas del estado vacío. Tiene que haber cierto nivel de energía. Sólo se puede sentir inspiración si soltamos nuestro aferramiento rígido a lo que creemos que somos. Para sentir inspiración necesitamos movernos a un marco diferente de experiencia – un espacio en el que nuestra identidad no es sólida. Esto sucede especialmente con la devoción. No puede haber devoción si damos siempre prioridad a nuestras propias consideraciones. La devoción disminuye de un modo evidente si insistimos en dar prioridad a nuestra propia versión de la realidad. La devoción es crucial en el Tantra, sin ella sería muy difícil acceder a la experiencia de la vacuidad.

P: ¿Entonces la vacuidad no es al cien por cien esencial?

R: No… no es 'al cien por cien' esencial.

P: Pero yo pensaba que la vacuidad era la base del Tantra…

R: Sí… La vacuidad es la base del Tantra, pero eso no significa que no puedas abordar el Tantra. El Tantra es eminentemente accesible – ¡incorregiblemente tentador!

P: ¿Qué significa… 'abordar el Tantra'?

R: (Risas) ¡Cómo… *puedes tú*… hacer… *esa*… pregunta¡

P: Así que… 'abordar el Tantra' es… como…

R: ¡Abordar el Tantra es lo que estás haciendo tú ahora! El Tantra *no* está separado de la corriente de la realidad que estás viviendo cada instante. Especialmente cuando te permites entrar en la confusión – considerándola como un campo con el que se puede trabajar. Y cuando este es un campo en el que el propio 'trabajar' es indeterminado. Así es el campo del Tantra. Esto es lo que podrías llamar *vivir la perspectiva.*

P: ¿Pero puede ser esa la base para poder practicar el visionamiento?

R: Es muy posible. Depende en gran medida de si el *fuego* de tu devoción puede quemar tu necesidad de puntos de referencia. Tu devoción tiene que tener una *gran fuerza incendiaria.* Tiene que incinerar tus habituales mecanismos perceptuales de búsqueda de puntos de referencia.

P: Creo que está usted diciendo que; la devoción trae la experiencia de la vacuidad – pero necesitas cierta experiencia de la vacuidad para que la devoción sea posible. Probablemente no lo entiendo bien, pero parece un 'callejón sin salida'…

R: Sí y no. No es que lo entiendas mal. Esto *es* muy paradójico; pero *no* hay truco. Hay una pequeña historia que podría ayudarnos… Hay un sepulcro de un maestro Sufí en algún lugar de Turquía. Si te acercas a ese sepulcro de frente, es imposible entrar. Es una especie de fortaleza con pesadas barras de hierro. Pero si caminas hacia los lados… ¡te encuentras con que el sepulcro está totalmente abierto! Puedes entrar, pero no puedes hacerlo por la parte frontal. No puedes utilizar el camino de la lógica, ni las reglas convencionales. No puedes dar sentido a la paradoja con una respuesta que no se contradiga a sí misma. Tienes que dar un salto, pero no hay un modo de hacerlo ni un libro de instrucciones que nos indique los pasos a seguir.

¿Qué te llevaría a pensar en entrar por los lados del sepulcro si has visto las enormes barras de hierro en la parte frontal? ¿No deducirías que la parte trasera y los lados estarían igualmente fortificados?

P: ¿Entonces… la vacuidad es la puerta frontal y la devoción sería la entrada lateral?

R: ¡Exacto! Aunque también podría ser al revés, o incluso la entrada secreta.

P: Parece que puede ser muy fácil…

R: Sí. Todo lo que necesitas es amor (risas). Pero eso no significa que puedas abrir la devoción como un grifo. No es exactamente fácil, y tampoco una alternativa a la puerta principal – sencillamente está *ahí*. Tienes que estar un poco loco y ser capaz de tomar tangentes insólitas en tu vida – asumir grandes riesgos. Puede que necesites ser también un poco ingenuo; o un poco infantil. No puedes ser demasiado sensato.

P: ¿Cómo estableces la devoción?

R: Tienes que desarrollar cierto nivel de experiencia en tu relación con el Lama y el linaje que él o ella representa. No es muy frecuente que esto suceda en el primer encuentro con dicha persona o tradición. Tiene que haber cierta curiosidad inicial – esto es bastante apremiante. Y esta curiosidad tiene que estar fundamentada sobre el sentimiento de que el mundo es viable. Tienes que llegar a estar bien en el mundo. No puedes rechazar el mundo considerando que funciona de modo 'samsárico'. Esta actitud es muy distinta de la idea de 'sufrimiento' o 'insatisfacción' que existe en el vehículo Sútrico. No puedes abordar el vehículo Tántrico desde la perspectiva de ser una gamba en el vindaloo de la vida.

P: ¿Vindaloo…?

R: Es un curry muy picante. No puedes abordar el Tantra pensando que es un lugar donde refugiarse del mundo. Si no puedes hacer que el mundo 'funcione' con cierto grado de aplomo; no vas a llegar muy lejos con el Tantra.

P: ¿La gamba tiene que tener cierta musculatura?

R: ¡En efecto! Tiene que tener la confianza de que puede sobrevivir en el vindaloo, e incluso salir de esa situación habiendo adquirido un color admirable. Se podría decir también que la gamba tiene que experimentar el *mismo sabor* del vindaloo y el Océano Pacífico, aunque sólo sea en un grado mínimo. Pero esto nos aleja de la pregunta de lo que hace posible el visionamiento. Hemos dicho que la vacuidad tiene que ser la base, o de lo contrario podemos ir a hurtadillas por el lateral y entrar a través de la devoción. Y entonces – tenemos que afrontar la paradoja de que sin la vacuidad, la devoción es imposible o dudosa. La devoción no es posible sin cierta experiencia de la vacuidad, porque si queremos que surja ese *prístino voltaje* de energía necesitamos cierta apertura y la ausencia de estrechos límites personales. Te das cuenta; tienes que ser capaz de contemplar al Lama como una grandiosa oportunidad – tiene que haber un abandono bien establecido. Necesitas *saber* algo con lo que puedas empezar. La devoción no va a surgir sólo porque decidas que la necesitas, surge desde el conocimiento basado en la experiencia de la práctica. Es preciso que hayas sumergido los dedos de los pies en la piscina de la pasión espaciosa, y que te hayas cuestionado la textura de tu existencia habiendo llegado a la conclusión de que está sucediendo mucho más y mucho menos de lo que parece a simple vista. Necesitas haber examinado la habilidad del Lama para relacionarse con la experiencia que ha surgido de tu práctica. ¡Necesitas esa comunicación para captar un atisbo de la cualidad de la más audaz aventura amorosa!

P: ¡Sí! Puedo ver eso claramente en mi relación con mi Guru Raíz. ¿Podría usted decir algo más sobre esto? Me pregunto si a veces no hay cierto elemento de encaprichamiento. Quiero decir que podría ser enfermizo, ¿no?

R: Podría ser en efecto enfermizo, pero el Lama trabaja siempre con eso. El Lama puede alentarlo, disuadirte de ello, o no prestarle atención. Estas respuestas serían los aspectos liberados de la atracción, la aversión y la indiferencia. Pero en cualquier caso, la actividad o respuesta del Lama estará motivada para *conjurar* con la naturaleza de tu capacidad como practicante. El Lama conjurará también con la naturaleza de tu neurosis. Él o ella no requiere de la devoción ni del encaprichamiento, su única motivación es ayudar al discípulo a experimentar su propia energía. Es una comunicación vivaz y dinámica. De hecho el rol del Lama es socavar el encaprichamiento, aunque sea un poderoso factor motivador. Como puedes ver, al final es un obstáculo.

Tiene que verse con claridad que el encaprichamiento no es lo mismo que la devoción, porque siempre conlleva expectativas de satisfacción personal y de acrecentamiento de nuestro sistema de puntos de referencia. Si confundimos el encaprichamiento con la devoción, nos predisponemos a la más mordaz desilusión. Esta clase de relación con el Lama acaba a menudo en lágrimas. Desde la perspectiva del encaprichamiento el Lama siempre te defraudará; te romperá siempre el corazón.

P: ¿Se refería usted a esto cuando dijo que la devoción es imposible o dudosa, cuando hay un interés invertido al tratar de relacionarse con el Lama de ese modo?

R: Sin duda alguna. El encaprichamiento es una dudosa devoción, porque es manipulador. Esa clase de devoción es un intento de seducir al Lama para que sea el imposible amante perfecto.

Es una devoción que está siempre diciendo: "Te amaré tanto que jamás te será posible ser honesto conmigo o que me obligues a hacer algo que no quiero".

P: ¿Así que el encaprichamiento es un tipo de estrategia?

R: Por supuesto; es vital entender esto y ver cómo funciona en tu interacción con el Lama. La devoción es la energía que te permite estar abierto a la naturaleza intransigente de la relación Lama-discípulo. Devoción es la habilidad de morir y renacer continuamente en tu relación con el Lama.

P: ¿Qué ocurre si el Lama se enamora de un estudiante?

R: Entonces eso es lo que ocurre.

P: ¿Puede suceder?

R: ¿Por qué no? El Lama *es* un ser humano.

P: ¿Pero cómo encaja eso con lo que decía usted sobre el modo en el que actuaría el Lama ante el encaprichamiento de un estudiante?

R: Lo hace y no lo hace. Estábamos hablando del enamoramiento caprichoso. No estábamos hablando de enamorarse de verdad. El amor es algo genuino que puede surgir entre dos personas; incluso entre un Lama y un discípulo. Esto es distinto del encaprichamiento. El encaprichamiento tiene lugar cuando una persona se enamora con la idea de enamorarse; se enamora de sus propias proyecciones – su idea de la otra persona. La cualidad genuina del enamoramiento es que ves, hueles, saboreas, sientes y conoces a la persona que está de verdad ahí. Yo diría que el Lama tiene que reconocer la diferencia, pero podría también transformar el encaprichamiento del estudiante a través de la naturaleza de su propia experiencia del amor… Un estudiante está abocado a tener cierto grado de proyección sobre el Lama – no creo que sea nunca un asunto de blanco o negro.

Es una situación muy abierta con la que se puede trabajar extensamente de acuerdo a las particularidades de cada individuo y su condición específica. La forma que adopte ese escenario dependerá de las cualidades y necesidades del estudiante. Aquí no estoy hablando de maestros que se acuestan con sus estudiantes; eso es un tanto banal. Estoy diciendo que las relaciones reales son posibles, que es algo diferente y eminentemente viable.

Aunque yo diría; que no está exento de dificultades en esta cultura… No tenemos un marco de referencia para ello, aparte del modo en que funcionan las monarquías; y eso es un tanto anacrónico como mínimo. Tendría que haber una experimentación considerable y sensitiva del modo en el que el matrimonio entre Lama y discípulo funcionaría en occidente; especialmente cuando se trata de Lamas occidentales. El amor tiene que entenderse y sentirse de un modo muy claro con respecto a los principios Tántricos de la experiencia. A lo que me refiero por amor; es el estado en el que nuestro *pawo* o *khandro* interno, es reflejado por otro ser humano. Esta es una experiencia muy importante y valiosa.

P: ¿Se ha enamorado usted Rinpoche?

R: ¡Menuda pregunta! Yo me enamoro continuamente.

P: Lo siento Rinpoche; ¿no debería haberlo preguntado?

R: Por supuesto que sí. ¿Por qué no? Si no fuera capaz de enamorarme, tampoco podría tener devoción. Las mujeres son siempre una enseñanza para mí; y cuando una mujer desea estar conmigo me siento encantado por regla general. Pero la dakini está en cada faceta de la realidad. Y para los Lamas femeninos el daka está también ahí en cada faceta de la realidad. Aunque la relación humana con el daka o la dakini no es siempre simple.

Las cualidades de daka y dakini están presentes en todos los hombres y mujeres, pero a menos que estén realizadas; estas cualidades parpadean intermitentemente junto con las habituales neurosis que todo el mundo tiene en abundancia. Cuando el reflejo de daka o dakini está sucediendo es una práctica maravillosa. Y después; cuando no lo hace, quedamos afligidos por la enfermedad de daka o dakini. ¡Pero ésta es también una práctica considerable! La gran felicidad de cabalgar sobre el ardiente filo de la navaja. ¡Experimentando su mismo sabor! Esta es una de las más grandes oportunidades para practicar en occidente. ¡Siempre digo a mis estudiantes que enamorarse y desenamorarse es una gran oportunidad para vivir la perspectiva! Sería de gran ayuda entrar en mayor detalle y ver cómo esto se aplica en nuestras circunstancias cotidianas. Pero no creo que haya suficiente tiempo para explorar este tema a fondo en este momento. ¿Quizás alguien tiene más preguntas sobre el visionamiento?

P: ¿Qué ocurre si *tienes* devoción pero aun así la visualización sigue siendo muy difícil, si *no puedes* ver nada con cierta claridad y no puedes llegar a ninguna parte ni siquiera con la imaginación activa?

R: (Risas) Recuerdo a un caballero que hizo casi esta misma pregunta a Chhi-'mèd Rig'dzin Rinpoche. ¿Quizás te gustaría escuchar la respuesta que le dio?

P: Si, lo agradecería.

R: Dijo esto: "Tú no puedes tener ninguna devoción hacia tu maestro". El joven se quejó de que este no era en absoluto el caso, a lo que Rinpoche respondió: "Ah ya, entonces; ¿cómo son tus fantasías sexuales? – ¿puedes ver lo que quieres ver?" El joven se sintió naturalmente avergonzado; pero entendió exactamente lo que Rinpoche quiso decir y agradeció la respuesta. Rinpoche prosiguió diciendo que cuando quisiera ver a su deidad meditacional tanto como otras cosas; su visualización mejoraría extraordinariamente.

P: ¿Diría usted que era una clase de devoción dudosa?

R: Supongo que sí. Cuando tu práctica no funciona como debiera no hay duda de que algo falta, esto no es ningún misterio. Si el Tantra parece una simple representación litúrgica, es porque no hay vacuidad ni devoción. Cuando estas cualidades están ausentes ya sabes lo que tienes que hacer – practicar más shi-nè; y mirar a tu relación con el Lama. Quizás en este punto te das cuenta de que era encaprichamiento en lugar de devoción, y si lo es, eventualmente colapsará. Podría incluso convertirse en un motivo de resentimiento hacia el Lama. Esto es algo que hay que tener siempre en cuenta. Siempre que un estudiante siente resentimiento hacia su Lama, es indudable que ha habido un alto nivel de expectativa basada en el encaprichamiento.

P: Entonces cuando alguien sospecha que puede estar encaprichado… ¿qué hace?

R: Bueno, esta es una pregunta interesante… ¿Por qué ibas a sospechar que podrías estarlo? ¿Quiero decir al margen de que estemos discutiendo este tema?

P: (No responde.)

R: Sólo puedes sospechar que *podrías haber estado* encaprichado. Nunca sientes que *estás* encaprichado. Encaprichamiento es cuando algo va mal y quieres salir de ello. Puede que en ese momento estés en lo cierto. Que hayas estado encaprichado. Pero nadie ve su encaprichamiento como tal mientras se encuentra en pleno apogeo.

P: En cuanto a lo que dijo Chhi-'mèd Rig'dzin Rinpoche; parece haber cierta conexión con el deseo. Parecía que estaba utilizando la palabra 'querer' como la utilizaría cualquiera – en el sentido de un claro y apremiante deseo de tener o poseer algo…

R: Sí. ¿Y tú problema con eso es…?

P: Bueno... yo creía que el deseo era parte de lo que nos ata a la rueda cíclica de la existencia – al samsara.

R: Sí. ¿Entonces...?

P: ¿Cómo encaja eso con la visualización? ¿No debería haber un método para llegar a visualizar que fuera más...?

R: ¿... espiritual?

P: Bueno, sí; o menos...

R: ¿... mundano? Piensa sobre lo que estás diciendo. ¿Qué es lo que implica? ¿Qué hay ahí que pueda ser tan ligeramente sospechoso, para no poder utilizar el samsara como medio para realizar el nirvana?

P: ... ¡Ah! Porque entonces... ¿habría dualidad?

R: ¡Como mínimo! ¿Te das cuenta?; cuando hablamos de utilizar el deseo, estamos hablando del funcionamiento de la *energía*. La energía intrínseca del deseo no es otra cosa que el estado iluminado. Esto es a lo que me refería por transformación o transmutación en el Tantra. Para ser un tantrika tienes que ser un buen guerrero; tienes que ser capaz de utilizar cualquier cosa que esté a tu disposición con respecto a lo que eres – a cómo eres en ese momento.

P: ¿Si eres un ególatra...?

R: Entonces te conviertes en un maníaco *entusiasta*. Dejas que tu Lama se burle de tu egolatría; y abandonas tu empeño en sentirte avergonzado o de actuar a la defensiva sobre ello. Tú ego o egolatría se convierte en un aspecto de tu energía con el que el Lama conjura. No hay nada con lo que el Lama no pueda conjurar si el estudiante está dispuesto a pasar por ello – si está abierto a ese proceso.

P: ¿Puede usted dar algún consejo sobre el mejor modo de abordar la práctica de la visualización?

R: Creo que la mejor forma de abordar esto para mucha gente es cultivando la cualidad del *sentimiento* de la deidad. Este es el modo en el que se practica el visionamiento en el estilo anu yoga. Permitiéndote establecerte en el sentimiento de ser Padmasambhava, o simplemente sintiendo la presencia de Padmasambhava. Por supuesto para hacer eso necesitas sentir cierta inspiración hacia Padmasambhava, o hacia cualquier deidad que estés practicando.

P: ¿Podría volver a lo que decía usted anteriormente sobre la necesidad de poder tener éxito en el samsara; o encontrarlo viable? Los textos dicen que el aspirante al dharma debería desarrollar repugnancia hacia el samsara… ¿cómo encaja esto con encontrarlo viable? ¿No deberíamos encontrarlo impracticable, y desear huir de ello?

R: (Risas) Tengo una pequeña historia para contarte… Me hospedaba con Lama Tharchin Rinpoche en las Montañas de Santa Cruz, cuando recibimos la visita de Su Eminencia Dzongsar Khyentsé Rinpoche. Era una ocasión muy especial. Dzongsar Khyentsé Rinpoche es el hijo de Su Santidad Dungsey Thinley Norbu Rinpoche y la encarnación del Gran Jamyang Khyentsé Chökyi Lodrö – un Lama muy elevado. (A propósito, esta *es* una respuesta a tu pregunta). Hicimos cantidad de preparativos para su llegada, y los discípulos de Tharchin Rinpoche trabajarón muy duro para que todo estuviera perfecto. Dzongsar Khyentsé Rinpoche es un Lama joven (de unos treinta años) y bastante dinámico. Había unas doscientas personas para verle. Algunos eran discípulos de Tharchin Rinpoche, pero había mucha gente que venía de distintas partes de California como estudiantes de otros Lamas. Tharchin Rinpoche y yo nos sentamos a ambos lados de él frente a la audiencia, y comenzó diciendo que no impartiría enseñanzas; que sólo respondería a preguntas.

Me preguntó si mi reloj tenía cronómetro, y le dije que sí. Cuando se lo presté, dijo; que si había un intervalo de más de diez segundos entre las preguntas, se iría y la enseñanza habría terminado. Rehusaba responder a lo que describía como preguntas 'cocinadas' – es decir, preguntas que habían sido preparadas con antelación para obtener una enseñanza que no tenía especial relevancia para el demandante. No quería preguntas intelectuales. Quería preguntas 'crudas' – preguntas que partieran de la experiencia real de la práctica de los asistentes, y no de lo que habían leído. A medida que se sucedían las preguntas, redujo el máximo de la pausa a siete segundos, y por último a tres.

Bajo esa presión había mucha gente que delataba la cualidad de su experiencia, y la motivación para la práctica. Eventualmente dijo a la audiencia: "Muchos de vosotros no estáis cualificados para el samsara, y no digamos para la búsqueda del nirvana – deberíais ir a conseguir un trabajo. Si tenéis miedo de funcionar en el mundo, no llegareis a ninguna parte practicando el dharma". Creo que esta fue una declaración muy penetrante y consecuente. Es crucial entender que lo que hay que cultivar es el *desdén* por el samsara, en lugar de buscar un modo para espiritualizar nuestra propia ineptitud o incapacidad. No se puede tomar refugio en el dharma de ese modo; eso no es lo que significa refugio. Refugio significa *establecer confianza en la realidad*. Nuestro desdén por el samsara tiene que partir del hecho de que vemos claramente a través de ello. Nuestro desdén por los amaneramientos mecanísticos de la existencia samsárica, tiene que basarse sobre la insignificancia de nuestro éxito en el juego. Si sólo somos trabajadores que han sido expulsados de la factoría del samsara, ¿cuál va a ser nuestra orientación en la práctica – especialmente la práctica del Tantra? Es un error común identificar el samsara con la sociedad en la que vivimos. Podemos desarrollar una repugnancia hacia los conceptos sobre los que muchos aspectos de nuestras sociedades están fundados.

Pero; es crucial no confundir esto con una aversión hacia las formas de la sociedad, que esté basada en el samsara. No se puede salir del samsara saliendo de la sociedad, sencillamente no funciona. Esta es la razón por la que no apruebo que la gente deje sus trabajos y corra a esconderse en la India. Lo que considero importante es que la enseñanza que presento pueda ser integrada en la sociedad en la que nos encontramos. Esto me parece crucial. Quiero ver estas enseñanzas enraizar aquí. Hay casos en los que ciertos individuos pueden beneficiarse al dedicar sus vidas a la práctica, pero será gente que no encuentra demasiado difícil la vida laboral. Generalmente; a quienes escapan del auto denominado samsara de la sociedad, el contexto espiritual les parece igualmente problemático. Se encuentran con que en realidad no son felices.

P: ¿Podría usted decir algo más sobre el modo en el que se experimenta la vacuidad a través de la práctica del Tantra?

R: Principalmente a través de la devoción. A través de tu relación con el Lama y de vivir la perspectiva Tantrica. La vacuidad se encuentra en la experiencia de enamorarse, en el hecho de sentirse inundado por el resplandor de la deidad. También en la experiencia de la iniciación. El poder de las prácticas Tantricas tiene la capacidad de disolver los límites de nuestro racional convencional. Sólo tenemos que correr el riesgo de introducirnos en el sendero. Éste comienza con la inspiración, que tenemos que alimentar con nuestro esfuerzo y compromiso para la práctica. En ciertas etapas del sendero Tántrico sentiremos pánico – eso es seguro. En esos momentos también podemos practicar el Tantra, y experimentar la vacuidad. Podemos sentir que estamos siendo arrasados, sentirnos desorientados, aterrorizados de que nuestra existencia pueda convertirse en una pesadilla. Podríamos sufrir una crisis de identidad. En todos esos momentos hay vacuidad. Puede que no sea la vacuidad de nè-pa, que es el fruto del shi-nè, pero tampoco es esencialmente diferente.

Cuando hablo del Tantra, a menudo lo hago en lo que se refiere a la naturaleza del sendero que está fuera de las prácticas formales de visualización. Esto se puede experimentar mejor si permitimos que el Lama conjure con las circunstancias de nuestra vida cotidiana; siguiendo el consejo del Lama.

P: ¿Podría usted decir algo más sobre re-entrar en el mundo de la forma, después de habernos visualizado como deidad? ¿En la analogía de la nave espacial, podría explicar el proceso en el que las 'baldosas' absorben el 'calor' del hábito de la referencialidad?

R: Desde la perspectiva del estado vacío, re-entrar en la esfera de la forma o la multiplicidad es en cierto modo problemático. Si tenemos poca o ninguna experiencia en relacionarnos con la forma desde la perspectiva de la vacuidad, tendremos a perder esta perspectiva tan pronto como la forma emerge; y en especial, tan pronto como entramos en el ámbito de la relación física o táctil. ¿Entonces cómo trabajamos con esto y abordamos la situación? ¿Cómo mantenemos la perspectiva de la vacuidad frente a las innumerables vidas de adicción a la referencialidad? Tenemos dos posibilidades. Tenemos el vehículo de re-entrada de nuestra propia dimensión personal; es decir nuestra identidad tal como la percibimos comúnmente. Y tenemos la posibilidad de vestir el cuerpo de las visiones. En cuanto a la analogía de las baldosas absorbentes de calor, experimentamos la dualidad como causa de la fricción. La forma de la deidad, que serían las baldosas, es una experiencia no-dual en sí misma – una experiencia de forma vacía. Si podemos identificarnos completamente con la forma de la deidad, no habrá fricción dualística – no estaremos creando dualidad a través de la forma. ¿O quizás quieres otra analogía?

P: Gracias, sería de gran ayuda. Es como si estuviera a punto de entender lo que me está diciendo – es una experiencia extraña…

R: ¡Bien! De acuerdo; no hablemos de baldosas absorbentes de calor, utilicemos una analogía más espiritual. Consideremos la posibilidad de convertirnos en una sartén antiadherente, que nuestra percepción tenga una capa de teflón. Si alguna vez has intentado hacer un revuelto en una sartén ordinaria, sabrás que se te quedará todo pegado a los lados. Lo más probable es que tengas que llenarla de agua enjabonada y dejarla en el jardín durante una semana antes de intentar limpiarla. Pero si tienes la capa antiadherente, los restos del revuelto se eliminan con relativa facilidad. Así pues; cuando surges de la vacuidad en la forma 'antiadherente' de la deidad, y el revuelto del samsara impacta, ¡éste se desprende! No necesitas aplicar el quita grasas de la agobiante virtud calculada, ni el estropajo metálico de la disciplina severa y la negación personal. Fundamentalmente, tan pronto como surges como deidad, estás en la dimensión de la forma. La deidad *es* la dimensión de la forma. Así pues, el concepto de entrar en la dimensión de la forma como la deidad es en cierto modo erróneo. Sin embargo se tiene la sensación – de que es lo que está sucediendo. Esto ocurre especialmente al entrar en la actividad cotidiana. Es entonces cuando empiezas a experimentar lo que se conoce como orgullo vajra – la práctica de reconocer nuestra propia naturaleza iluminada a través de la identificación con la deidad.

P: ¿Sería entonces importante tener un amplio conocimiento sobre Padmasambhava y su vida?

R: No, en realidad no puedes abordar el visionamiento de ese modo. Sería como tratar de pensar en qué hacer para ser una estrella de rock, tratar de recrearte a ti mismo como John Lennon. En el visionamiento tiene que haber un sentido no-conceptual de Padmasambhava, considerándolo como la fuente del Tantra. Este sentido surge de las enseñanzas que puedas recibir de los distintos Lamas.

Cuando escuches estas enseñanzas puede que seas capaz de sintonizar con el poder del linaje de Padmasambhava que fluye a través de las palabras. Este poder se expresa directamente a través de la presencia del Lama.

Con un Lama como Dudjom Rinpoche esto se hace muy evidente, pero con un Lama como yo… tendrás que utilizar algún tipo de ayuda óptica… ¡un microscopio de electrones! Mi única cualificación es que me apoyo en mi devoción a Khyungchen Aro Lingma, Yeshé Tsogyel y Padmasambhava. La presencia del Lama debería evocar muy intensamente ese sentido. Las enseñanzas que él o ella imparten, deberían *dar vida* a la forma visionaria de la deidad para ti. Tiene que haber un sentido de tremenda dignidad y expansión. También un sentido de gran emoción sin anticipación, juicio, ni distracción. No hay método para llegar a este intenso sentimiento. La imagen de Padmasambhava tiene que hablarte muy directamente, es algo *muy* personal. Por ejemplo, yo no puedo darte instrucciones de cómo amar a tu marido o pareja. No puedo decirte cómo enamorarte de nadie. Lo único que puedo decir es que te pongas en la situación y veas lo que sucede. Si el linaje toma vida para ti.

P: Encuentro muy difícil relacionarme con la idea de visualizarme en una forma masculina, pero es importante que lo haga en las prácticas que me han sido dadas. ¿Sería posible tener un equivalente femenino a esas prácticas?

R: Ah ya… bien, en principio yo diría que no tienes que 'relacionarte'. La idea de relacionarse sólo es aplicable al nivel de concepto; al nivel del intelecto. En la visualización no existe el sentido de que tengas que relacionarte con lo que está siendo visualizado. Relacionarse sólo es aplicable al nivel de la imaginación creativa.

En lo que respecta a visualizarte como una deidad masculina, no hay ningún problema – yo me he visualizado como una colérica mujer negra desnuda durante diez años sin ninguna dificultad importante. El género, en lo que respecta a las deidades, es completamente irrelevante. Olvida el concepto de relacionarte y ejercítate en la práctica. Si tienes alguna experiencia de la vacuidad no hay problema. Si no la tienes; simplemente genera el entusiasmo para *ser* la deidad mediante la energía de tu devoción hacia tu Lama. Pero hagas lo que hagas, ¡no intentes relacionarte!

P: He oído decir que las deidades adoptarán una apariencia occidental con el tiempo, en tanto que las enseñanzas Tantricas estén integradas en la cultura occidental. ¿No sería más fácil para nosotros visualizarnos en formas con las que estemos más en resonancia como occidentales? ¿Es eso posible?

R: La respuesta es básicamente la misma. Sería más fácil visualizarte como una deidad en alguna clase de forma occidental, si tuvieras que 'relacionarte' con la deidad desde tus propias coordenadas establecidas o culturales. Pero en el Tantra no hay coordenadas culturales; en el estado de vacuidad dejan de existir. Sólo tienes que relacionarte en la práctica de la imaginación activa. Esto no quiere decir que las deidades no vayan a adoptar eventualmente una apariencia más occidental. Pero esto no vendrá como respuesta a nuestra necesidad de relacionarnos. Surgirá de la *visión* de maestros Tántricos occidentales que actualizarán esta visión en sintonía con la cultura en la que hayan nacido. Sin embargo es importante recordar que en lo que respecta a la práctica, no habrá ninguna diferencia. Puede haber alguna diferencia en tu acercamiento inicial al sendero, pero esencialmente – sin la experiencia de la vacuidad o una intensa devoción; la visualización será siempre difícil. Aunque Chenrezigs pareciera una trabajadora social, una terapeuta New Age o una sofisticada ciudadana, no habría ninguna diferencia. Incluso si pudieras relacionarte, encontrarías los mismos problemas.

La imagen más significativa o familiar, seguiría guiñándote o desapareciendo. Chenrezigs o Padmasambhava seguirían convirtiéndose en personajes de dibujos animados.

Creo que este punto es un muy pertinente. La práctica de la visualización es completamente diferente del proceso de la imaginación activa. Aunque el proceso de imaginación activa nos proporciona una base para la visualización, no tiene ningún sentido crearte un conflicto inútil por desear imágenes de visualización que estén en resonancia con tu cultura. Aunque dispusieras de tales imágenes no serían de mayor ayuda. Seguirías enfrentado al hecho de que no puedes experimentarlas vívidamente. Un tibetano podría aceptar fácilmente la práctica de emerger en la forma de un corredor de bolsa Londinense con sombrero de hongo y pantalones con franjas de chinchetas; ¡si fuera presentado por un importante Lama! ¡No habría ningún problema! En gran Bretaña a finales de los años sesenta, había unos pocos ministros cristianos de buena voluntad de diversas denominaciones que les dio por montar en moto y tocar la guitarra para atraer la atención de los jóvenes.

Desafortunadamente así no se pueden cambiar las cosas. A la larga ese no es el modo de hacer que la gente se interese por las enseñanzas. Esa clase de adaptación sólo sirve para complacer a un aspecto de nuestra consciencia, ¡que la verdadera enseñanza está intentando socavar! Aquí hay implicado un principio muy crucial: antes de poder practicar el Tantra necesitamos tener la experiencia de la vacuidad. Si no la tenemos, requeriremos de una tremenda apertura y devoción hacia el Lama y el linaje. Tiene que haber vacuidad; si no la hay, serán necesarias la vacuidad y la forma de la devoción real.

P: Me gustaría pedirle que dijera algo sobre Padmasambhava. Tengo la impresión de que la cualidad sagrada de estas enseñanzas está mucho más allá de lo que la mayoría de la gente considera.

Parece que en occidente no se comprende el modo en el que debería ser percibido Padmasambhava, y tampoco la importancia que estas enseñanzas entrañan.

R: Padmasambhava es el Buda de nuestro tiempo; para cualquiera que esté interesado en estas enseñanzas – *esto* es algo que debe tenerse en cuenta de un modo inequívoco. Padmasambhava es a la vez una relación personal y una vasta esfera de significado y experiencia luminosa. Padmasambhava es el Buda cuyas enseñanzas y prácticas se hacen más poderosas a medida que nuestra confusión como seres sintientes se hace más intensa. Para practicar en la tradición Tántrica, el significado de Padmasambhava tiene que ser *comprendido*. Tiene que ser comprendido como alguien que encarna una profundidad de significado e influencia, que va mucho más allá del alcance de la mente racional. Sin una idea de la inmensidad que rodea su nombre, es imposible mantener una relación fructífera con el Tantra. Su influencia es asombrosamente potente por la pura viveza de su comunicación. El legado de enseñanzas y prácticas que emanan de él, se ha extendido por todo el mundo con increíble rapidez desde que el Tíbet fuera invadido por los chinos en la década de los cincuenta. Occidente jamás ha conocido semejante proliferación de material escrito en una religión asiática. A pesar de los extraordinarios entresijos del Tantra Tibetano, en cuanto a su extensa y no adaptada ni resumida presentación a occidente, se ha reconocido que apunta a una vasta necesidad en el interior de la gente. El Tantra Tibetano ha provocado esta extraordinaria respuesta porque la esencia de sus enseñanzas y prácticas es fundamentalmente acultural – el legado de Padmasambhava está más allá del tiempo y el espacio. Esto queda reflejado en el entusiasmo que ha mostrado la gente por trabajar con prácticas cuya forma externa puede parecer tan extraña y distante de la vida en occidente. Pero junto a este entusiasmo inusual por el legado único de Padmasambhava, han surgido también algunos obstáculos.

Estos tienen que ser abordados, si queremos que una práctica continuada de estas enseñanzas dé su fruto. En general parece haber una falta de comprensión sobre la función esencial del Tantra como medio de transformación. Sin ciertos principios vitales, el entusiasmo para una implicación real podría quedar estancado. Es una enorme responsabilidad intentar manifestar los órganos vitales de esta tradición de realización, y es algo que no hago sin cierta vacilación. Es vital que las enseñanzas de Padmasambhava sean transmitidas de manera que aborden asuntos que son esenciales para la gente ordinaria. Pero es también muy importante que el tema no se trivialice debido a su accesibilidad. Siempre he considerado un inmenso privilegio el haber recibido estas enseñanzas. Soy consciente de que mi aprendizaje ha sido una de las oportunidades más excepcionales que se hayan podido brindar jamás a un ser humano. Por esta razón es muy importante para mí hacer todo lo posible para poner esta oportunidad al alcance de otros. Pero es un esfuerzo que no está exento de problemas. En los años que he estado impartiendo enseñanzas en Gran Bretaña, Europa y los Estados Unidos, ha habido gente a quien mi presentación parece haber abierto puertas al corazón de la práctica; y otra gente para la que sólo ha sido una oportunidad más para pasar el rato. Sin un sentido claro de la cualidad sagrada de esta tradición, poco se puede hacer

P: Me interesa lo que dijo usted sobre el hecho de que no es posible vivir sin ritual ni símbolo en la vida cotidiana. ¿Podría decir algo más sobre eso, Rinpoche?

R: Sí; desde luego. Recuerdo cuando iba a la escuela; había una gran actividad simbólica que mantenía ocupado a todo el mundo de un modo muy emocionante. Yo tenía la edad en la que el interés sexual estaba borboteando. Se tenía la idea de que tener novio o novia – era una prioridad en el orden del día. Los muchachos preguntaban a las chicas: "¿Te gustaría ir al cine conmigo?"

Pero esa pregunta tenía poco que ver con ver una película; aunque eso también sucedería. En realidad la esperanza general era que no verías mucho de la película. Eso es lo que la gente joven solía hacer cuando yo tenía esa edad. No sé lo que hacen ahora pero me imagino que el contexto para experimentar con el romance es igualmente simbólico. De todos modos; si la chica decía que no, uno no podía asumir que no estuviera interesada en ver películas – ¡significaba que no tenía interés en 'no verlas' contigo! Más adelante en la vida puede haber proposiciones como: "¿Te gustaría venir a tomar un café?" Estos son actos simbólicos, representan un comportamiento ritual. Cuando quieres hacer amistad con alguien le invitas a cenar o a comer. Por supuesto no es porque tenga hambre, o porque no tenga para comer.

P: Describió usted el modo en que los aspectos 'interno' y 'externo' de la existencia se reflejan mutuamente en la experiencia Tántrica. Parece haber algo ahí que no logro comprender. ¿Podría explicarlo un poco más?

R: A un nivel y desde una perspectiva, 'interno' y 'externo' se refieren a la percepción y al campo de la percepción. Pero estos términos son también aplicables al espacio – el espacio del ser y el espacio de la existencia. El espacio del ser es la inmensidad del mundo interior del individuo: todo lo que constituye la realidad al nivel del intelecto, la emoción y la intuición; todo lo que constituye la realidad en el nivel sutil de los nervios espaciales, los aires espaciales y los elementos espaciales quintaesenciales.[7] El espacio de la existencia o mundo exterior, es el mundo de ahí fuera – Nueva York, San Francisco, Londres, Cardiff, Bangor. Ese mundo exterior es real e irreal al mismo tiempo. Está realmente ahí, pero nos relacionamos con él a través del proceso de proyección.

---

7   *Tsa, rLung* y *thig-lé* en tibetano.

Por proyección me refiero a que vemos lo que queremos ver, lo que tiene sentido para nosotros de acuerdo al grado de comodidad que requerimos. Vemos el mundo exterior de acuerdo a nuestras necesidades como seres que están continuamente implicados en el proceso de confirmar su existencia a través de puntos de referencia. Nos relacionamos con el mundo fenoménico como un sistema para mantener y apoyar la ilusión de que somos sólidos, permanentes, separados, continuos y definidos. El mundo externo no existe para ese propósito; en realidad no existe para ningún propósito, está simplemente ahí. Y nosotros estamos aquí – en esta situación; en esta danza; en esta interpenetrante exclamación de lo que es. El espacio del ser y el espacio de la existencia están a la vez separados y no separados – por lo tanto se reflejan mutuamente. Se reflejan mutuamente como dualidad y no-dualidad; dependiendo de si nos apegamos a la forma, o permitimos que la forma y la vacuidad puedan *danzar*.

P: Cuando explicaba usted la idea de la 'infinita variedad'; dijo que la forma surge de un modo que no es previsible de acuerdo a la percepción dualística. ¿Diría usted que la 'infinita variedad' es previsible de acuerdo a la percepción *no*-dualística? ¿O es una pregunta estúpida?

R: No es una pregunta estúpida. Una pregunta nunca es 'estúpida', a no ser que haya algún tipo de voluntariedad. Supongo que tengo una definición particular de la estupidez. Para mí la estupidez es una estrechez mental deliberada; que es una forma de incomprensión basada en algún tipo de engreimiento encubierto; o algo que se suelta de buenas a primeras desde la arrogancia. Una pregunta que surge de la indagación de una persona sobre la naturaleza de las enseñanzas no es nunca estúpida. Insisto sobre esto porque quiero que la gente se sienta de verdad libre para hacer preguntas. Me gusta más responder a preguntas que presentar bloques de información.

Este es el estilo en el que recibí enseñanzas de Dudjom Rinpoche, Dilgo Khyentsé Rinpoche, Chhi'mèd Rig'dzin Rinpoche, y Kunzang Dorje Rinpoche… ¿Cuál era tu pregunta? (Risas)

La infinita variedad no es particularmente previsible o imprevisible de acuerdo a la percepción no-dualística. Cuando la percepción y el campo de percepción no están divididos, no hay necesidad de relacionarse con los fenómenos como previsibles o imprevisibles. Todos los fenómenos están unificados en la cualidad compasiva de su propio surgimiento, así que no existe el sentido de que haya algo que tenga que ser abordado con sospecha. No es necesario hacer ningún plan, nada que tenga que ser tomado en cuenta. El surgir de los fenómenos es sencillamente delicioso. La infinita variedad tiene la cualidad de la continua sorpresa en el sentido de que uno queda maravillado. Pero este asombro no tiene nada que ver con algo que se espera o no se espera. Los fenómenos son frescos y fabulosos.

P: Cuando se refería usted a los 'fenómenos físicos externos' y los 'fenómenos no-físicos internos', me preguntaba si no podría haber 'fenómenos externos no-físicos' y 'fenómenos internos físicos'. ¿O quizás tengo una idea equivocada de lo que se refiere por 'interno' y 'externo' en este contexto?

R: Puede haber sin duda fenómenos externos no-físicos; pero en cuanto a 'interno', se refiere siempre a lo no-físico. De otro modo estaríamos tratando los fenómenos internos a nivel biológico; órganos, tejidos, sangre y fluido linfático. 'Fenómenos internos' se refiere al funcionamiento no-dual de la energía como *tsa*, *rLung* y *thig-lé*; y al funcionamiento distorsionado de las energías que están tanto encogidas como distendidas en las apariencias ilusorias de la dualidad. Pero este es un tema complicado para el que ahora no disponemos del tiempo necesario.

P: ¿Podría usted hacer sólo una breve descripción de cómo serían los fenómenos externos no-físicos?

R: Si; Podría… pero no creo que la respuesta te sirviera de mucha ayuda. Yo aventuraría la visión de que los fenómenos externos no-físicos podrían referirse a demonios o ángeles; y todo lo que hay entre medio. Pero el hecho de si tales seres existen o no, tiene poca relevancia para nuestra presente discusión.

P: ¿Cree usted que existen, Rinpoche?

R: Creo que todo es al mismo tiempo existente e inexistente (Risas). Como Chhi'mèd Rig'dzin Rinpoche dice: "muchas cosas son posibles"

P: Cuando hablaba usted de las cualidades de forma de la vacuidad y de las cualidades de vacuidad de la forma, dijo que al retraernos de la vacuidad la objetivamos y ésta se vuelve forma. No llego a ver cómo el retraernos puede hacer que la vacuidad se vuelva forma…

R: Bueno, no estamos hablando de ninguna clase de alquimia… ni de la supuesta habilidad para solidificar cosas a nivel externo. Estamos mirando a nuestra *relación* con la vacuidad y la forma. La vacuidad o el reflejo de la vacuidad al nivel de nuestra percepción, adquiere la apariencia de la forma o solidez en base a nuestra relación con ello. En realidad no cambia más que el estilo de nuestra relación. El retraernos de la vacuidad hace que surja automáticamente la ilusión de un campo objetivado. Tú no puedes retraerte de 'nada'. No puedes escapar del espacio.

Si intentaras escapar del espacio te sentirías como si estuvieras corriendo sin moverte del punto en el que te encuentras. No irías a ninguna parte. Tiene que haber algún punto de referencia para tener la experiencia de retraerte. Tienes que retraerte de *algo*. Así que tan pronto como experimentas esta retirada, la vacuidad parece sólida. Tienes que solidificarla para escapar de ella. De hecho, la propia solidificación u objetivación, *es* el escape o retracción. Samsara significa correr más y más rápido dando vueltas alrededor de un salón lleno de espejos tratando de no verte reflejado…

5

El Amigo Peligroso

El Lama es la figura extática, dulce y salvaje, que cortocircuita tus sistemas de referenciado personal. El Lama es la única persona en tu vida que no puede ser manipulada. El Lama es la invasión de imprevisibilidad que permites entrar en tu vida, para ayudarte a cortar de raíz las circunvoluciones de innumerables procesos psicológicos y emocionales. El Lama es el aterradoramente compasivo tahúr que remueve la baraja de tu cuidadosamente ordenado sistema racional.

El Lama es el principio y el final del sendero del Tantra. Sin el Lama estamos en una situación de circuito cerrado, o en un lento avance en el discurrir de innumerables vidas. El sendero del Tantra no puede funcionar sin el Lama. El Lama es la fuente de la sabiduría y el método, encarnando la indivisibilidad de la vacuidad y la forma. El Lama nos proporciona la comprensión de la perspectiva; y el método mediante el cual ésta es actualizada. La perspectiva es el aspecto de vacuidad, y los métodos que el Lama enseña son el aspecto de forma. Ambos están unidos en el Lama a través del dinamismo de su presencia. Al actualizar la naturaleza de la enseñanza, el Lama tiene la capacidad para facilitar esa actualización en otros. Actualización se refiere a la condición en la que la perspectiva o visión de la enseñanza se ha vuelto tan real como la necesidad de comer, beber, dormir o respirar. El Lama es el vivo ejemplo de que esta actualización es posible. Y más aún, él o ella demuestran que la actualización es posible a través de la personalidad perceptual única de cada estudiante.

Vistiendo el Cuerpo de las Visiones

El Lama tiene un conocimiento directo de la naturaleza de la Mente, una comprensión experiencial de los patrones distorsionados que se desarrollan para mantener la ilusión de la dualidad. Debido a ello el Lama puede ver claramente la personalidad perceptual de sus estudiantes y establecer un contacto muy personal con ellos; aunque sean de distintas edades, procedencias o culturas. El Lama es capaz de ver sus hábitos perceptuales a un nivel no-cultural. El Lama es una persona muy ordinaria y completamente extraordinaria al mismo tiempo. Chhi-'mèd Rig'dzin Rinpoche habla de un modo muy ordinario con la gente, no necesita dirigir toda conversación hacia la enseñanza, porque él mismo es una manifestación de la enseñanza en todo lo que dice o hace.

Cuando está con gente que no tiene un interés específico en la enseñanza, es muy simple y natural. Pude observar sus modales con un alcalde y una alcaldesa que habían acudido a rendir honor a su visita a Cornwall. Chhi-'mèd Rig'dzin Rinpoche les preguntó sobre el papel que desempeñaban en sus cargos y pronto entablaron una conversación animada con él, que mostró gran interés en lo que tenían que decir y parecía disfrutar verdaderamente de su compañía. Cuando se marcharon se sentó con el grupo de Budistas occidentales que habían venido a estudiar con él, y dijo de un modo muy prosaico: "Esta gente tiene muy poco ego". Los asistentes quedaron un poco sorprendidos y un tanto incómodos al oír esto.

Chhi-'mèd Rig'dzin Rinpoche era consciente del tipo de conceptos que algunos de estos potenciales estudiantes albergaban. Algunos opinaban que Rinpoche había estado claramente complaciendo a esta encantadora pareja de mediana edad. Rinpoche fue también encantador y ordinario con mi madre; y ella disfrutó profundamente de su compañía. Chhi-'mèd Rig'dzin Rinpoche puede ser a veces muy juguetón. En una ocasión preguntó a una joven si era Budista. Ella respondió que no y él inquirió de inmediato: "¿Por qué?" pero ella no dio una respuesta clara. Entonces él prosiguió: "

¿Crees en la naturalidad y la bondad?" Ella dijo: "Si, por supuesto", a lo que él replicó: "Entonces eres Budista". Había otras personas presentes en aquel momento quienes se consideraban Budistas, y él les hizo la misma pregunta. Pero cuando respondieron que eran Budistas, Rinpoche les preguntó: "¿Por qué?" Los presentes dieron toda clase de respuestas, pero él indagaba mucho más de lo que lo había hecho con la joven. Los Budistas esperaban su aprobación y la joven que admitió que no era Budista esperaba su desaprobación. Fue un intercambio asombroso, en el que todo el mundo aprendió algo. Pero lo más sorprendente fue que todo lo que dijo Chhi-'mèd Rig'dzin Rinpoche, estaba expresado en un lenguaje que cualquier persona ordinaria podía entender.

No hizo ninguna referencia que estuviera fuera del marco de la vida cotidiana; y así es cómo a menudo logra conocer a la gente. El Lama no requiere de información biográfica para llegar a conocer a sus estudiantes. Incluso al preguntar sobre acontecimientos del pasado, no se da una importancia particular a los detalles que se ofrecen sino más bien al modo en el que éstos son presentados y a la clara comprensión que el Lama tiene de las estructuras perceptuales y los marcos de referencia condicionados del estudiante. Sin el Lama no podemos evitar experimentar una infinidad de cruces de referencia. La no-iluminación es una condición en la que toda referencia corrobora alguna otra referencia. Estas 'referencias auto-referenciadoras' evolucionan hacia elaborados patrones que se relacionan con otros elaborados patrones, y que siempre parecen ser diferentes. Pero por muy diferente que sea el modo en el que experimentamos nuestras diversas exploraciones al internalizado mundo del 'dar sentido', éstas siempre se suman a lo mismo: la justificación de nuestra necesidad por mantener una gran ilusión, la ilusión de la dualidad.

El mantenimiento de esta ilusión es un proceso en el que tenemos que probar que existimos. Para hacer eso, tenemos que confiar en que la existencia tenga ciertas cualidades: solidez, permanencia, separación, continuidad y definición. Estas sólo son las cualidades de forma de la vacuidad; que es la mitad de la historia. La otra mitad son las cualidades de vacuidad de la forma; con las que parecemos sentirnos muy incómodos. Estas cualidades son: insustancialidad, impermanencia, no-separación (o indivisibilidad), discontinuidad (no-continuidad o ausencia perpetua de coyuntura) y carencia de definición (estar indefinido o más allá de una particular definición). Estos son los aspectos de la existencia que tememos; y reaccionamos ante ellos a través de innumerables y complicados sistemas de búsqueda de referencias.

Estos sistemas conducen los unos hacia los otros y se dan un sentido casi perfecto entre sí. Nos permiten emprender viajes de distinta duración, a través de diferentes versiones de la misma confusión. Todos ellos insinúan que los viajes son muy diferentes en modos que son personalmente significativos y satisfactorios; pero todos son contraproducentes.

Proporcionan la seductora implicación de que es posible escapar del dolor, la frustración y la insatisfacción. Pero en realidad son meros sistemas que se mantienen a sí mismos, y en los que el dolor se recicla por sí mismo. Al manufacturar estos sistemas, entramos en una versión de la realidad en la que sólo podemos ir girando en círculos. La única función de cualquier 'versión de la realidad' es proporcionar pruebas de sí misma – para sí misma; y estrictamente dentro de su propio ámbito. Como sistemas que se mantienen a sí mismos, estas 'realidades' sólo consiguen generar más dolor, frustración e insatisfacción. Son métodos de evasión; intentos por encontrar una versión dualista del estado no-dual. Esto es a lo que se refiere el término 'no-iluminación'.

El Lama es la figura extática, dulce y salvaje, que cortocircuita nuestros sistemas de referenciado personal. El Lama es la única persona en tu vida que no puede ser manipulada. El Lama es la invasión de imprevisibilidad que permites entrar en tu vida, para ayudarte a cortar de raíz las circunvoluciones de innumerables procesos psicológicos y emocionales. El Lama es el aterradoramente compasivo tahúr que remueve la baraja de nuestro cuidadosamente ordenado racional. El Lama nos da acceso a los innumerables y poderosos métodos de realización. La palabra 'Lama' significa 'maestro'. Podemos entender la palabra 'maestro' de dos maneras. Normalmente pensamos que un maestro es alguien que imparte información; una persona que puede instruirnos en un campo de estudio particular; o en la adquisición de conocimiento. Los maestros a los que normalmente tenemos acceso van desde los maestros de escuela primaria hasta los conferenciantes o profesores de universidad. Pero la función de estas personas, por muy inteligentes que sean o por el gran talento que puedan tener, no es la misma que la función primaria del Lama. Es muy probable que nos hayamos encontrado con maestros de miras estrechas, y también de mente y personalidad abiertas. Algunos pueden haber sido tediosos y otros inusualmente brillantes. Estas personas pueden enseñar desde su propia experiencia o depender exclusivamente de las fuentes de información recibidas. Puede que trabajen de un modo individual y creativo, o que se tomen la enseñanza como un proceso de fábrica. Enseñar facilitando el descubrimiento personal, o mediante el aprendizaje de memoria. Enfatizar la memorización de los datos técnicos, o aplicar la información a contextos funcionales. Pero cualquiera que sea el estilo que adopten estos maestros; no podemos describirlos como Lamas.

Los Lamas son maestros en un sentido más amplio; en un sentido mucho más libre. Pueden adoptar cualquiera de los roles que podemos esperar de los maestros; pero su papel primario no está en modo alguno caracterizado o restringido por estos estilos.

No están en absoluto condicionados por el estilo que adoptan, pudiendo utilizar infinidad de estilos diferentes de acuerdo a la personalidad, capacidad, y circunstancias de aquellos a quienes enseñan. Cualquiera que sea el método que el Lama aplica, éste transciende la función del método como es habitualmente utilizado. El Lama está en una categoría completamente diferente. Si vamos a aproximarnos a una persona de estas características; tenemos que estar como mínimo, abiertos a lo inesperado. Necesitamos estar preparados para cuestionarnos nuestra gama de percepciones y respuestas. Estar abiertos a que nuestro racional sea activamente desafiado.

La función del Lama es reflejar nuestra iluminación intrínseca. El Lama nos muestra la naturaleza de lo que verdaderamente somos. Si nos abrimos lo suficiente y seguimos los métodos que nos trasmite el Lama, podríamos captar un deslumbrante destello de nuestra verdadera condición. Encontrarnos por un instante fuera de las limitaciones del dualismo; o en un estado de pánico alarmante. Eso depende de nuestra confianza; y la confianza a veces puede ser una elección que está fuera de nuestro racional.

El Lama refleja nuestras neurosis, obsesiones y rígidos patrones psicológicos. Con los maestros ordinarios podemos 'emperifollarnos' evitando exponer la cruda textura de cómo sucede que somos. Con los maestros ordinarios podemos fingir de muchas maneras, y a menudo salir airosos. Pero con el Lama quedamos enfrentados a lo que de verdad somos, a través de la cualidad reflectante de su propio ser. Con el Lama no podemos emperifollarnos – siempre nos encontramos *tal como somos*. El Lama puede permitir que sigamos engalanándonos hasta que estemos convencidos de que lo hemos logrado. Pero; justo entonces, la alfombra se desliza con fuerza bajo nuestros pies y quedamos confrontados con nuestra bolsa de maquillaje, con todo su contenido desparramado por el suelo.

Esto no quiere decir necesariamente que el Lama pueda leer tu mente, ni que pueda evaluar cada situación en su totalidad. El Lama no es omnisciente, ni tiene porqué ser clarividente. Ver al Lama como a un ser supernatural con una completa gama de poderes psíquicos, es recurrir a una relación infantil y fantasiosa que podría decepcionarnos seriamente. Algunos Lamas pueden tener poderes milagrosos; pero no son esos poderes los que cualifican a una persona para ser un Lama. No es la presencia o ausencia de tales poderes lo que hace más o menos grande a un Lama. Hay muchísima gente que ha tenido extraordinarios poderes; y algunos de ellos han sido completamente neuróticos. Hay gente que ha tenido poderes que ha sido cruel, maliciosa, y arrolladoramente egoísta. La posesión de poderes no garantiza que una persona tenga una mayor comprensión de la naturaleza de la realidad.

Somos propensos a tomarnos estos poderes como 'una especie' de garantías. Pero es bastante ingenuo confiar en alguien sólo porque pueda representar trucos de circo con la realidad. Hay muchas capacidades que carecemos en cuanto a lo que es posible de una forma material. Somos incapaces de correr como guepardos o leopardos; pero, ¿consideraríamos la posibilidad de tomarlos como maestros? Puede que no seamos particularmente musculosos, pero no por ello vamos a elegir como Lama a alguien que sea Mr Universo. Tener una percepción extrasensorial no es diferente en cierto sentido. Es cierto que entrar en el estado no-dual facilita la realización de *siddhis* o poderes de todo tipo. Pero se pueden desarrollar siddhis menores a través del esfuerzo y la determinación. Hay gente que ha nacido con ciertas capacidades debido a la experiencia de vidas pasadas. La realización de cada Lama no tiene porqué venir de inmediato acompañada por la manifestación de poderes. Cualquier persona que reconoce su propia iluminación, tiene que integrar *eso* en cada momento. Dentro de los sistemas del Budismo Tántrico, no existe tal cosa como la iluminación repentina; y si la hay, viene seguida de la repentina no-iluminación.

Para los practicantes; la iluminación y la no-iluminación – *parpadean*. Los yoguis y yoguinis tienen una experiencia estroboscópica.

Su iluminación y no-iluminación resplandecen con mayor y menor rapidez. Algunos que están completamente integrados, manifiestan todos los siddhis. Los siddhis no son un criterio válido para calibrar a los maestros. Si hemos establecido nuestra confianza en el Lama a través de la práctica y el desarrollo de la perspectiva; cualquier siddhi que podamos observar, es sólo la guinda que corona el pastel.

Chhi-'mèd Rig'dzin Rinpoche es un *drupchen*; un mahasiddha – un maestro totalmente realizado con muchísimos poderes milagrosos. En muy raras ocasiones y sólo en ciertos contextos tiene lugar la manifestación de esos poderes. Él es sin duda un Lama clarividente, y tiene la capacidad de saber exactamente lo que está pensando cualquier persona. Tiene extraordinarias habilidades, pero éstas no son expuestas ante nadie – uno las reconoce después de haber estudiado con él durante cierto tiempo. No manifiesta ninguna habilidad sobrenatural, y niega ser diferente de cualquier otro. Parece ser que para que nos sea permitido percatarnos de sus siddhis, antes tenemos que haber vislumbrado su capacidad realizada desde nuestra propia experiencia de la práctica. No deberíamos esperar que nuestro maestro sea capaz de saber lo que estamos pensando – esa no es la mejor manera de juzgar nuestra relación con el Lama. Hay gente que parece ser capaz de hacer eso en ferias, o en clubs nocturnos.

Esta es una habilidad que puede ser útil, o muy poco fiable. Si tuvieras esta facultad y no fueras capaz de desconectarla, ¡tu vida se convertiría en una pesadilla! ¡Tendrías que tener una fortaleza enorme y una profunda ecuanimidad para poder soportar semejante aluvión! Se puede depositar la confianza en el Lama por algo diferente: por conocer el significado de la liberación, y el significado de la confusión.

Por ver los particulares patrones de liberación y confusión de los estudiantes, y trabajar con ellos. Conocer el vocabulario del pensamiento de alguien tiene un valor limitado en comparación con el reconocimiento de la potencialidad de sus patrones personales.

Esta es una potencialidad que no puede ser reconocida por un cazatalentos o un entrevistador, tampoco es algo que pueda salir a la luz mediante la utilización de algún tipo de terapia. La potencialidad de la que hablamos es el punto de equilibrio entre formas opuestas de seducción. Esta cualidad central es crucial para el modo en el que el Lama conjura con nuestra percepción. El sentido de estar equilibrado entre polaridades ilusorias es un aspecto vital de la dinámica Tántrica. Este equilibrio consiste en ser seducido por la libertad, y por la aparente seguridad de la cautividad. El equilibrio entre la seducción del frío confort, y la seducción del cambio. El equilibrio entre: bravura y miedo; aceptación y negación; relajación y estrés; apertura y retraimiento; nerviosismo y entusiasmo; pánico y abandono. Nuestras personalidades son el interfaz entre los patrones de nuestras limitaciones, y las energías no-condicionadas de nuestro estado iluminado. Este es el equilibrio único que el Lama *ve* y con el cual *conjura*.

La idea del momento-mental es importante para entender el muy peculiar modo en el que funcionamos. Desde la perspectiva Tántrica somos seres iluminados que creamos la experiencia de la no-iluminación; para poder experimentar un sentido nebuloso de seguridad. El momento-mental es el continuamente cambiante gestalt de lo que somos.

Es la posición centralizada desde la que lo racionalizamos todo de acuerdo al concepto dominante que albergamos en cada momento. Se le llama momento-mental porque representa el sabor conceptual de nuestra realidad, y el modo en el que éste cambia momento a momento.

El contenido pasajero de cada momento-mental neurótico, no tiene en realidad mucha importancia. Aunque lo podamos hallar tremendamente significativo, no significa mucho desde la perspectiva de futuros momentos-mentales. Si el Lama fuera a relacionarse con el contenido de cada momento-mental que presentan sus estudiantes; la tarea de enseñar resultaría interminable o imposible. Alguna gente tiende a tomarse el momento-mental muy en serio – toman decisiones en base a cualquiera que sea el patrón del momento-mental.

El resultado es que cambian de idea continuamente y nunca llevan a cabo ninguna cosa, incluso en lo que concierne a las actividades mundanas. Hay gente que se vuelve adicta al contenido conceptual de un momento-mental particular, y queda obsesionada por un determinado curso de acción. Alguna gente vacila entre los dictados de momentos-mentales alternativos u opuestos y se torturan con la indecisión que surge de su interacción. El Lama puede ser un poderoso catalizador en cada uno de estos estilos. Puede ayudarte a potenciar o transcender la insularidad de los momentos mentales pasajeros – si puedes contemplar la posibilidad de que alguien anule o pase por encima de tu racional. Hay dos clases de maestro en los sistemas Budistas del Tíbet. El primero es el llamado amigo espiritual.[1] El amigo espiritual es el maestro en el nivel del Sutra. En este estilo de enseñanza el Lama sólo hace sugerencias y da consejo. No se nos requiere que le autoricemos a anular nuestro racional, ni se nos anima a ello. Él o ella puede desafiarte en lo que respecta a tus estructuras conceptuales y suposiciones, pero tú te mueves a tu propia velocidad – mantienes una total responsabilidad para hacer tus propias valoraciones finales. Esta es una fase muy crítica que no debería eludirse – a menos que sea bajo circunstancias muy especiales.

---

1 *Gé-wa'i shé-nyen* (tibetano), *kalyanamitra* (sánscrito).

La gente está más familiarizada con esta clase de maestro Budista. En este estilo el Lama es siempre amable y nos ofrece su apoyo, actúa en total armonía con la moral y la ética del *vinaya*. El maestro es un monje o una monja, y sus acciones están siempre en concordancia con lo que es de esperar. No es necesario tener una relación personal con el amigo espiritual. Él o ella no tienen que ser considerados como 'mi maestro'. Con el amigo espiritual, a diferencia del Lama Tántrico, no hay matrimonio vajra; así que el concepto de monogamia no existe. La idea de tener un maestro particular sólo entra en juego en el nivel del Tantra. Con el amigo espiritual la enseñanza es siempre más importante que el maestro. Por este motivo el estudiante no establece un vínculo vital con ningún maestro en particular. Se considera que todo maestro puede dar guía y consejo en lo que respecta a profundizar en nuestra comprensión de las enseñanzas. Es un sistema de trabajo en el que la enseñanza consiste en explicar el significado de los textos (y los comentarios sobre esos textos). Hay textos que hablan del papel del amigo espiritual y sus parámetros; de modo que el amigo espiritual es alguien fiable y seguro. Nos pueden desafiar al nivel de nuestro racional, pero jamás amenazar, empujar, ni obligarnos a saltar.

El Lama Tántrico o maestro vajra,[2] sin embargo, es muy diferente. El maestro vajra puede parecernos alguien muy poco fiable y que no proporciona seguridad alguna. Las acciones del maestro Tántrico en este contexto no tienen por qué obedecer a ningún estándar establecido. Sus acciones pueden ser visiblemente diferentes de aquellas del amigo espiritual. Trungpa Rinpoche denominó al Lama Tántrico como 'el amigo peligroso'. Este es el amigo que puede encerrarte en un armario durante varias horas como retiro espontáneo; o emborracharte y cortarte el pelo a cero. El amigo peligroso podría hacer cualquier cosa – él o ella es completamente imprevisible.

2 Dorje lopön (tibetano), vajracharya (sánscrito).

Podría parecer también un perfecto monje o monja. Las acciones del Lama no tienen que ajustarse a ningún estándar externo sobre el que se puedan emitir juicios. En cuanto a la idea de mantenerse dentro del corsé de la seguridad, podrías describir al Lama Tántrico como: '*mala* compañía'. El Lama Tántrico va a llevarte sin duda por mal camino; te atraerá fuera del capullo que has creado. Es muy probable que te mantenga despierto hasta muy tarde, y que te haga perder el tren.

El Lama Tántrico hará que sorprendas a tus amigos y familia. Te puede sugerir que hagas cosas que no son enteramente 'sensatas'. Te podrías encontrar en una situación en la que sientes que has perdido completamente el control de tu vida – pero eso no es tan aterrador. El Lama podría también insistir en que te hagas cargo de tomar tus propias decisiones. Hacer de tu vida un desorden, o dejarte la responsabilidad de que te las arregles por ti mismo. Animarte a saltar en paracaídas, o a que asumas menos riesgos en tu vida. El Lama puede confundirte un momento y al siguiente clarificarte las cosas. La relación con el Lama es en sí misma el corazón de la práctica del Tantra. ¿Pero cómo juzgamos si el Lama al que nos aproximamos es con quien podemos establecer el compromiso vajra? *El único modo en el que podemos juzgar al Lama es introduciéndonos en la práctica. El único modo de conocer al Lama es en tu corazón.*

Es muy importante que al empezar a trabajar con el Lama, permitamos que nuestro racional funcione. Nadie puede entrar directamente en una relación en la que se tenga que dejar el racional en la puerta. Sería una estupidez y un disparate; por no decir otra cosa. El Lama es una persona a la que concedemos un poder sin precedentes, e inédito en otras circunstancias, para dar forma a nuestra experiencia. Por ello necesitamos una total confianza en el Lama. Tenemos que estar completamente seguros de las intenciones del Lama, y tener un profundo y largamente establecido sentimiento sobre la veracidad de la realización del Lama.

El único modo de alcanzar esta clase de confianza es recibiendo enseñanzas de un modo activo. Esto significa que tenemos que investigar el significado de las enseñanzas en nuestra vida cotidiana. Tenemos que tomar en cuenta la naturaleza de las enseñanzas y contrastarla con nuestra experiencia. Necesitamos estar preparados para preguntar acerca del Lama, siendo críticos sin ser arrogantes o cínicos. Estar abiertos sin ser ingenuos o crédulos. Es necesario que seamos inquisitivos y honestos sobre lo que estamos abordando. Comprender en cierta medida lo que nos está motivando a buscar al Lama, y esas 'enseñanzas de un país lejano'. Tiene que haber cierto sentido de respeto y reverencia hacia lo que estás abordando; pero sin la emotividad teatral que busca refugiarse en algún fabuloso misterio sagrado.

El Lama es la persona que ejemplifica la culminación del sendero; a través del tejido de su personalidad vajra. A menudo la gente se imagina que debe haber alguna especie de 'igualdad' entre los maestros realizados – como si la personalidad fuera algo que pertenece completamente al mundo de la confusión. La gente espera en cierto modo que los Lamas no tengan características individuales o preferencias personales. Parecen engañarse pensando que los Lamas deberían ser capaces de comer con el mismo entusiasmo unas fresas o una pasta alimenticia insípida y nutritiva. A veces les perturba el hecho de que el maestro exprese cualquier atisbo de deseo de que algo sea en algún modo distinto de lo que es. Esto se percibe a menudo cuando los Lamas hablan sobre la situación en el Tíbet, o la historia de la invasión del Tíbet.

Recuerdo una ocasión en la que asistí a una gran recepción con Lama Chagdud Tulku Rinpoche. Era una cena para recaudar fondos que se estaba celebrando en un gran jardín. Yo estaba sentado conversando con un caballero encantador, un abogado que se había hecho estudiante de Chagdud Tulku.

En cierto momento de la conversación me dijo que se había restablecido la pena de muerte, y que un joven estaba actualmente en el corredor de la muerte. Expresé varios sentimientos sobre ello, y al hacerlo derramé algunas lágrimas. Más adelante esa misma noche, alguien me preguntó por qué había tenido semejante reacción (yo estaba bastante alegre en *aquel* momento particular). Mi respuesta fue que me había sentido muy triste en aquel momento anterior, porque alguien estaba a punto de morir; y no había nada que yo pudiera hacer. Fue así de simple. También dije que no me parecía que las lágrimas fueran un problema; era sencillamente algo que me había ocurrido porque era un ser humano. Al relatar este episodio no estoy insinuando que yo sea un ejemplo útil sobre cómo reaccionaría un Lama. Estoy simplemente abierto a mi experiencia de la existencia, como yogui excéntrico e inconsecuente. Me conmuevo con frecuencia de muchas maneras, pero como yogui, intento no identificarme con ningún momento-mental como una definición de ser. El éxito que pueda tener en ello no es un tema que sea de gran interés.

En occidente parece haber un 'mito de la ausencia de emotividad' en conexión con la realización. Desde ese ingenuo punto de vista, cualquier manifestación de la personalidad del Lama que nos recuerde a nosotros mismos, tiene en cierto modo la potencialidad de volverse problemático. Puede hacerlo si creemos que sólo podemos recibir ayuda de alguien que está totalmente desconectado de nuestra propia condición. Es una lógica que va así: si eres pobre, sólo puedes recibir ayuda de alguien rico; si estás sufriendo, la ayuda tiene que venir de un maestro espiritual que está desconectado de cualquier tipo de dolor. Se tiene la idea de que la persona que extiende la mano para ayudar, tiene que estar al otro lado. Tiene que estar fuera del agujero; en la otra orilla; en otra dimensión; en el plano astral – ¡en cualquier lugar menos *aquí*.

Esta idea equivocada está basada en el concepto de que *aquí* es samsara; y *allá* (no aquí) es nirvana. Este punto de vista no está conectado con la compasión. No sentirse conmovido por el mundo —estar separado de él—no es una alternativa viable a sentirse desgarrado por él.

Pero todos estos asuntos se disuelven cuando surge la confianza real en el Lama, desde la base de una práctica consistente. Mientras carezcamos de la confianza requerida pueden presentarse toda clase de problemas.

Es fundamental que establezcamos esta confianza tan lenta y gradualmente como nos sea necesario – en lo que respecta a nuestra condición relativa. La gente se sentiría más segura si el Lama fuera en cierto modo 'extraterrestre'. Nos gustaría que el Lama no mostrara jamás sentimientos o emociones que se parezcan a lo que nosotros experimentamos. Que fuera muy diferente de cómo nos vemos a nosotros mismos, para descansar en la certeza de que nos es imposible alcanzar ese estado. Sería un verdadero reto afrontar la idea de que podemos estar operando desde esa base. Pero es una neurosis subyacente bastante común. Esto puede sonar un poco insultante; pero es inevitable. Es un tanto infantil querer la absoluta garantía de que nos estamos relacionando con una persona que parece ser tan diferente. Lo que *es* de verdad insultante; es que con semejante actitud insultamos a nuestra propia situación, a nuestra potencialidad iluminada. Consideramos que nuestra condición es completamente diferente del estado de realización. Este modo de vernos es antitético al Tantra. En la visión Tántrica, es imperativo que respetemos lo que somos como la base de la realización. El tejido de nuestras personalidades, es *en sí mismo*, la llave para nuestra liberación.[3]

---

3   La sorprendente y radical oportunidad que presenta esta condición es tratada en *Spectrum of Ecstasy* de Ngakpa Chögyam.

Si queremos experimentar la posibilidad de la transformación en nosotros, es vital que la observemos como una realidad manifiesta en el Lama. Desde esta perspectiva la presencia del Lama tiene que ser desafiante. El Lama tiene que ser capaz de reflejar nuestra condición y el modo en el que ésta puede ser transformada. Mostrarnos el modo de experimentar nuestras personalidades. Necesitamos un modo de abordar las cualidades de vacuidad y forma de lo que somos. Es un proceso simultáneamente sutil y manifiesto. Este es el aspecto del Lama que no es ortodoxo ni convencional desde la perspectiva del Sutra. El Lama Tántrico (especialmente en las tradiciones no monásticas) es sin duda un desafío para nuestra seguridad religiosa. Al principio de nuestra relación con el Lama sentimos una ausencia de referencias. Tenemos que estar dispuestos a cultivar una relación con el Lama en la que observamos la vacuidad o intangibilidad de la personalidad que él o ella presentan en cualquier momento. Para ello necesitamos haber desarrollado cierta comprensión. Poder apreciar las enseñanzas Tántricas de un modo válido en la psicología de nuestra relación con la vida momento a momento. Necesitamos una clara comprensión de la vacuidad; al menos a nivel intelectual.

Es bastante sencillo tener una comprensión intelectual de nuestra vacuidad como personalidades. Sólo tenemos que preguntarnos: "¿Dónde puedo encontrar mis emociones cuando no se manifiestan?" Después preguntarnos sobre nuestra historia personal; y sobre las 'diferentes personas' que hemos sido a lo largo de nuestras vidas. Debemos considerar cómo hemos sido:

Inseguros o llenos de confianza; irritables o serenos; obsesionados o entusiastas; ansiosos o aventureros y creativos; deprimidos o alegres y abiertos. Esta descripción de nuestra gama de sentimientos está por supuesto comprimida. Sólo es el patrón inicial de los cinco elementos: tierra, agua, fuego, aire y espacio.

Naturalmente experimentamos un espectro mucho más amplio de sentimientos que los que he citado.[4] Podemos arrojar luz a esta gama más amplia y sutil explorando la interacción de los cinco elementos. Esta interacción evoluciona hacia una colección de matices emocionales infinitamente variada.

En lo que respecta al despliegue de la personalidad, he visto a Chhi-'mèd Rig'dzin Rinpoche mostrar una gama de emociones humanas aparentemente ordinarias. Él jamás ha dado la impresión de ser alguna especie de androide espiritual. Nunca trata de presentar una imagen 'transcendente' y continuamente socava cualquier proyección que los estudiantes pudieran permitirse. Es siempre natural y habla de un modo apabullantemente abierto sobre cualquier cosa que sucede en su vida, cualquiera que sea la audiencia. Esto ha supuesto una fuente de inspiración para mi modo de enseñar. La diferencia en la personalidad de Chhi-'mèd Rig'dzin Rinpoche se halla en la total transparencia con la que manifiesta estas cualidades y el modo en el que su manifestación emocional parpadea; como la luz del arco iris en un cristal transparente; o los reflejos sobre la clara superficie de un lago. Cualquier cosa que manifiesta a ese nivel es consumadamente humano, y absolutamente libre. Jamás he albergado, ni por un momento, la idea de que él esté condicionado por la forma de lo que pudiera estar exhibiendo. Pero al mismo tiempo me he sentido perplejo y conmovido por su humanidad totalmente translúcida. Esta paradoja es un agudo recordatorio de lo que es posible. La paradoja es el puente entre un ser completamente realizado, tal como Chhi-'mèd Rig'dzin Rinpoche, y alguien que aspira a descubrir su propio estado no-condicionado. En su presencia se puede observar cómo las emociones pueden ser ornamentos del estado de realización.

4   El espectro quíntuple de emociones puede llevarse a otro nivel en el cual cada elemento interacciona con cada otro elemento; produciendo una gama de veinticinco patrones emocionales. Este tema será explorado en lo que respecta a las relaciones entre hombres y mujeres en *Entering the Heart of the Sun and the Moon*, de Ngakpa Chögyam y Khandro Déchen.

En el despliegue de la personalidad, además de las emociones hay un completo espectro de matices personales que se convierten en funciones de la enseñanza del Lama. Recuerdo una vez que estaba con Chhi-'mèd Rig'dzin Rinpoche en Ginebra. Asistía a una importante iniciación al *zhi-trö* las deidades pacíficas y coléricas del *Libro Tibetano de los Muertos*. Había unas doscientas personas atendiendo la iniciación y se respiraba una atmósfera muy especial. Muchos de los que habían venido a recibir esta iniciación tenían una buena comprensión de las enseñanzas. Sentían un considerable aprecio por la oportunidad única que se les presentaba de recibir transmisión de un gran Lama. La iniciación o aspecto ritual de la transmisión, fue bastante prolongada, pero los presentes se mantuvieron visiblemente atentos. La voz de Chhi-'mèd Rig'dzin Rinpoche parecía mantener la atención de todo el mundo como un foco dinámico. De repente dejó de cantar por un instante, e hizo algo insólito. Giró la cabeza y olfateó vagamente en la dirección de su sobaco; al hacerlo dijo de un modo breve y prosaico: "Alguien me dijo una vez que olía. ¿Creéis que huelo?" Eso fue todo. No esperó ni un segundo a una respuesta; empezó a cantar de nuevo tan pronto como las palabras salieron de su boca. Fue un momento extraordinario. Yo no me podía creer que hubiera hecho lo que hizo; pero sea lo que fuera, lo que ocurrió tuvo un efecto extraordinario en mí.

Fue como si hubiera estado adormilado hasta aquel momento; aunque me había sentido muy despierto y atento. De súbito me encontré eléctricamente presente. Mi hermano vajra Ngakpa Mikyö Seng-gé también asistía a esta iniciación y cuando había terminado, le dije: "¿Has oído…" No tuve ni siquiera que terminar la frase. "Sí", fue su respuesta inmediata; "Nunca había visto a Rinpoche hacer algo así…" Los dos sonreímos; fue un momento maravilloso. A menudo cuando la gente me pide que describa a Chhi-'mèd Rig'dzin Rinpoche; entre otras cosas digo que es imprevisiblemente imprevisible…

Al explorar el modo en el que opera el Lama Tántrico, es fundamental comprender el modo en el que su personalidad se convierte en vehículo de las enseñanzas. Desde la perspectiva Sútrica la personalidad del Lama no tiene importancia, y hay una clara referencia a que es relevante que ésta no se insinúe en la enseñanza. Pero en el caso del maestro vajra todo cambia. El despliegue de la personalidad del Lama se convierte en un poderoso método de transmisión – un medio para conectar directamente con el marco perceptual del estudiante. El maestro vajra, es en sí mismo, el vehículo de las enseñanzas. Por muy extraño o mundano que pueda parecer el despliegue de la personalidad del Lama; tiene una función dinámica en lo que respecta a dar vida a las enseñanzas para el conjunto de sus estudiantes. El maestro Tántrico podrá servirse de cada experiencia para llevar a sus estudiantes a una comprensión más profunda de la naturaleza de la realidad. No debería haber ningún aspecto del despliegue de la personalidad o de las circunstancias de la vida del Lama, que no pueda convertirse en la materia prima de una enseñanza eficaz. Este es un modo apropiado y pertinente de contemplar la personalidad y las actividades del Lama. El Lama es capaz de transformar todo el evento de su vida y la completa gama de características personales individuales, en un vehículo de las enseñanzas. Cuando esto se percibe así, la relación con el Lama se convierte en una fantástica fuente de inspiración.

Comentario de preguntas y respuestas

Pregunta: Rinpoche, dijo usted que sería 'una tremenda estupidez' entrar directamente en una relación con el Lama en la que tengas que dejar tu racional en la puerta. ¿No podría darse el caso de que fuera un acto de coraje intuitivo? ¿Si alguien se comprometiera a mantener su decisión aunque después tuviera dudas?

Rinpoche: Eso es posible... ¿Pero qué ocurre si el maestro resultara ser una especie deególatra psicótico?

P: Pero los Lamas no son así, ¿no es cierto?

R: Espero que no (risas)... De todos modos, puede que yo sea una excepción...

P: ¿Sería posible que la naturaleza iluminada de un individuo resplandeciera todo a través, en su decisión de comprometerse a un maestro particular, sin tener que pasar por un largo proceso de experimentación previa; como una especie de amor a primera vista, y fuera capaz de mantener ese compromiso?

R: Eso también es posible... supongo que todos tenemos que asumir riesgos. Que estoy aquí para aconsejar eso... y también para desaconsejarlo. Tendrás que permanecer con esa ambivalencia – es tu vida después de todo.

P: Dijo usted que era necesario estar completamente seguro sobre las intenciones del Lama, y que había que tener un profundo y largamente establecido sentimiento sobre su realización. Me da la impresión de que podría ser casi una decisión racional, pero esto no me encaja con lo que dijo sobre los conceptos y sentimientos engañosos. En realidad no tengo la seguridad de cómo puedo saber alguna cosa, o confiar alguna vez en algo.

R: ¡Espléndido! Parece que estás saboreando la textura de tu propia experiencia. Deja que siga su curso, pero relájate en ello. Y sobre todo continúa practicando. Observa lo que ocurre. ¡Buena suerte!

P: ¿Entonces se puede abordar esta cuestión a pesar de, o quizás debido a mi confusión?

R: Por supuesto; de otro modo no podrías moverte. Si te relajas con tu confusión, ésta puede proporcionarte el campo para el movimiento.

P: Cuando dijo usted que era un error imaginarse que había una 'igualdad' entre los maestros realizados, se me ocurría que en mi limitada experiencia todos ellos y ellas parecen tener un excepcional sentido del humor. ¿Cree usted que es cierto?

R: Dudjom Rinpoche y Dilgo Khyentsé Rinpoche tenían un gran sentido del humor, y esto sucede con muchos Lamas. Pero yo no diría que todos los Lamas son así. De hecho se ha sabido de algunos que jamás han sonreído, mientras otros lo hacen constantemente. Lo único que podrías decir que es igual, sería algo que no es posible definir – su cualidad de vacuidad, o más bien, su cualidad de haber realizado la vacuidad. Si puedes definirlo, existe en el mundo de la forma. Y la forma, como sabes, es impermanente e infinitamente variada.

P: ¿Rinpoche, tiene usted alguna sugerencia sobre cómo mejorar en aceptar la ambivalencia y trabajar con ella? Parece prácticamente imposible…

R: No hay un 'modo' de hacerse mejor en aceptar ninguna cosa. Aceptar es abandonar la lucha, y esto se logra con el conocimiento de que la lucha es vana – simplemente eso. La única manera de hacer que la ambivalencia sea un campo practicable es concediéndole espacio – detienes el proceso en el que la masificas al luchar contra ella.

Tienes que reconciliarte contigo mismo al nivel de la sensación – al nivel de la experiencia amorfa y sin dirección. Tienes que permanecer con ello sin hacer nada.

P: Me resulta asombroso pensar en lo que dijo usted acerca de que el Lama no requiere información biográfica sobre sus estudiantes. Yo creía que tendría que narrar toda mi vida a mi maestro, como sucede con los terapeutas. Es muy liberador no verme sólo como mi vieja y cansina historia personal. Veo también cómo podría tratar de manipular la situación al presentar una información así. Mi pregunta es: ¿Si hay alguna persona más en mi vida que es como el Lama, en cuanto a que no puede ser manipulada, significa que está operando como maestro conmigo?

R: Cualquier persona o cosa que no se pueda adaptar o cambiar para adaptarse a nuestra conveniencia, puede reflejar cualidades como las del Lama. Depende de si lo ves y respondes como si ese fuera el caso. Esto forma parte de lo que significa experimentar la textura de las circunstancias de tu vida como el Lama.

P: Cuándo dijo usted que podíamos 'fingir' con otra clase de maestros, pero no con el Lama – en el sentido de enfrentarnos a lo que somos a través de la 'cualidad reflectante' del Lama… ¿Cómo es esto diferente del modo en el que funciona un psicoanalista como pantalla blanca para las proyecciones del paciente?

R: Bueno, yo no diría que un psicoanalista proporciona una pantalla blanca para sus clientes. Esa puede ser la teoría, pero yo tendría que estar en desacuerdo con ello desde la perspectiva de que eso sólo sería posible si el psicoanalista fuera un ser realizado. Diría que el Lama tampoco proporciona una pantalla blanca. El Lama proporciona una pantalla interactiva extraordinariamente rica…

P: ¿Como una 'realidad virtual' creada por ordenador?

R: Quizás… ¡a menos que se produzca la transmisión! Entonces *es* realidad. No necesitas un ordenador para conseguir una realidad virtual – es ahí donde estamos de todos modos. Eso es lo que es el samsara. El Lama te enfrenta a través de la cualidad reflectante de su ser. Esto significa que el Lama no está tratando de rehabilitarte para que encuentres más viable el samasara, ni de ayudarte a lograr una versión más funcional de tu confusión. Es una cualidad esencialmente reflectante porque la intención del Lama es de la misma naturaleza que tu propia potencialidad iluminada.

P: Dijo usted que la perspectiva tiene que volverse tan real como la necesidad de comer o de dormir; ¿podría explicar de qué modo puede ser tan real como una necesidad?

R: La cuestión de que la perspectiva o visión sea tan real como una necesidad, tiene que ser vista desde la perspectiva de la realización de la práctica. Cuando te encuentras en el nivel de la realización, la perspectiva se hace tan natural como respirar; o como el bombeo de tu corazón y la circulación de la sangre. Pero en lo que respecta a vivir la perspectiva, se requiere cierta energía, empuje o pasión. Cuando tu amante te acaba de dejar por otro u otra; puede resultar difícil decirte a ti mismo: "¡De acuerdo, es una desilusión! Pero; es muy poderoso para mi práctica – ¡*arderé* en la *agonía* y el *éxtasis* que esto supone!" Entonces es cuando hay que sentir la perspectiva como una necesidad. En un momento así, un estudiante devoto y comprometido, no abandona la perspectiva en favor de algún tipo de ayuda psicopedagógica aterciopelada. No significa que no llores, ni estoy abogando por un rígido estoicismo de corsé; puedes ser simplemente como eres. Pero mantienes la perspectiva en mente, porque sabes que abandonarla significa revolcarte en la autocompasión o enredarte en patrones de comportamiento manipulador. Vives la perspectiva porque sabes que hacer cualquier otra cosa es una pérdida de tiempo y energía.

La vives porque no hay otra elección – pero aún se requiere cierto esfuerzo, porque a los viejos y poderosos patrones a veces les cuesta morir.

P: ¿Cuando decía usted que el amor romántico es único en cualquier momento dado, se refería a que sólo se puede amar a una persona a un determinado tiempo? Encuentro difícil entender eso en lo que respecta a mi experiencia. ¿Podría explicarlo un poco más?

R: Yo diría que hay una diferencia entre el amor y el amor romántico. Es posible amar a más de una persona al mismo tiempo – esto no es inusual. Un padre o una madre aman a sus hijos y a su pareja. Se puede amar a unas cuantas personas como pareja o posibles parejas, pero no con la misma intensidad del 'estar enamorado' en todo su apogeo. La cualidad única a la que me refiero aquí, es que vemos reflejado un destello de nuestra propia realización. Cuando eso ocurre, no mezclas esa experiencia. Si te estás debatiendo entre dos personas, podría encender y apagarse alternativamente; pero el estar 'enamorado' está dirigido sólo a una persona. Por supuesto es una condición que rara vez dura mucho tiempo; y después puedes amar de nuevo a cualquier número de personas.

P: ¿Es posible mantener ese 'enamoramiento'? Parece una experiencia muy poderosa para disolver barreras y ver destellos de la vacuidad.

R: Si, es posible. Pero; tienes que mantener un continuo cortejo, y el sentimiento de que la otra persona podría desvanecerse en cualquier momento. Tienes que estar con esa persona sólo en el presente – como si fuera el último instante de tu vida. Inténtalo – estoy seguro de que lo encontrarás fascinante. No se puede establecer la seguridad fuera del momento; y por supuesto, eso es exactamente lo que todo el mundo trata de hacer.

Si al enamorarte tratas de aferrarte a esa experiencia congelando a la otra persona en relación a ti, pierdes el daka o la dakini y te encuentras con que es simplemente un hombre – o una mujer… Es una experiencia bastante frustrante. Pero… este es un tema al que no podemos hacer justicia en este momento.

P: Cuando dijo usted que se requería un serio y prolongado compromiso de práctica, antes de que Chhi-'mèd Rig'dzin Rinpoche permitiera a cualquier estudiante percatarse de sus siddhis; ¿quiere decir que lo permitiría de un modo voluntario? ¿Que la apertura para ver los siddhis surge de la propia práctica? ¿O que a través de la práctica comprendemos que el verdadero leer la mente del Lama, es su habilidad para ver nuestro particular tipo de confusión y el potencial para la liberación?

R: Si, todo eso. Pero yo diría que Chhi-'mèd Rig'dzin Rinpoche puede leer la mente a nivel objetivo. El espectro de su habilidad para ver a la gente a todos los niveles es abrumador. Conmigo tienes suerte si puedo leer tu escritura…

P: Habló usted de estar atrapados en el equilibrio entre las cualidades de vacuidad y forma de nuestra existencia, y dos de los aspectos que situaba a cada lado de la balanza eran la seducción del 'frío confort' y la seducción del cambio. ¿Por 'frío confort' se refería al estoicismo?

R: No; no me refería al estoicismo. Yo emparejaría el estoicismo con la hipersensibilidad. Una vez vi un libro titulado: *¿Eres de verdad demasiado sensible*. Ese es el otro extremo. 'Frío confort' es permanecer en una situación que es segura y confortable pero que es como una muerte en vida. El confort es frío porque tienes que paralizar tus deseos y esperanzas insatisfechas – tienes que conformarte con una serie de circunstancias restrictivas e insatisfactorias.

Esto es lo que tendemos a hacer cuando el cambio nos parece demasiado aterrador; o nos puede hacer llegar demasiado tarde para la cena. A veces es mejor mojarse; tener que dormir a la intemperie por una noche; vender tu colección de sellos; parecer estúpido; ¡que se te vea el miedo en la cara y no puedas evitar sonreír como un lunático!

P: Ya veo (risas)… Así que es *ésta* la balanza con la que el Lama 'conjura'… ¿A qué se refiere usted exactamente con esa palabra?

R: ¡Muchas gracias! Esto es crucial para entender lo que puede estar haciendo el Lama. Por 'conjurar' me refiero a que el Lama invoca los dos aspectos de la balanza, y los enfrenta entre ellos. El Lama hará esto con gran destreza; de manera que ésta interacción se hace muy visible para el discípulo. Si estamos preparados para que esto ocurra y aprender de ello – podemos cambiar de un modo radical.

P: ¿Cómo funcionaría eso con el modo en el que los estudiantes van de un lado para otro de acuerdo a sus propias neurosis – en lo que respecta al frío confort y al cambio?

R: Miremos al 'frío confort' como una respuesta inadaptada hacia el Lama. Con esta actitud el estudiante se limitaría a trabajar en serio en la práctica formal, evitando la interacción con el Lama a cualquier otro nivel. Plantearía preguntas sobre áreas abstractas sin ocuparse mucho de su propia realidad. Podría hacer preguntas sobre innumerables detalles esotéricos, o teorías que no están relacionadas con los asuntos de su vida. Ante esta actitud el Lama puede dar respuestas breves y desinteresadas. He visto cómo Chhi-'mèd Rig'dzin Rinpoche respondía así en algunas ocasiones.

P: ¿Cómo actuaría usted ante alguien que viniera desde ese ángulo?

R: Bueno, dependería de la persona. Si la persona pareciera muy nerviosa y tuviera una necesidad evidente de apoyo, actuaría de un modo.

Si fuera como una pieza de metal o una especie de hueso congelado, tendría que actuar en consonancia con ello.

P: ¿Y entonces manifestaría usted la compasión colérica?

R: No; no particularmente. Yo no soy un Lama colérico – no tengo esa capacidad. Kunzang Dorje sin duda la tiene, pero conmigo siempre fue muy amable – que es el estilo que yo he heredado, y el que va bien con mi temperamento.

P: ¿Es ése su despliegue de la personalidad?

R: Posiblemente… o mi despliegue de osito de peluche.

P: ¿Qué sucede cuando el estudiante del frío confort se vuelve contra la compasión colérica del Lama?

R: Bueno; quien actúa así no es en verdad un estudiante – no en un sentido serio. Estaría manipulando la situación de enseñanza como medio para evitar la realidad del mundo. Convirtiendo la enseñanza en una especie de hobby esotérico – una forma de jugar con algo extraordinario. Si este tipo de estudiante fuera confrontado con la compasión colérica del Lama, puede que no dijera ni pío. Que continuara en una actitud superficial sin sacar provecho de la práctica. Entonces el Lama reflejaría la ausencia de comunicación real del estudiante, que se desharía probablemente en disculpas y seguiría cerrando aún más el pico. El Lama probaría todos los medios posibles para ayudar al estudiante a abrirse y ser real; pero éste interpretaría todas estas iniciativas como castigos. Se distanciaría cada vez más del Lama, hasta que la relación sería prácticamente inexistente. Este sería el resultado final del estilo del frío confort de relacionarse con el Lama.

P: No veo lo que obtiene el estudiante de la relación del frío confort. ¿Podría usted poner un ejemplo?

R: Por supuesto. Tienes razón, es difícil ver lo que el estudiante obtiene de ese tipo de relación, especialmente si lo miras desde la perspectiva del compromiso real con la práctica. Para comprender la supuesta ventaja que podría obtener, tienes que conocer el modo en que la perspectiva dualista fabrica infinitos patrones de comportamiento inadaptado. Uno de los aspectos más importantes sobre estos patrones es la dificultad que tienen de verse entre sí. Todos ellos parecen ser unidades aisladas. La persona que opta por la relación del frío confort, es alguien que se puso en contacto con las enseñanzas y el Lama porque quería algo más en su vida. Buscaba algo inusual que diera significado a su vida. Ésta le parecería hueca a algún nivel, y querría algo para llenar ese espacio. Puede que las amistades le parecieran problemáticas, y que hubiera elegido una pareja por desesperación. Que tratara de evitar ciertas cosas en su vida. Una persona así podría 'tomar refugio' en la idea de un maestro y una familia espiritual para llenar ciertas necesidades insatisfechas. Pero… y ahí está el 'pero': cuando se presentara un desafío real, se retiraría del verdadero meollo del interfaz entre maestro y discípulo, hacia la postura del frío confort. No podría dejar el ámbito de la enseñanza y el maestro, por su dependencia a ello como sistema de apoyo para su vida; pero no permitiría que éstos le cambiaran de ningún modo fundamental. Entonces se encontraría bajo una creciente presión para que fuera real; que le llevaría a sentir que el Lama le está castigando en cierto modo. El Lama le podría decir de un modo muy delicado que fuera real, pero incluso el más leve comentario lo vería como grave y se mantendría a una distancia prudente. Lo que obtendría de esta distancia o frío confort, sería la tenue sensación de formar parte de algo y la idea equivocada de seguir siendo un practicante. En este caso lo más compasivo que podría hacer el Lama sería repudiarlo como estudiante, dándole la oportunidad de empezar de nuevo con algún otro Lama.

P: Cuando dijo usted que inicialmente teníamos que ser críticos, sin ser arrogantes ni cínicos, sobre las enseñanzas… no entiendo a lo que se refiere por 'crítico' en ese sentido…

R: Por crítico me refiero a ser honesto – ser profundamente honesto. Ser honesto sobre tu propia percepción. Es muy importante que no permitas que un sentimiento de temor reverencial hacia el Lama arrolle tus facultades críticas – eso viene más tarde y está basado sobre algo muy diferente. Inicialmente tienes que examinarlo todo, pero no en el sentido de ser desconfiado – como si el maestro y las enseñanzas estuvieran tratando de engañarte. Simplemente tienes que reconocer el modo en el que ves el mundo y comprobar si las enseñanzas encajan o chocan con ello. Tienes que ser capaz de hacer preguntas al Lama, presentarle tus percepciones y decir: "¿Puede mostrarme lo que está mal en mi modo de ver las cosas?" Cuando el Lama presenta algo que es diametralmente opuesto a tu experiencia, *tienes* que poner tu experiencia en duda; pero no puedes arrojarla por la ventana. Si lo haces, volverá a entrar a hurtadillas por la puerta trasera. Tienes que llegar a un punto, con la ayuda de la explicación del Lama, en el que ves que tu experiencia de la realidad no es funcional. Tienes que estar convencido de eso. Para que puedas ver que tus perspectivas erróneas no son funcionales, es preciso que caigan con un poco de lucha.

De otro modo lo que ocurre es que se retiran y atrincheran, y eso no tiene sentido. Esto no significa que haya que pelearse con el Lama; y plantar ofensivamente tu visión contra la suya – eso sería descortés e insensato. Tienes que ser simplemente real. Desechar de inmediato todas tus ideas contrarias, o apegarte a ellas con tozudez; no son más que métodos para sentirte más seguro y establecer un suelo firme donde apoyarte. En la relación con el Lama, es vital que todo permanezca en flujo.

P: ¿En lo que respecta al 'despliegue de la personalidad' o el 'despliegue de las circunstancias de la vida' del Lama; hasta qué punto es apropiado que un estudiante pregunte sobre ello al Lama? ¿O es algo que debería observarse desde una distancia respetable?

R: (risas) ¡No puedo responder a eso! Sólo puedo hablar por mí mismo, no hay reglas que lo especifiquen. El único consejo que puedo dar es que tienes que tantear eso con tu propio Lama. Mis estudiantes son libres de preguntarme sobre cualquier aspecto de mi vida, siempre que no implique quebrar la confianza con otra persona. Chhi-'mèd Rig'dzin Rinpoche ha sido siempre absolutamente franco sobre cada área de su vida. Nunca he visto que escondiera algo de alguien – es un libro totalmente abierto. Yo me he inspirado en su ejemplo y estoy abierto a que se me pregunte prácticamente cualquier cosa. Pero este es sólo mi caso. Espero que cada aspecto de mi vida esté abierto como medio para la enseñanza. Personalmente siento que si no pudiera ser así, sería incapaz de enseñar. Esto es muy importante en mi método de transmitir las enseñanzas. Con otros Lamas sería importante abordar esta área con el debido respeto y estar preparados para aprender de cualquier respuesta que se pudiera obtener. Lo más importante es recordar que estás haciendo una pregunta de la que esperas aprender algo. Si tu intención es hacer que el Lama justifique sus acciones de acuerdo a una serie de criterios condicionados de antemano; no aprenderás nada. Esta actitud sería también irrespetuosa y de miras estrechas. El respeto es importante; pero… la curiosidad sensitiva puede ser también de gran ayuda para aprender más sobre la naturaleza del despliegue de la personalidad.

P: ¿Podría usted decir a lo que se refiere el término 'Maestro Raíz'?

R: El aspecto más profundo de nuestras vidas como practicantes es nuestra relación con el Tsa-wa'i Lama – nuestro Maestro Raíz.

La palabra 'tsa' o 'raíz' tiene que ver con la idea de una fuente de alimentación. Si la raíz se corta la planta morirá. Si la conexión con el Tsa-wa'i Lama se corta, tu vida espiritual se muere. El Tsa-wa'i Lama es el Lama primordial o principal de quien recibimos las enseñanzas e iniciaciones. Por supuesto puedes recibir enseñanzas y transmisiones de cualquier Lama; pero el Tsa-wa'i Lama es quien coordina tu práctica. Él o ella es quien te pone en línea directa con la experiencia. El Tsa-wa'i Lama es la persona más importante de tu vida, y si no es así, entonces no tienes un Tsa-wa'i Lama. Siempre hay preguntas sobre la función del Lama en las mentes de las audiencias occidentales. Esto no es de extrañar en vista de la naturaleza arrolladora del papel del Lama. La gente se siente a menudo vacilante o muy nerviosa ante el prospecto de semejante relación. Nadie que no tenga una seria deficiencia de personalidad quiere ponerse en manos de otra persona hasta un punto tan alarmante.

Nadie con un mínimo de inteligencia quiere renunciar a su libertad o responsabilidad personal. Creo que es un signo de madurez el ser cauteloso ante la posibilidad de entrar en una relación con el Lama al nivel de la práctica Tántrica. Pero es también necesario sentir cierta curiosidad y seducción por lo que pudiera suponer una relación como esa. Todos estos factores están presentes en occidente, y tienen que ser tenidos en cuenta a la hora de adquirir una experiencia más profunda de la práctica. Si tienes interés en explorar las enseñanzas del Tantra, no tiene sentido aislarte del poder de alguien que puede cambiar radicalmente tu vida. Pero es esencial mirar al Lama y a sus enseñanzas con gran honestidad personal. Necesitas hacerte unas serias preguntas: '¿Qué ocurre con esta persona?'; '¿Es sólo que me fascinan los ancianos asiáticos y el tono de su sintaxis oriental?'; '¿Estaré proyectando mi necesidad de una figura paternal o maternal en el Lama?'

P: Respecto a que el Lama sea la persona más importante de tu vida… me gustaría entender cómo no se siente abrumado al ser tan importante para tanta gente, y que eso no se convierta en una carga o una pesadilla.

R: El Lama está interesado en la naturaleza iluminada de sus estudiantes, y la cualidad de esa naturaleza es que es indestructible. A ese nivel el Lama no necesita temer a su propia indestructibilidad, ni a la de sus estudiantes. La relación 'vajra' que significa 'indestructible', se refiere a esto. Si estuvieras preocupado de que todo se viniera abajo al nivel de la forma, entonces se convertiría en una carga… y podría convertirse en una pesadilla. Pero afortunadamente el Lama, si está realizado, no tiene apego a coordenadas específicas. Ya que cada consideración y cada acto están fundamentados en la vacuidad, todo permanece en libertad y la compasión es su naturaleza esencial.

P: Cuando hablaba usted sobre el despliegue de la personalidad del Lama, entendí que él podría manifestarse de tal modo que no parecería ser diferente de cualquier otra persona…

R: Si es cierto, pero podrías decir también 'ella'. El Lama podría ser una mujer…

P: Si, lo siento. ¿Cómo se puede, en base a eso, confiar en el Lama como ejemplo de la realización del sendero? He atendido enseñanzas que resaltaban la importancia de considerar al Maestro Raíz *como* el Buda – como un ser totalmente iluminado. ¿Cómo encaja eso con la idea del despliegue de la personalidad?

R: Un ser totalmente iluminado como Dudjom Rinpoche, utilizaba la forma del espectro tonal del sentimiento humano para conectar con las situaciones reales de la vida de la gente. Las emociones que manifestaba eran ondas en el océano de su ser. Esto era evidente para cualquiera que pasara algún tiempo con él.

Se podía experimentar el océano de lo que él era. Uno jamás se encontraba bajo la ilusión de que él estuviera en modo alguno condicionado por esas ondas – aunque las ondas eran reales, transparentes, de corta vida, e instructivas. El despliegue de la personalidad de Dudjom Rinpoche, no empañaba en modo alguno el vibrante ejemplo que personificaba como alguien que era en sí mismo la culminación del sendero.

No había ninguna duda sobre eso. Lo que es crucial aquí; es que el hecho de que yo no tenga ninguna duda sobre su completa realización, es *debido* a su despliegue de la personalidad – no a pesar de ello. Eso lo convierte en despliegue de la personalidad; en lugar de 'patrón de hábito de personalidad'.

P: ¿Pero qué ocurre si no lo puedes ver? ¿Si sientes confusión, y por mucho que lo intentas no funciona? ¿Si no puedes ver la enseñanza del Lama a través de la personalidad y circunstancias de su vida?

R: Entonces no puedes establecer la relación vajra con ese Lama. Sin embargo… yo diría que es muy importante no utilizar eso para formarte una opinión sobre el Lama. Sería mejor decir: "no he sido capaz de entender o apreciar a un determinado maestro a través de su despliegue de la personalidad". Esto es algo muy personal y funciona a ese nivel.

P: ¿No sería mejor si el Lama? … (Es interrumpido)

R: Entonces se le llamaría amigo espiritual.

P: Parece que el amigo espiritual es una clase de maestro más accesible.

R: Sí.

P: Y el maestro vajra parece casi inaccesible, a menos que congenies con él o ella…

R: Sí, pero eso no es un problema. Es de esperar en lo que respecta a las enseñanzas Tántricas. Cuando el énfasis cambia de la dirección de la realización de la vacuidad, hacia la dirección de la reintegración con la forma; se abre una posibilidad totalmente diferente. Una posibilidad muy *individual*; con una cualidad *individual*. En el Sutra se pone el énfasis lejos de la individualidad, porque ésta es una cualidad de la forma. Debido a nuestra adicción a la forma, las enseñanzas Sútricas proponen una aproximación no individual. Existe el sentido de que la individualidad podría ser problemática al estimular el apego a la forma. Pero en el Tantra la forma no representa en sí misma un problema. La forma se percibe como aquello que surge de la vacuidad. Desde esta perspectiva la forma se ve como una oportunidad para darse cuenta de la no-dualidad de la vacuidad y la forma. Cada aspecto de la forma está intrínsecamente vacío. En nuestra relación con el Lama está el juego de la vacuidad y la forma. En la relación vajra el Lama es claramente un individuo que imparte enseñanzas a través de su despliegue de la personalidad, y el despliegue de las circunstancias de su vida. La naturaleza de este despliegue es individual; pero la esencia de la enseñanza impartida es no-individual e impersonal. Debido al modo en el que se accede a la cualidad universal impersonal de la enseñanza esencial, a través del estilo más enormemente personal e individual que pueda manifestarse; la forma en la que las enseñanzas son comprendidas puede ser infinitamente variada (risas). Lo siento por esta frase… ¿Debería quizás repetirla?

P: Por favor (risas). Sería de gran ayuda.

R: Es el juego de la vacuidad y la forma. Es crucial en todo lo que estoy diciendo sobre el Tantra, y la relación vajra con el Lama. La cualidad universal impersonal de la enseñanza esencial, es la cualidad de vacuidad. Después está el modo en el que es presentada. Puede ser presentada en sintonía con la vacuidad o la forma.

Puede ser presentada en sintonía con cualquiera de ellas, porque la presentación está dirigida a la percepción dualista. Pero… ¿Me sigues hasta aquí?

P: Sí.

R: Puede ser presentada en sintonía con ambas, porque desde nuestra condición dualista estas cualidades de la realidad parecen estar siempre separadas. Pero; debido a que la vacuidad y la forma en realidad no están separadas, estas presentaciones son imágenes que se reflejan entre sí. En el Sutra las enseñanzas son presentadas en sintonía con la cualidad de vacuidad; para que la vacuidad no quede objetivada o concretizada, de acuerdo a la orientación que el intelecto tiene a la forma. La forma es presentada a través de la vacuidad. En esta presentación la forma es muy patente. La situación monástica con su disciplina organizada, es un mensaje muy poderoso y manifiesto; te experimentas a ti mismo como vacío en relación a la no individualización y a la simplicidad. En el Tantra las enseñanzas son presentadas en sintonía con la cualidad de forma; a fin de que la forma no quede objetivada como un obstáculo para la realización. El énfasis en el Tantra está en la unificación de la vacuidad y la forma. La base del Tantra es la vacuidad, y desde ese entendimiento la forma es vista como vacía. La multiplicidad ilimitada del mundo de la forma proporciona infinitas oportunidades para la realización de la no-dualidad: la vacuidad es presentada *a través* de la forma.

En este tipo de presentación, la vacuidad se hace muy patente en cuanto a la ausencia de suelo firme – especialmente en el caso del maestro vajra. El maestro vajra es en sí mismo forma vacía. La única cosa estable que ofrece al nivel de la forma es la oportunidad de experimentar la no-dualidad. Para relacionarte con este tipo de transmisión, tienes que volverte vacío con respecto al despliegue de la personalidad del Lama.

Transmisión en este caso significa que el maestro vajra se manifiesta como la cualidad de forma de la vacuidad, y el estudiante como la cualidad de vacuidad de la forma. Esto es algo muy mágico y especial, para lo que no todo el mundo está preparado. Por esa razón es tan poderoso encontrar el maestro apropiado, es como enamorarse. Hay millones de hombres y mujeres ahí fuera de los que podrías enamorarte. Todos son encantadores, todos sois encantadores... ¿Así que porqué es tan difícil? ¿Por qué sigue la gente sola? No es una pregunta difícil de responder; es porque tiene que producirse una sinapsis muy específica. Es una cuestión de intensidad. Puedes llevarte bien con un número elevado de gente. Tener una relación amistosa con un número menor. Puedes ser amigo; buen amigo; amante – todo ello en un número cada vez menor. Después está la persona con la que realmente te casas... ¡y con la que te quedas! ¡Eso tiene que ser algo único! En la relación vajra se requiere intensidad para que ocurra algo con cierta rapidez. Y eso sólo es posible cuando hay cierta clase de energía. Si esa energía estuviera presente con cada Lama, no sería una situación eléctrica.

Si pudieras sentir amor romántico hacia un gran número de gente al mismo tiempo, no sería una experiencia muy intensa. De hecho; no es posible que eso suceda. La experiencia del amor romántico tiene una naturaleza única en cualquier momento que suceda. Con el maestro vajra sucede lo mismo, con la diferencia de que te casas para todas tus vidas futuras.

P: Es el modo más impresionante en el que he escuchado expresar esto. Es conmovedor... Entonces; en ese momento *sabes* con certeza que alcanzarás la liberación.

R: Sí.

6

El Perfecto Precipicio

Entrar en el compromiso vajra es saltar por el perfecto precipicio. Encontrarte en el espacio radiante de esta elección sin elección, es el mismísimo corazón del Tantra. Saltar con los ojos abiertos a la brillante vacuidad de la manifestación de sabiduría del Lama, y experimentar el impacto extático de cada detalle dinámico de la manifestación de método del Lama, es la luminosidad esencial y el poder del sendero.

Para alcanzar el nivel de confianza e inspiración necesario para entrar en el compromiso vajra con el Lama Tántrico, tienes que ser capaz de relacionarte abiertamente con el despliegue de la personalidad. Tienes que experimentar el despliegue de la personalidad del Lama directamente como una realidad espiritual contundente, y de un modo personalmente válido. No se debe albergar ninguna duda sobre la viva verdad de la enseñanza transmitida por este medio. No es fácil dar este paso. Y no tiene sentido pretender que para ti sea menos difícil; porque te sientas seducido por la grandeza de la oportunidad que representa. No puedes entrar en la relación vajra por el deseo de que tu vida se vuelva más emocionante, ni porque te sientas fascinado por adherirte a una especie de club o sociedad en la que todo el mundo es muy especial, valiente, o peligrosamente travieso. Se necesita haber realizado un estudio profundo de las enseñanzas; tanto a través de la lectura como de la explicación del Lama. También es necesario haber contrastado las enseñanzas con la evidencia de nuestra propia sensación de ser.

Haber efectuado este contraste a través de la práctica, y la reflexión sobre la naturaleza de las enseñanzas como importantes experiencias de la vida. Haber experimentado con la relación con el Lama desde un estado de apertura, y comprobado que nuestra experiencia ha aumentado. Esto requiere tiempo y cierta intensidad de interacción. Requiere un grado de implicación que podríamos llamar *ardiente sinceridad* o *dedicado abandono*, y la suficiente exposición al campo interactivo en el que el Lama manifiesta su visión.

Para alcanzar la confianza necesaria para el compromiso vajra, es necesario que esta exposición haya tenido algún impacto en el contexto de la corriente de sucesos de nuestra vida. Necesitamos la experiencia de haber ignorado el consejo, en lo que respecta a las circunstancias de nuestra vida, y ver que nuestro 'profundamente convencido racional' es poco fiable. Seguir el consejo de algo que encontrábamos muy difícil, y ver las consecuencias beneficiosas que nos ha deparado. Finalmente; es preciso sentirse totalmente frustrado, aburrido e irritado, de que el racional sea el factor decisivo en todo lo que hacemos. Tenemos que ver el racional como una jaula de la que estamos determinados a escapar; no porque no podamos tomar responsabilidad de nuestras vidas, sino porque somos expertos en hacerlo dentro de los parámetros de la vida cotidiana. Sólo cuando llegamos a este punto y tenemos suficiente devoción, podemos adquirir el compromiso vajra. Sólo entonces el maestro se convierte en el maestro vajra, y el Tantra puede empezar a ser lo que realmente es. En ese punto de frustración llegas a sentir el filo de lo posible y lo imposible. Aquí se palpa por primera vez el sabor real de otro mundo – el mundo Tántrico en el que la existencia y la no-existencia *parpadean*.

Podríamos mirar a la idea de la confianza en términos de experiencia 'no-espiritual'. Si por ejemplo elegimos la escalada como actividad de ocio, llegará un punto en el que nos sentiremos atraídos a escalar una pared de roca vertical.

Habrá alguien que nos guíe, y seguiremos sus instrucciones lo mejor que podemos. Pero llegará un momento en el que nos invada el miedo; y en ese momento tendremos que seguir sus instrucciones o arriesgarnos a morir. Cuando nos piden hacer algo que nos parece imposible en la pared de una roca, podemos ponernos histéricos, furiosos, o congelarnos. Pero al final tendremos que superar el miedo. Cuando es cuestión de vida o muerte, el sentido de damtsig[1] está presente. Es tu compromiso total a la vida, y en ese punto no hay elección. Puede haber momentos de indecisión en los que te retuerces horriblemente; pero de algún modo sabes en todo momento que vas a tener que alcanzar ese siguiente asidero imposible o saltar al torrente de blancas aguas. Sabes que vas a tener que saltar de la nave – recuerdas el silencioso momento en el que asentiste cuando el instructor dijo: "Esta es la última oportunidad de volverse atrás. La única persona que bajará en la avioneta es el piloto". En ese momento sabes que vas a saltar. Con el Lama hay un momento en el que sabes que él o ella es el maestro vajra, y que no hay escapatoria. No hay manera de invertir la continua evolución o la desaparición del 'reich' de la mente de 'm' minúscula. Hay un grado de agonía y éxtasis en ese momento, que describe la vívida cualidad del viaje que estás a punto de emprender.

Tomar la decisión de permitir que el maestro vajra pase por encima de tu racional, es un paso irreversible a otra dimensión. Es como cortar el 'cordón umbilical' que te conecta al mundo de la ilusión. Una vez que lo has cortado no puedes pretender volver de nuevo al mundo ordinario. El compromiso vajra significa que has renunciado a la posibilidad de una cláusula de salida. A partir de ese punto, el mundo ordinario se ha ido para siempre; y aunque intentaras volver atrás, no serías más que un fantasma merodeando los restos rancios de una ilusión insípida y anodina.

1 *Damtsig* (tibetano), *samaya* (sánscrito): voto, juramento, o promesa. Literalmente 'palabra sagrada'.

Naturalmente el mundo ordinario aún sigue ahí – no desaparece, y tienes que seguir relacionándote con él. Tu práctica puede implicar fácilmente que aparentes ser muy ordinario; pero al nivel de la experiencia interna el contexto de tu existencia estará lejos de ser ordinario. El mundo ordinario y extraordinario se disolverán el uno en el otro en la esplendorosa lucidez de la *perspectiva, meditación* y *acción*. La *perspectiva* es el modo de ver en el que la confianza en tu propia iluminación sin principio, se logra a través de la absoluta confianza en el Lama. La perspectiva abarca a la totalidad del Lama como chö-ku, long-ku y trül-ku. La visión chö-ku del Lama es el espacio luminoso, claro e ilimitado de su presencia. La visión long-ku es la opulenta seducción, fiera inmediatez, y apertura incondicional de su despliegue de la personalidad. La visión trül-ku es el brillo, imprevisibilidad y cualidad esencialmente incognoscible, del despliegue de las circunstancias de su vida. La meditación abarca prácticas de la mente, voz y cuerpo. En el nivel de la mente, el estudiante practica el Lama'i naljor[2] o 'unificación con la Mente del maestro'. En esta práctica la realidad de la visión puede ser establecida al nivel de la Mente. La Mente reconoce a la Mente en la dimensión del espacio, al fundirse en la sentida o visualizada forma del Lama durante la práctica formal en la que reconocemos que la Mente del Lama y nuestra propia Mente iluminada sin principio son de la misma naturaleza.

El compromiso vajra es una decisión irreversible. ¿Cómo podría ser de otro modo? Si pudieras volver atrás, sólo sería una opción más con la que experimentar. No habría un fuego terrible y hermoso en ello. Entrar en el compromiso vajra es saltar por el perfecto precipicio. Encontrarte en el espacio radiante de esta elección sin elección, es el mismísimo corazón del Tantra.

---

2   *Guru yoga* en sánscrito.

Saltar con los ojos abiertos a la brillante vacuidad de la manifestación de sabiduría del Lama, y experimentar el impacto extático de cada detalle dinámico de la manifestación de método del Lama, es la luminosidad esencial y el poder del sendero.

Comentario de preguntas y respuestas

Pregunta: La idea del compromiso vajra parece un tanto aterradora. Estar dispuesto a arrojarte por un acantilado porque has prometido hacer cualquier cosa que se te pida… suena un poco como…

Rinpoche: ¿Vender tu alma al diablo?

P: (Risas) Bueno tampoco es eso, pero hay algo de suicida en ello.

R: Sin duda alguna. Es el ego accediendo a su propia ejecución.

P: ¿Por qué debería el ego querer hacer eso?

R: Porque el ego es sólo un proceso – un producto del aferramiento dualístico que se fabrica a sí mismo a partir del campo fundamental del ser. Puede concebir el suicidio porque sabe que en esencia es vacuidad. Secretamente el ego está muy cansado, le gustaría morir. La idea del suicidio es que dejas de existir, sólo puedes llegar a la idea del suicidio si crees que la muerte es el final de la continuidad de la experiencia. Si miras a la idea de vender tu alma al diablo – desde la perspectiva Budista es realmente sorprendente. En el Budismo de todas las escuelas se habla de *anatman*, que significa 'no yo' o 'no alma'. No existe el concepto de dios o diablo – sólo existe la continuidad de la no-dualidad y la ilusión de la dualidad. La dualidad no es más que una distorsión de la no-dualidad – éstas no están polarizadas. Como practicante Budista no deberías temer vender algo que no tienes a alguien que no está ahí, y posteriormente perder tu pasaporte a exactamente donde estás. El 'cielo' ya está aquí, así que si necesitas vender el alma que no tienes al Lama que no lo necesita… entonces puede que esa sea la decisión más práctica. Pero volviendo a tu pregunta, ¿por qué surge siempre la idea de saltar por un acantilado?

P: No lo sé. Parece ser algo que me da miedo, y no veo qué sentido tiene que alguien arroje su vida por la borda.

R: Tampoco yo. Jamás se me ha ocurrido que alguien pudiera sacar algún provecho de arrojarse por un acantilado. Sin embargo estar *preparado* para saltar por un acantilado es una gran ventaja. Lo importante no es hacer algo extremo, sino que estés dispuesto a ello. Podrías hacer esa promesa al Lama, y jamás tener que hacer ninguna cosa fuera de lo ordinario.

El Lama podría tratarte con la más exquisita amabilidad – y no amenazarte en modo alguno. Eso es posible. La esencia del compromiso vajra es estar preparado para hacer cualquier cosa. Esta disposición es en sí misma un poderoso catalizador de revelación espiritual, que deja al descubierto los portales de una vasta y abierta dimensión de relación. Crea un sentido de *electricidad* en el que experimentamos al Lama como la puerta hacia un inmenso e inimaginable viaje. Es en este punto cuando el Lama se convierte realmente en un mago.

P: ¿En qué sentido se convierte en un mago?

R: En el sentido de sacar conejos del sombrero. De sacar siddhis de sus discípulos. Es muy posible créeme, la magia es la relajación de los elementos psico-físicos en su propia condición. La magia es algo que sucede en ti – el Lama no realiza necesariamente ninguna clase de milagro externo; aunque para un Lama como Dudjom Rinpoche eso era posible en cualquier momento.

P: Sobre el asunto de estar preparado para hacer cualquier cosa… me recuerda a la historia de Abraham y Isaac… la idea de hacer el sacrificio máximo, y después descubrir que no tienes que hacerlo. ¿Estamos hablando de algo similar?

R: Sí, muy similar… pero no puedes abordar esto de ese modo. No puedes acceder a saltar por un acantilado sabiendo con toda certeza que en realidad no tienes que hacerlo, o que aparecerá una milagrosa red de seguridad de la nada.

Hay una historia sobre el Divino Loco, Drukpa Kunlegs, que enlaza muy bien con esto. Drukpa Kunlegs recibió un día la visita de una anciana. Sentía una inmensa devoción hacia él y estaba muy preparada para hacer cualquier cosa que él le sugiriera; y le dejó esto muy claro. Ella sabía que a menudo su método era hacer el amor a una discípula para dar transmisión del modo más directo y poderoso. Se ofreció para ello, pero Drukpa Kunlegs le dijo que era demasiado vieja y que el único método disponible era matarla en el acto. En aquel momento la anciana no era una practicante particularmente avanzada, pero era tal el nivel de su devoción que accedió de inmediato. Abrió la parte delantera de su chuba dejando su pecho al descubierto. Drukpa Kunlegs le clavó al instante el cuchillo en su pecho liberando la corriente de su consciencia hacia una Tierra Pura. Sus familiares quedaron horrorizados ante esto, y pensaron en cobrar rápida venganza sobre él. Pero antes de que le atacaran con asesina intención, apareció ante ellos la visión radiante de la anciana diciendo: "¡No levantéis una sola mano contra mi Tsa-wa'i Lama, el glorioso Drukpa Kunlegs, refugio de todos los seres y causa de mi liberación!" Así que… es posible. Desafortunadamente son pocos los yoguis o yoguinis capaces de esta clase de actividad búdica. Dudjom Rinpoche tenía sin duda alguna esta capacidad; pero por desgracia ahora vivimos en un mundo diferente. Esta clase de actos son difícilmente entendidos.

P: ¿Por qué era necesario que Drukpa Kunlegs matara a la anciana señora?

R: Porque percibió que de todos modos le quedaba muy poco tiempo de vida, y que ésta era su última oportunidad para alcanzar la realización. Aunque ello fue posible sólo gracias a su inmensa devoción y confianza hacia su Tsa-'wai Lama.

P: Encuentro que la fuerza de estas historias radica precisamente en su cualidad extrema, y quizás no haya que tomarlas de un modo literal…

R: Si no las tomas literalmente se vuelven míticas, y existe el peligro de que la relación con el maestro vajra se vuelva también mítica. Las historias de Naropa como discípulo de Tilopa y las experiencias de Milarépa con Marpa, son una poderosa y valiosa fuente de inspiración. Pero si no las tomamos literalmente, se convierten en historias de aventuras vajra para tantrikas de salón. Sería mejor atender a historias menos extremas si queremos relacionarnos con el principio del compromiso vajra a un nivel que no requiera de una muerte repentina y violenta. Creo que es también importante ver este principio en un contexto menos extremo para establecer una conexión con el significado de la relación vajra tal como podría ser para algunos de nosotros aquí y ahora – y en este tiempo y esta cultura. De otro modo todo se vuelve teórico. Necesitamos tomar en cuenta el 'borde de acantilado' que supone la presencia del Lama, así como la amenaza para nuestra vida en lo que respecta al modo en el que nos relacionamos con nuestra psicología. Cómo nos las apañamos con el aburrimiento y hacemos frente a la situación claustrofóbica que se produce cuando el Lama nos corta todas las vías de escape, hasta dejarnos sin más alternativa que dedicarnos a la práctica sin el entretenimiento de la elección. Cómo afrontamos la erosión de nuestra frivolidad y la exposición de nuestra estrategia para mantenernos a una distancia segura del Lama. Qué hacemos para abandonar la tendencia a escabullirnos de la cruda realidad de la disciplina. Puede que acabemos sintiendo que sería más fácil saltar por un acantilado.

P: ¿Le puso a usted alguno de sus maestros a prueba de algún modo inusual?

R: (Risas) Oh sí.

P: ¿Podría usted darnos un ejemplo?

R: Bueno… hay muchos de los que no puedo hablar… pero sí. Hay un incidente que me viene de pronto que sucedió cuando pasaba un tiempo en compañía de Chhi-'mèd Rig'dzin Rinpoche en Holanda, creo que era el año 1978. Hubo un día en particular en el que vino muchísima gente de visita a la casa donde él se hospedaba. Alguien había extendido la voz de que lo más apropiado para llevar a un Lama Tántrico era alcohol. Entraron en la casa botellas a raudales durante todo el día, de todos los colores, formas, tamaños y sabores.

Chhi-'mèd Rig'dzin Rinpoche abría de inmediato cada botella que llegaba, se servía un minúsculo trago y esparcía gotitas por el aire como bendición mientras decía: "¡Agua bendita, ahora todos debéis beber!" Después llenaba los vasos de todo el mundo, y había que beberlo fuera lo que fuera. A veces era delicioso y otras diabólico. La creciente asamblea de discípulos occidentales de Chhi-'mèd Rig'dzin Rinpoche, era en cierto modo consciente de que era su obligación vaciar el contenido de cada botella. Hacia el final del día el número de gente comenzó a disminuir. La gente probablemente se fue yendo de acuerdo a su límite de tolerancia al alcohol, porque no era posible quedarse si no se bebía. La gente se quedó el mayor tiempo posible, porque a medida que transcurría el día la enseñanza de Chhi-'mèd Rig'dzin Rinpoche sobre la naturaleza de la Mente se hacía cada vez más detallada. Los risueños donantes de alcohol iban y venían; y Chhi-'mèd Rig'dzin Rinpoche trataba cada botella con abundante ecuanimidad. La gente se estaba volviendo visiblemente alegre. Las botellas siguieron llegando y Chhi-'mèd Rig'dzin Rinpoche seguía llenando hasta el borde los vasos de todo el mundo.

El mensaje era muy claro: cuanto más tiempo te sentabas a la mesa a escuchar las enseñanzas, más tenías que beber. Al cabo de un largo tiempo sólo quedábamos mi hermano vajra Ngakpa Mikyö Seng-gé y yo. En la mesa sólo quedaba una botella a la que habíamos apodado 'Amigo del Pescador' – en referencia a la fuerte pastilla para la garganta. En un momento anterior del día mi hermano vajra la había apartado discretamente de la vista de Chhi-'mèd Rig'dzin Rinpoche; pero resultó no ser una buena jugada para ninguno de nosotros. Los dos habíamos estado escuchando atentamente a relatos fascinantes sobre yoguis y yoguinis del Tíbet, entremezclados con comentarios exquisitamente divertidos y pepitas quintaesénciales de enseñanza por las que Chhi-'mèd Rig'dzin Rinpoche es renombrado. Había sido una maravillosa noche llena de carcajadas y momentos geniales que permanecerán como inspiración y regocijo cuando todo lo demás haya sido olvidado. Entonces de pronto Chhi-'mèd Rig'dzin Rinpoche nos preguntó: "¿Cuál es el problema con esa botella?" Señalando hacia la fuerte y repugnante 'Amigo del Pescador'. Mi hermano vajra y yo hicimos algún comentario divertido sobre su severa carencia de cualidades bebibles; ante lo que Chhi-'mèd Rig'dzin Rinpoche sonrió… ¡siempre una señal de peligro! Entonces dijo: "Ah ya; tenéis un problema de dualidad – bebida buena, bebida mala". Cuando dijo eso me invadió cierto sentimiento… que me impulsó a preguntar: "¿Quiere usted que bebamos eso Rinpoche?" A lo que inmediatamente respondió: "¿Por qué no?" Por supuesto que jamás tuve respuesta para esa pregunta… ¡al menos no cuando él la hizo! En aquel momento no se me ocurrió ninguna razón convincente para no beber el contenido de la botella.

P: ¿No podía haber dicho usted que no le gustaba, o simplemente que ya había bebido suficiente y no quería más?

R: (Risas) ¡Esas son razones muy sensatas! Y no es que no se me hubieran ocurrido. Sólo que parecerían muy poco convincentes para la vasta apertura de Chhi-'mèd Rig'dzin Rinpoche. Parecía más una ocasión para decir que a través de mis acciones 'estoy totalmente *con* esta situación de enseñanza que has hecho disponible para mí. No es momento para echarse atrás por timidez, ni para ser sensato' Así pues… llenamos nuestros vasos y dijimos: "¡Aquí no hay problema de dualidad, Rinpoche!" Cuando Ngakpa Mikyö Seng-gé y yo habíamos terminado esta repugnante bebida, Chhi-'mèd Rig'dzin Rinpoche nos examinó atentamente recostándose sobre su silla con una amplia sonrisa, y anunció: "¡Entonces, vosotros ahora borrachos!" "¡Ahora a cantar y a bailar!" Le miramos un tanto incrédulos y rompimos en carcajadas. "¿Quiere que cantemos y bailemos Rinpoche?" Pero era una pregunta retórica, debería saber que él diría "¿Por qué no?". "¿Ahora?" inquirió Ngakpa Mikyö Seng-gé. Chhi-'mèd Rig'dzin Rinpoche esbozó una amplísima sonrisa. "Yah bien," asintió. "Ahora". Con esto nos levantamos, juntamos los brazos y procedimos a interpretar un espontáneo baile cancán. Agitamos las piernas con relativa destreza y deferencia ante el desorden de muebles mientras cantábamos:

"Queremos ser (bum bum) la chica de Boby…"

Nuestros shamthabs giraban de un modo bastante incongruente durante este ridículo estribillo, y Chhi-'mèd Rig'dzin Rinpoche nos observaba con gesto perfectamente inexpresivo. Cuando habíamos terminado la representación, esperamos por algún tipo de veredicto como dos jovenzuelos en un concurso de talentos. Chhi-'mèd Rig'dzin Rinpoche permaneció totalmente impasible por al menos un minuto, y después dijo: "¿Y vosotros disfrutáis con esto?" Ngakpa Mikyö Seng-gé y yo nos miramos por un instante y dijimos casi al unísono: "Sí, muchísimo Rinpoche." Chhi-'mèd Rig'dzin Rinpoche con gesto divertido y riendo entre dientes se fue a la cama diciendo: "Buenas noches - hasta mañana."

'Mañana' por supuesto significaba a las seis en punto para la práctica, y cuando Rinpoche se despidió eran aproximadamente las cuatro y media de la madrugada.

P: ¿Y fue posible?

R: Sí… fue posible. Hay muchas cosas que son posibles en relación con los maestros Tántricos.

P: Como ilustración del compromiso a seguir las instrucciones… por el modo en el que usted relató la historia, me pareció que Chhi-'mèd Rig'dzin Rinpoche no le estaba exigiendo que lo hiciera. Él dijo '¿por qué no?' ¿No era usted libre de hacer lo que quisiera? ¿Tenía que hacerlo incluso ante una vaga sugerencia?

R: (Risas) ¿Por qué no?

P: Porque… eso significa que *cualquier cosa*…

R: Exactamente… ¡cualquier cosa! Eso es lo que puede ocurrir – cualquier cosa. Esa es la dimensión abierta de la relación. Si esperas instrucciones premeditadas nada puede suceder. La sutileza de la *danza* se pierde cuando pides que se te diga lo que tienes que hacer. La deducción es muy importante llegado cierto punto.

P: ¿Qué ocurre si deduces erróneamente?

R: En la relación vajra sigues adelante con la confianza de que el Lama está orquestando la textura de tu experiencia. Que deduzcas erróneamente es sólo una faceta más de tu experiencia con la que el Lama conjurará. De todas formas… esto no es muy diferente de las deducciones con las que todos estamos familiarizados si hemos tenido amantes. Hay muchas cosas que tienen lugar sin palabras. Los requerimientos que suceden en la intimidad tienen que verse a menudo a través de la deducción. Obviamente si existe una gran cercanía establecida en una relación larga y profunda entre los amantes, las deducciones que se extraigan serán acertadas.

La deducción es muy importante, si todo tiene que ser deletreado significa que hay cierta carencia en la relación. Significa que el nivel de comunicación es inmaduro – que hay que desarrollarlo. No se puede hablar de relación vajra cuando el estilo de comunicación está atascado en el nivel de la semántica concreta. Entonces no hay *romance*.

P: ¿Romance?

R: Sí. *Romance*. Estamos hablando de Tantra y aquí nos encontramos con el *lenguaje crepuscular*. Por 'romance' me refiero a 'la cualidad de comunicación simbólica íntima'. Hablo de una relación en términos de energía, en lugar de una estricta tangibilidad referencial. Introducirse en la esfera de comunicación simbólica íntima con el Lama, significa abandonar el mundo de las referencias fijas o establecidas. Es una experiencia o una muestra de la dimensión espaciosa de la existencia.

P: ¿Puedo preguntar qué se supone que obtuvo usted con eso? ¿Me refiero a cuál era el propósito de beber algo que no le gustaba y hacer el número de baile y canto?

R: ¿Qué crees *tú*?

P: Bueno… supongo que poner a prueba sus límites…

R: ¿Te das cuenta? – no es tan difícil. Eso era en parte lo que estaba sucediendo, pero había mucho más. Existía la fabulosa posibilidad de sentirse totalmente desinhibido – o desnudo. ¡En un aspecto estuvimos muy sobrios durante todo el día! Nos reímos muchísimo, pero también nos comportamos de un modo muy prudente. Fuimos muy prudentes, o al menos yo lo fui, en cuanto a estar en presencia de Chhi-'mèd Rig'dzin Rinpoche como discípulos suyos y como ejemplos representativos de quienes siguen sus enseñanzas.

P: ¿Podría usted mencionar alguna cosa que extrajo de esa experiencia?

R: El ser totalmente aceptado y desafiado al mismo tiempo. Era evidente que yo podía ser simplemente una persona occidental… que podría incluso ser salvaje y extrovertido – aunque en aquel tiempo yo era un tanto reservado. El desafío era que teníamos que ser impecables. Si hubiéramos tirado algo por el suelo, sentido enfermos o incapaces de levantarnos a la mañana siguiente… bueno… eso sencillamente no debía ocurrir. Eso hacía que la situación fuera muy eléctrica. Tener una presencia total y estar *despejado*, listo y libre… ése era el desafío. Pero también sentía que Chhi-'mèd Rig'dzin Rinpoche asumía que teníamos esa capacidad.

P: ¿Pone a menudo Chhi-'mèd Rig'dzin Rinpoche a prueba a sus discípulos de esta forma?

R: No. Que yo sepa sólo ha hecho eso una vez. Mi experiencia es que él no es previsible en modo alguno. No tendría sentido imaginar que sus actividades se puedan encapsular en base a cualquier historia que yo haya podido contar sobre él. Sin embargo hay una enseñanza muy poderosa que viene a través de muchas de las situaciones que Chhi-'mèd Rig'dzin Rinpoche alienta o conjura para que se produzcan. Él proporciona un acceso directo a escenarios desconcertantes. Siempre me ha ayudado a saltar del trampolín para experimentar la cruda tensión de mi existencia personal.

P: ¿Cruda tensión?

R: La cruda tensión de llevar la responsabilidad personal hasta los límites externos del abandono a las situaciones. La cruda tensión de mantenerse impecable en cuanto a la relación vajra, sin el respaldo de la adaptación al criterio espiritual convencional. Siempre hay una atmósfera de tensión creativa en la presencia vajra de Chhi-'mèd Rig'dzin Rinpoche.

Cuando nos honró con su visita a Cardiff en 1984, condujo a mis propios discípulos y aprendices por rutas de experiencia que jamás habían recorrido. Pudieron llevar su experiencia mucho más lejos de lo que se habían permitido hasta entonces. ¡Sus límites conceptuales fueron removidos! Fue muy interesante para ellos y ellas ver a su propio maestro en el papel de discípulo.

P: ¿Fue importante para ellos en cuanto a la posibilidad de entrar en la relación vajra con usted?

R: Sí. Eso es lo que parece que sucedió. Sólo siento no ser para mis estudiantes el gran foco de inspiración que Dudjom Rinpoche, Dilgo Khyentsé Rinpoche, Chhi-'mèd Rig'dzin Rinpoche y Kunzang Dorje Rinpoche, fueron para mí.

P: Dijo usted que el compromiso vajra se hace posible a partir del momento en el que la experiencia comienza a 'parpadear' en relación a la existencia y la no-existencia… ¿Cómo sería eso? Parece como muy avanzado.

R: No estoy seguro de lo 'avanzado' que es… es simplemente algo que sucede. Podría ocurrir en cualquier momento, y es muy probable que haya ocurrido ya. Si te has enamorado locamente alguna vez, no hay duda de que ha sucedido. En cierto modo, no estamos hablando de algo muy diferente. El sentido de que la existencia y la no-existencia se dice que parpadean cuando estamos a punto de entrar en la relación vajra, es que en ese momento podemos perder la noción de quién somos. Te encuentras definido sólo en el momento; o del mismo modo, indefinido en el momento. Podemos experimentar una sensación de vacuidad; una transparencia personal en la que 'lo que somos' es muy mutable. Este parpadeo es la sensación de que el apego a la definición personal se disuelve – queda intimidado por la presencia del Lama. Encuentras que tu 'yo ordinario' está y no está al mismo tiempo. Si intentas situar tu 'yo ordinario'; simplemente no está.

Si tratas de agarrarte a la sensación de que no hay nada; una infinidad de matices de lo que puedes llegar a ser, parpadean en el espacio de tu ser indefinible.

P: ¿Cuando habla usted de la relación vajra y el compromiso vajra, está refiriéndose a los samayas Tántricos?

R: No. No estoy siendo tan específico como eso. Hay diferentes votos Tántricos de acuerdo a los diferentes vehículos de práctica; así que no tiene sentido elaborar sobre votos específicos. Esto es pertinente sólo cuando se llega al punto de hacer esos votos; y sólo en el contexto de la transmisión Tántrica. Estoy hablando de la relación con el Tsa-wa'i Lama. Tampoco quiero ser específico sobre la naturaleza de los votos Tantricos detallados, porque son secretos. Ese es en sí mismo un aspecto de los votos Tántricos específicos; que siempre se guardan en secreto. Estos sólo son discutidos como materia de enseñanza y al nivel de la práctica. Hay algunos votos externos que puedo mencionar, como el voto ngakphang de no cortar jamás el pelo del cuero cabelludo. Este es un voto que yo guardo. Recuerdo que una señora preguntó una vez a mi hermano vajra Ngakpa Mikyö Sen-gé sobre este voto… Ella le pregunto lo que hacía con los extremos que se desprendían.

A lo que él respondió con naturalidad: "los sumerjo en el Dharmakaya." Cuento esta historia no sólo porque es divertida, sino para afirmar la cualidad sagrada del damtsig. A veces es importante ser evasivo sobre la naturaleza simbólica del sendero, si la gente hace preguntas desde una postura frívola. Este fue un modo muy hábil de responder a la pregunta, porque no necesitó criticar a la señora en modo alguno, y todo se mantuvo en un tono cordial. Él pudo continuar y decir algunas cosas que eran de una utilidad real para esta señora.

P: ¿Puede usted decir algo sobre el voto ngakphang de no cortarse el pelo jamás?

R: Sí. Está conectado con el aspecto visionario del cuerpo, en el que cada pelo del cuero cabelludo se considera como una dakini. Y en el caso de una ngakma – un daka. Más allá de eso no hay nada que decir. El voto es en realidad una práctica. Del mismo modo que es una práctica el contemplar el mundo fenoménico entero como femenino – como manifestación de sabiduría. Los ngakpas hacen el voto de no hacer jamás ningún comentario despectivo sobre las mujeres, porque las mujeres son la fuente de la sabiduría. De igual manera; las ngakmas hacen el voto de ver el mundo como manifestación de método. Sin embargo… de lo que estaba hablando es del damtsig en lo que respecta al Tsa wa'i Lama. Este es un nivel fundamental del damtsig, que proporciona una base para abordar cualquier formulación del voto Tántrico. Mantener el damtsig con el Tsa-wa'i Lama mantiene todos los demás votos, cualquiera que sea su carácter específico.

P: Decía usted que era una locura entrar directamente en la relación vajra con el Lama… que no se debería hacer. Pensaba en mi relación con mi Maestro Raíz. Entré directamente en la relación vajra… y siento que ha sido muy beneficioso para mí… ¿hay algún problema? ¿Podría usted decir algo sobre esto?

R: Sí. Esto no supone necesariamente un problema, en absoluto. Naturalmente en cualquier tipo de generalización como la que yo he hecho hay excepciones, y es obvio que tú eres una de ellas. Por supuesto no hay ningún daño en la interacción con el Lama, especialmente si tus intenciones en cuanto a lo que quieres obtener de la situación son buenas. Es evidente que no has tenido el problema de que te hayan surgido dudas muy serias, ni has padecido una crisis de confianza importante. Como tu relación ha funcionado has debido ser capaz de integrar cualquier fricción neurótica en lo que respecta a aprender sobre ti. Sin embargo; no es así para todo el mundo.

Si entras en esta relación con un alto nivel de expectativas basadas en necesidades personales neuróticas – pueden presentarse importantes problemas.

P: ¿Pero no se ocuparía de ello el Lama como parte de la enseñanza?

R: En efecto, pero *si* tú lo permites. El Lama puede trabajar con cualquier nivel de proyección que puedas tener. El Lama conjurará con cualquiera que sea la naturaleza de la fantasía que proyectas sobre él o ella como aspecto integral de tu viaje espiritual. El Lama no tiene que poner necesariamente tus

proyecciones al descubierto ni incluso señalarlas. Lo más importante es que mantengas tu conexión con el Lama – tienes que seguir adelante. ¿Pero qué sucede si huyes? ¿Si decides esconderte del Lama? ¿Te mantienes en la distancia y operas sólo a nivel de la práctica formal? ¿Qué sucedería entonces?

El Lama sólo puede trabajar con tus dudas y confusiones si las presentas, y te mantienes en contacto. Si huyes y te escondes; o te vas en un estado de rabia justificada, no hay nada que se pueda hacer. Siento que es mejor si estas circunstancias no se presentan. Es mejor para el estudiante examinar al Lama en profundidad, y llegar a una posición de total confianza antes de tomar semejante decisión. Antes de eso es mejor seguir con el Lama como amigo espiritual.

P: ¿Pero qué ocurre si has recibido iniciaciones? ¿No te sitúa eso directamente en la relación vajra?

R: Sí. Pero eso no tiene porqué ser un problema. Lo cierto es que no es así como se supone que funciona esto, que puedas salir a la calle y recibir una iniciación Tántrica. Así es como sucede en occidente; y en la actualidad también en oriente. Pero en realidad esa no es la idea.

La idea es que se debería estar muy bien preparado para una iniciación. Lo que ocurre es que la mayoría de las iniciaciones se dan de un modo que implica compromisos muy leves. Cuando Chhi-'mèd Rig'dzin Rinpoche da iniciaciones, lo hace de modo que no implica compromiso alguno. Este es el sistema que yo utilizo en las iniciaciones públicas. También introduzco en el compromiso vajra a mis estudiantes, pero tengo que haberles conocido por al menos cinco años. Quiero asegurarme de que la gente sabe de verdad lo que está haciendo. Eso es fundamental. No tiene sentido entrar en la relación vajra y después pensar que ha sido un terrible error (risas). Eso no debería ocurrir jamás.

P: ¿Pero si ocurre… qué pasa entonces? Quiero decir que sería algo serio ¿no?

R: Sí. (Risas) ¡Muy serio de hecho! Sin embargo… eso sólo ocurre si *realmente* has entrado en esa relación. Esta es mi visión ahora; pero no veo todas estas rupturas de compromiso de la misma manera. Creo que depende del nivel de fantasía de la persona que ha entrado en el compromiso vajra. Si ha sido un 'compromiso de fantasía', ha sido también una 'ruptura de fantasía'. Si la decisión de entrar en este compromiso se ha producido con demasiada facilidad y sin un grado suficiente de experiencia en la práctica; yo consideraría que la naturaleza del compromiso ha sido irreal desde el principio. Naturalmente, es perjudicial para cualquiera tomar y romper decisiones en cualquier ámbito. Sólo puedes vivir bien tu vida si tienes alguna capacidad para dirigirte a ti mismo. Tienes que ser capaz de llevar las cosas a cabo; afrontar las dificultades sin echarte atrás. Necesitas cierta clase de honor.

P: Creo que no entiendo a lo que se refiere usted por 'honor' en este contexto…

R: Bien… yo diría que a la definición que aparece en el diccionario. Quiero decir que necesitas ser un caballero o una dama en lo que respecta a mantener los compromisos contigo mismo y con los demás. Creo que esto es fundamental. Tienes que ser capaz de mantenerte firme en lo que te hayas comprometido; llevarlo a cabo a pesar de las dificultades. Ser digno de confianza. Tienes que ser forma para los demás; en lugar de ser vacuidad. Este es uno de los significados de compasión.

P: ¿Igual que la idea Victoriana de que 'un caballero se debe a su palabra'?

R: Sí. Puede sonar un poco pintoresco para alguna gente, pero es vital ser dueño de ti mismo al nivel de la palabra. Esta idea del honor en cuanto a la palabra se conoce como 'damtsig' en tibetano. 'Damtsig' significa algo así como 'palabra sagrada' o 'juramento'. 'Dam' se refiere a la Mente en el sentido de la naturaleza de la Mente; y 'tsig' significa palabra, en cuanto a lo que es expresado o formulado. Chhi-'mèd Rig'dzin Rinpoche se ha vuelto muy desconfiado de la gente occidental por la incapacidad que tienen para mantener su palabra.

No es que digamos mentiras o que seamos en cierto modo traidores; sino que muchos de nosotros parecemos tener un temperamento muy voluble. Estamos cambiando de idea continuamente. Chhi-'mèd Rig'dzin Rinpoche parece que observa a la gente durante algunos años antes de considerar que tengan alguna estabilidad. Es crucial que cuando das tu palabra al Lama, cuando prometes hacer algo, lo mantengas pase lo que pase. Eso se llama damtsig. Alguna gente cree que esto se refiere sólo a los compromisos sobre la práctica, como la promesa de recitar un mantra cierto número de veces al día. Pero el damtsig va mucho más allá. Esa clase de damtsig no es tan importante a un nivel, como la más 'cotidiana' clase de honor de mantener tu palabra.

Mantener tu palabra en la vida cotidiana es crucial si quieres dar un paso más adelante manteniendo tu palabra con el Lama. Este es el fundamento del damtsig, y es algo que todos necesitamos practicar. A un nivel no hay nada particularmente esotérico ni espiritual en lo que estoy diciendo. Creo que el honor de mantener tu palabra tiene también una importancia fundamental en el sentido secular. Es importante mantener tu palabra aunque te arrepientas de haberla dado. Hay algo en esa postura que tiene sangre y agallas, que te hace formidable o maravillosamente real de un modo muy ordinario. Lo que dices tiene el poder de la vida y la muerte. Tienes que estar dispuesto a morir en base a lo que has dicho. Esta es una clase fundamental de espiritualidad. Muchos nativos tienen esta cualidad.

Hay poderosos ejemplos de esto en el modo de vida de los nativos americanos. Ser capaz de coger un cuchillo para extraer sangre de tu propia mano; y estrechar la mano de otro en señal de compromiso es algo que un ser humano debería ser capaz de hacer cuando hay mucho en juego en el acuerdo. Mantener tu palabra cualesquiera que sean las consecuencias sería la base más sólida para la práctica del Tantra. Diría también que si haces de esto una práctica, tu vida cambiará considerablemente – el tejido de tu existencia se convertirá en Tantra; ¡empezarás a *vivirlo* de verdad!

P: Puedo ver la importancia que eso tiene… ¿Pero qué ocurre si has cometido un error? ¿Si hay algo que no sabías; o que te había sido ocultado?

R: Bueno… supongo que entonces puedes elegir. O quizás decides que no tienes elección. ¿Te das cuenta?; la idea es que no des tu palabra a menos que pienses cumplirla de verdad. Esto significa que tienes que actuar sobre la base de que aceptas que no sea cómodo. Que tienes que ser quien eres ante el descontento de otros. Poder decir que necesitas mirar con detenimiento lo que sientes; antes de tomar una decisión.

A lo mejor tienes que decir que no puedes prometer nada, pero que lo intentarás. Que necesitas un poco de tiempo para pensar en el asunto; o más información. Tal vez tengas que decir: "No, lo siento mucho pero creo que no me mantendré en contacto…" Podría resultar duro y bastante embarazoso – pero es también muy real. La otra alternativa sería mantenerte de verdad en contacto quieras o no. El otro método es demasiado escurridizo. No podemos vernos como practicantes de Tantra si vivimos como anguilas. No quiero decir que debamos ser groseros ni que tengamos que actuar con crueldad; sólo que no digamos cosas para que todo parezca 'estupendo' cuando en realidad no lo es…

P: Entonces… aunque sientas que has sido engañado…

R: *Incluso* si has sido engañado… o puede que; *especialmente* si has sido engañado.

P: Pero eso podría dejarte expuesto a todo tipo de abusos…

R: Sí. Pero depende de quién es el que te está engañando. Aquí estamos hablando de la relación con el maestro vajra. Pero aparte de eso; ¿Estás diciendo que evitarías las situaciones abusivas guardando siempre la opción de no mantener tu palabra? La mayoría de la gente está atrapada en este tipo de situaciones por causa de la 'palabra' no expresada sobre sus necesidades neuróticas emocionales. ¿Pero de qué tienes miedo exactamente?

P: … de la pérdida de libertad y de control. Tengo la sensación de que si tienes que mantener la palabra a ese nivel, tu vida podría volverse insoportable.

R: Sí, podría. Podría volverse insoportablemente placentera y dolorosa… O; magníficamente vibrante, rica, dinámica y real. Hay muchas historias, en especial entre las leyendas Nórdicas, en las que uno de los dioses es traicionado.

Hay una historia en la que Thor el dios del trueno es engañado por Loki el tramposo a dar su palabra sobre algo. Pero aunque Thor sabe que ha sido engañado; se debe a su palabra. Lo que se desprende de estas historias, es que al mantener tu palabra en semejantes circunstancias, obtienes valiosas experiencias. Esto es imprescindible al trabajar con el maestro vajra. Ves que puede llegar un punto en el que sientes que has sido traicionado. La cualidad de tramposo puede manifestarse en la forma en la que el Lama trabaja con el estudiante.

P: ¿Es por esta razón que describe usted al Lama como el 'aterradoramente compasivo tahúr que remueve la baraja de tus conceptos'?

R: Sí… pero tienes que permitir que eso ocurra. El Lama no tiene ningún interés en controlarte. Está ahí sólo para permitirte experimentar la interacción de la vacuidad y la forma; mediante el método de su interacción contigo. No tienes que hacer promesas vajra de inmediato al Lama, ni entrar en la disciplina de considerarlo todo como damtsig desde el principio. Puedes trabajar y experimentar con ello. El Lama siempre hará sugerencias, lo que hagas sobre ellas es tu propia responsabilidad. Puedes intentar aplicarlas en tu vida sin decir nada; sin hacer ningún tipo de promesas. Pero es bueno empezar con tu propia vida como base, que tengas la experiencia de mantener tu palabra contigo mismo en la vida cotidiana. Si lo haces tendrás una idea más clara del gran poder que supone mantener tu palabra con el Lama. Tendrás también una idea mucho más poderosa de lo que significa romper tu palabra con el Lama.

P: Decía usted que Chhi-'mèd Rig'dzin Rinpoche se tomaba un tiempo antes de confiar en la seriedad de los occidentales sobre lo que decían. ¿Somos en verdad tan poco fiables o deshonrosos?

R: No… creo que a menudo somos muy honorables a nuestra manera. No es que *no* seamos serios sobre lo que decimos, lo hacemos *de verdad*, ¡Es sólo que nos referimos al momento-mental en que lo decimos! Después; en otro momento-mental sentimos de una forma distinta – resulta que tenemos otra perspectiva. Nuestro sentido del honor existe en el momento, está en cierto modo encapsulado; en su propia burbuja. Damos una gran importancia a cómo nos sentimos en el momento, en lugar de mantener el compromiso que hemos adquirido en otros momentos. Honramos nuestro proceso; que en algunos sentidos es bastante admirable – pero; no funciona particularmente en el contexto de la relación vajra. El modo en el que honramos el proceso tiene algo que ver con nuestra obsesión por la libertad. Pienso que debemos preguntarnos qué es lo que obtenemos de esta 'libertad para cambiar de idea.'

P: Pero si no eres libre para cambiar de idea, puedes quedar atrapado en alguna decisión que se vuelve arbitraria. Estás dando prioridad a un momento en el tiempo sobre todos los demás momentos. Parece bastante restrictivo.

R: Estás en lo cierto, es restrictivo. Pero también lo es el cambiar tus decisiones siempre que lo dicte el momento-mental. Con uno de estos modos de vida estás dominado por un particular momento-mental. Con el otro estás dominado por cada momento-mental sucesivo. No hay mucho que elegir entre los dos.

P: ¿Tiene que ser necesariamente el uno o el otro?

R: ¡*Buena pregunta*! No, no tiene porqué. Pero si intentas vivir totalmente de uno de los dos modos, generarás experiencias extraordinarias. El problema es que en realidad no vivimos en uno de estos dos modos, sino que fluctuamos entre los dos de acuerdo a los dictados de nuestros condicionantes.

Si intentas hacer siempre exactamente lo que te dicta el momento-mental, pronto te verás impulsado a un grado de caos alarmantemente creativo, destructivo o desconcertante. Si llevas adelante pase lo que pase cualquier elección que hagas, te encontrarás probablemente en una situación similar. El desafío sería inmenso en ambos casos… ¡y quizás muy interesante! Esto es por lo que preferimos alternar entre los dos modos. Sin embargo, no *tenemos* porqué movernos de uno a otro de acuerdo a los dictados de nuestros condicionantes. Podemos hacerlo de acuerdo a los dictados de la sabiduría y la compasión. Podemos permitir que nuestras elecciones y promesas sean adaptables de acuerdo a nuestra integridad como practicantes. Si prometes que vas a salir a tomar algo con un amigo; y se presenta una emergencia… digamos que recibes una llamada de alguien que está teniendo una crisis… ¿Qué haces? Por supuesto no dirás: "Lo siento, he prometido salir a tomar algo con una persona; y tú sabes que siempre mantengo mi palabra." No es eso lo que estoy diciendo. Ese sería un modo espantoso de comportarse. De lo que estoy hablando es de promesas hechas sobre la base de un compromiso real con otros seres humanos. De la necesidad de no fallar a la gente; de trabajar con las situaciones y ser fiable; de estar dispuesto a experimentar un poco más de incomodidad en lo que se refiere a esforzarse; de no poner siempre en primer lugar tu propia conveniencia. A un nivel simple me estoy refiriendo a: ser puntual; recordar llevar a cabo un favor aunque andes escaso de tiempo; ser honorable. Cuando se trata de tu relación con el Lama; sencillamente conlleva un mayor significado, se convierte en una práctica. Primero necesitas la práctica en la vida cotidiana – ésa es la base. Cuando tienes esa base puedes hacer promesas vajra. Una promesa vajra puede ser *cualquier cosa* que digas o asientas en presencia del Lama. Ese es el significado de damtsig, samaya, o voto, y es fundamental si has entrado en la relación vajra con el Lama.

P: ¿Puedo volver a la idea de hacer una elección y mantenerse firme en ello?

R: Por supuesto.

P: ¿Y qué hay de la posibilidad de hacer una elección equivocada? ¿Cómo puedes tener la seguridad de haber elegido bien?

R: (Risas) ¡Porque de ahí en adelante serás siempre feliz! ¿A qué te refieres exactamente por una elección equivocada?

P: Bueno… algo que resulta no ser bueno para ti.

R: Eso es muy interesante… ¿Cómo determinas si algo es o no es bueno para ti? ¿Cuál es el criterio?

P: … que cause un problema a algún nivel… algo que sería mejor que se hubiera desarrollado de un modo distinto.

R: Hummm… eso suena un poco sospechoso. Suena como que la definición de decisión errónea fuera que no disfrutas del resultado. Me temo que esa es una definición muy limitada. Me refiero a que: ¿Cuándo juzgas que la decisión es errónea? ¿En qué punto de tu vida?

P: Lo siento, creo que no le sigo…

R: Lo siento; vamos a comenzar de nuevo. Digamos que has tomado la decisión de ir a patinar con un grupo de amigos; sabiendo que no tienes mucha experiencia. El resultado es que te rompes una pierna, así que piensas: 'Fue una mala decisión.' Pero entonces te encuentras con que te ha librado de ir a un restaurante donde todo el mundo ha sufrido una intoxicación; y piensas: 'Fue una buena decisión.' Pero resulta que los clientes recibieron una cuantiosa indemnización; lo que de nuevo te lleva a pensar: 'Después de todo fue una mala decisión.'

Pero resulta que terminas en un hospital donde conoces a una enfermera maravillosa de la que te enamoras, por lo que piensas: 'Bueno ha resultado ser una buena decisión.' Pero la deliciosa enfermera te deja; y piensas: 'Pobre de mí, al final ha sido una mala decisión.' Y entonces... podrías seguir así el resto de tu vida. Las decisiones son simplemente decisiones. No hay un punto en particular en el que podamos juzgar nuestras decisiones o decir que sus consecuencias han terminado. Las únicas decisiones afortunadas son las que nos acercan a las enseñanzas... pero incluso entonces tenemos que hacer uso de la oportunidad que se nos brinda.

P: ¿Está usted diciendo que la idea de cometer equivocaciones es de algún modo errónea?

R: Sí. Eso es lo que parece que estoy diciendo.

P: Eso es muy liberador, ¿no? Significa que puedes ser más libre para... Que no tienes por qué preocuparte tanto en depositar todas tus esperanzas en algo.

R: Cierto. Significa que puedes estudiar una situación y luego elegir; teniendo en cuenta que no puedes saber cuál será el resultado. Significa que si tu motivación es compasiva no necesitarás arrepentirte de nada. ¿Por qué...?

P: Porque nunca hay una conclusión final.

R: Es bastante simple. Las ramificaciones de cada decisión que tomas continúan desarrollándose a lo largo de toda tu vida; y aunque no lo hagan no puedes saber qué decisión está produciendo algo en particular. También podrías dejar de intentar controlar las cosas y vivir en el momento experimentando exactamente lo que contiene. Esto significa que no tienes que juzgar tu vida en base a cómo salen las cosas – sólo puedes experimentar lo que está ahí.

P: Pero si practicas tu vida debería mejorar; ¿no?

R: No. En algunos aspectos podría empeorar. Podrías encontrarte en condiciones realmente adversas padeciendo todo tipo de calamidades y pasártelo muy mal. No se puede predecir… También sería posible que todo fuera maravilloso… ¿Qué crees tú?

P: Me gustaría pensar que mi vida mejoraría; pero parece que está usted diciendo que las enseñanzas no ofrecen ninguna garantía de que las circunstancias externas mejoren.

R: Eso es cierto, no hay garantía alguna. El propósito de la enseñanza no es mejorar las condiciones externas. Aunque yo diría que vivir de acuerdo a la perspectiva Tántrica te ayuda a sacar mucho más provecho de tu vida y hace que ésta mejore en muchos aspectos. Esto puede parecer contradictorio pero creo que aquí hay un punto muy importante: no puedes juzgar las enseñanzas en base a que tu vida haya 'mejorado'. Sólo puedes juzgar las enseñanzas en cuanto a la evolución del puro darse cuenta y la bondad. Si las circunstancias externas de tu vida mejoran está muy bien, pero eso no es un signo de tu práctica. El concepto de que la práctica espiritual o el éxito en esta práctica haga que tu vida vaya cada vez mejor; es totalmente falso. Este es un concepto de la Nueva Era (New Age) que encuentro particularmente repugnante. Es un modo bastante fascista de abordar la espiritualidad que está conectado a sospechosas nociones como la de la 'consciencia de riqueza.' No es que estos conceptos no tengan alguna utilidad; pero es muy desencaminado decir a la gente que puede ser rica si de verdad lo quiere; que la pobreza es sólo su propia limitación conceptual. Es igual que decir que puedes estar bien si de verdad quieres. Es como decir: "Puedes curarte a ti mismo de cualquier cosa", esto es absolutamente ridículo. Por supuesto que puedes hacer mucho para curarte o para cambiar tus circunstancias. Pero no puedes juzgar las enseñanzas o a ti mismo por lo que ocurre a ese nivel. En lo que respecta a la práctica del Dzogchen a menudo se dice que un signo de la eficacia de la práctica es que tu vida se empieza a poner difícil.

A ese nivel uno tiene que ir más allá de la idea de que la realidad está para ser manipulada – lo único que es importante es el surgir del puro darse cuenta. Cualquier problema externo se ve como un signo de purificación.

P: Cuando dijo usted que sólo se pueden juzgar las enseñanzas en cuanto a la evolución del estado del puro darse cuenta y de la bondad… eso es difícil ¿no? ¿Cómo podemos juzgar nuestro estado del puro darse cuenta y de la bondad?

R: Por cómo te sientes; si de verdad te cuestionas la bondad de tus acciones. Es tu estado del puro darse cuenta lo que actúa cuando eres sensitivo a lo que sucede a otros seres a los niveles del cuerpo, palabra y mente. La bondad es muy natural y por lo tanto tenemos un sentido de ello; no necesitamos de capacidades extrasensoriales para saber si nos estamos volviendo más amables como individuos. Podemos ver hasta dónde estamos dispuestos a llegar para ayudar a la gente. Esto no significa que nadie vaya a sentirse jamás triste o herido en su interacción con nosotros – no se puede hacer feliz a todo el mundo. Habrá ocasiones en las que cualquier cosa que hagamos termine siendo del desagrado de alguien. ¡Es muy importante que esta bondad te incluya también a ti! En lo que respecta al puro darse cuenta, es el sentido de desarrollar la claridad; la habilidad para ver las situaciones como confusas, y de trabajar con la confusión de un modo creativo.

P: ¿Claridad es trabajar con la confusión de un modo creativo?

R: Sí.

P: Lo siento Rinpoche, creo que no lo entiendo.

R: Significa que ves la confusión como confusión. Conoces tu confusión por lo que es y no la malinterpretas como inteligencia o intuición. Entonces ves que existe la posibilidad de percibir tu situación de otro modo.

Es el sentimiento inicial de que hay una dimensión abierta en la que tus marcos de referencia habituales no son aplicables. Trabajar de un modo creativo con esto significa que conviertas en una práctica el ver que tu situación no es tan densa como parece. Puedes empezar a apreciar la textura de tu confusión, permitiéndole un espacio en el que pueda existir sin que tengas que actuar sobre ello. Entonces; puedes tomar decisiones sin la tensión de que tengan que ser las 'correctas.' Si sabes que estás actuando en el nivel de la confusión, puedes ver las posibilidades que hay en tu campo personal de referencia de un modo menos claustrofóbico.

P: Decía usted que la confianza en el Lama era una elección que no venía del racional. Pero cuando habla de entrar en la relación vajra, se parece más a algo como la fe. ¿Cuál es la diferencia entre tomar una decisión como esa y dar un salto de fe; o tener fe ciega?

R: Un salto de fe es apropiado sólo cuando hemos llegado a cierto punto. Podría llamarlo también fe ciega porque en cierto sentido no hay nada de malo en ello. Depende de quién es el que tiene fe ciega y de cuál es el aspecto que es 'ciego' en la persona. Yo diría que el racional tiene que ser ciego – se cegaría a sí mismo por su incapacidad para ser funcional. El intelecto vería su propia ceguera en un contexto en el que se encontraría confrontado con su propia carencia de sentido. Cuando tu propio sistema mediante el cual das sentido a las cosas, deja de tener sentido incluso para sí mismo, te vuelves libre para *saltar*. Por supuesto esto puede sonar como alguna clase de locura. De hecho; yo a menudo lo llamo ¡'locura radicalmente positiva'!. Es decidir confiar en el maestro a través de cierta facultad que está más allá de nuestro mecanismo habitual de tomar decisiones – de ir contra nuestro propio sistema de dar sentido a las cosas. Sin embargo para responder a tu pregunta de un modo un poco más amplio; diría que la locura radicalmente positiva es una postura avanzada.

Sólo puedes llegar a ella una vez que has adquirido la suficiente experiencia en seguir las instrucciones del Lama como para saber sin lugar a dudas que funcionan. Esta postura es para la gente que ha entrado en el compromiso vajra con su maestro, y esta decisión no habría que tomarla nunca de un modo precipitado. El maestro debería tratar de quitarte esa idea de la cabeza. ¡Yo sin duda lo hago!

P: La idea de la confianza total tiene mucho sentido en el contexto de la relación vajra con el Lama; pero puede llevar mucho tiempo desarrollarla. ¿Qué sucede si tienes una fuerte motivación para practicar de ese modo? ¿Qué sugeriría usted que puede hacer una persona para desarrollar una confianza total? Suena como un proceso muy largo…

R: Sí. Podría ser en efecto un proceso muy largo. No hay ningún problema en ello.

P: ¿Pero qué ocurre si resulta frustrante? ¿Qué haces si esa posibilidad te ha sido presentada pero te sientes desconectado de ella…?

R: Eso es interesante… ¡Parece que estás describiendo una situación en la que alguien está a punto de saltar! Nunca puedes llegar al punto en el que tienes una confianza total, eso no es posible. Puedes llegar muy cerca; muy cerca de hecho… Pero jamás puedes llegar; a menos que des el salto. Llegado cierto punto sólo tienes que saltar. Es una extraña decisión – cuando llega el momento es una elección sin elección. La frustración es parte de la elección; la poderosa frustración de entender que hay una gran oportunidad más allá de cualquier sentido pueril de pensamiento ilusorio. Desarrollar la confianza es como estar sobre un trampolín. Puedes estar ahí de pie por mucho tiempo. Comprobar su elasticidad y caminar sobre él dando unos pequeños saltitos. Pero cuando llega el momento de tomar carrerilla… sabes que llegará un punto en el que tienes que saltar.

Que vas a tocar ese trampolín con tus pies sólo una vez más y habrás saltado por los aires. En ese punto no hay elección; estás comprometido a cualquier cosa que suceda en adelante. Sabes que no puedes echarte atrás. Si intentas evitar la zambullida en ese punto, lo más probable es que tropieces propinándote un doloroso golpe contra el trampolín. ¿Entiendes lo que estoy diciendo?

P: Sí… pero suena un tanto aterrador. Algo de lo que precisamente hay que echar tierra de por medio.

R: Sí… es posible… pero lo más importante es que puedas saborear el miedo y el entusiasmo al mismo tiempo. Tienes que permanecer con ello para poder tomar esta elección sin elección. No puedes saltar sencillamente porque parezca una gran idea. Bueno… a lo mejor si puedes. Quizás sea posible; pero necesitas cierta capacidad para mantenerte firme en tus decisiones, aunque éstas puedan parecer equivocadas desde la perspectiva de diferentes momentos-mentales. La importancia de dar este salto es que es absoluto. No puede ser un salto ilusorio o de fantasía. Ese tipo de 'saltos' se pueden deshacer muy fácilmente; no son en modo alguno saltos reales. Son meros esfuerzos por encontrar seguridad en el vano intento de arrojarte a merced de una autoridad superior que te protegerá y se ocupará de que todo vaya bien. En el salto real no hay deseo alguno de seguridad. Podría ser terrorífico.

P: ¿Pero si es tan terrorífico, cómo va alguien a plantearse jamás el darlo?

R: Porque es muy necesario. Y… porque en realidad no es tan terrorífico.

P: No entiendo…

R: No hay nada que entender. La situación es sencillamente terrorífica y muy natural a la vez. Solo parece terrorífica desde la perspectiva de abandonar los puntos de referencia.

Desde la perspectiva de la no-referencialidad parecería un gran alivio… un baño de Radox después de un duro día en el samsara.

P: ¿Radox?

R: Es un tipo de baño de espuma que encuentras en Gran Bretaña. No quiero que esto resulte enigmático o paradójico de una forma inservible; pero es vital que la totalidad del concepto de dar el salto permanezca en el ámbito de la experiencia. No quiero codificarlo demasiado. Eso sería como dar un libro de instrucciones sobre cómo 'dar el salto'. El salto es tu propia experiencia. Tienes que afrontar esa posibilidad al nivel de una ambivalencia terminal. No hay otro camino, ningún modo de hacerlo más fácil.

P: Puedo ver eso, pero tengo la impresión de que usted anima a dar el salto y al mismo tiempo a no hacerlo. Eso me sitúa en una especie de dilema sobre lo que tengo que hacer.

R: Por supuesto… yo sólo puedo ofrecerte un dilema. No hay nada más que ofrecer. Sólo puedo proporcionarte un sinfín de descripciones de la vacuidad y la forma. Eso es todo lo que hay. No puedo animarte sencillamente a que des ese salto. Tampoco puedo disuadirte de que lo hagas. Todo lo que puedo hacer es presentarte ante una situación de ambivalencia y animarte a que permanezcas ahí saboreándola al máximo. Si puedes mantenerte en esa ambivalencia; si la saboreas de verdad… te encontrarás ante lo que realmente necesitas hacer. Es algo que tiene que venir de ti mismo, de tu propia experiencia. Tiene que venir de los experimentos que llevas a cabo con los patrones de tu realidad personal.

P: ¿Eso quiere decir que en esto cada uno tiene que valerse por sí mismo?

R: En lo que a mí respecta; sí. Si no te vales por ti mismo en esto, alguien tiene que dirigirte. Y si lo hace puedes siempre retirarte más adelante alegando que fuiste de algún modo influenciado.

Yo no quiero influenciar a nadie en modo alguno. Sería una actividad sin sentido. Bueno, puede que quiera influenciar a la gente para que sea más amable entre sí, y para que explore la naturaleza de su experiencia de un modo abierto… Pero cuando se trata de la relación vajra; sólo puedo presentar el desafío de trabajar con la paradoja. Tienes que empezar por aceptar la ambivalencia. Esta es la primera cualidad del sendero Tántrico. Si quieres abordar la cuestión de la no-dualidad desde la perspectiva de la dualidad, tienes que ser capaz de entrar en la ambivalencia y aceptarla como una experiencia viable.

P: ¿Y después encuentras una resolución a eso? ¿Vas más allá de la ambivalencia?

R: No. Después hay más ambivalencia (risas). Esa es la naturaleza del sendero, la ambivalencia no se termina hasta que te encuentras viviendo en la condición no-dual. Sin embargo… seamos un poco más prácticos con esto en lo que respecta a la relación con el Lama. Por supuesto; necesitas ir más allá de la ambivalencia en tu relación con el Lama. Si esto no fuera posible no te moverías jamás – te quedarías atascado en un estado impracticable de confusión.

P: ¿Cuál es la diferencia a ese nivel entre la ambivalencia y un estado de confusión?

R: Bien; cuando eres ambivalente… sabes sobre qué lo eres. Sientes esa electricidad de un modo muy fuerte y claro. Tienes una sensación de *pánico*, pero éste existe en un contexto muy amplio. El pánico está impregnado de espacio. Se encuentra en el espacio que hay entre tus sentimientos opuestos. La madeja no está enredada en lo que se refiere a los conceptos. Sólo hay un claro espacio de pánico no semántico. Es una duda sin palabras y la confianza o el deseo de saltar tampoco tiene palabras.

P: ¿Algo así como *Sólo ante el Peligro*?

R: ¡*Sí!* Por qué no: 'Duelo de Titanes'. Pero más bien... *no*. No tiene *nada* que ver con eso. Porque no hay tiroteo... una lástima quizás, pero así es. En cierto sentido nos gustaría que hubiera un tiroteo, porque en ese punto podríamos sentir que hemos ganado. Pero eso sólo nos daría una posición artificial; la seguridad de saber que hemos hecho lo correcto. Lo cual sería muy simplista. Tiene que ocurrir algo más. Puede que los pistoleros tengan que desenfundar sus armas y disparar... sólo para descubrir que sus pistolas no estaban cargadas. A lo mejor sólo efectúan disparos vacíos y rompen en carcajadas al darse cuenta de que no hay nada sobre lo que luchar.

P: ¿Entonces... confusión es cuando estás enredado en los pensamientos sobre tus dudas y convicciones?

R: Sí, exacto. Y ambivalencia es cuando sientes la tensión experiencial del prospecto de dar el salto.

P: Y entonces saltas...

R: Sí. Entonces saltas.

P: Y en ese momento... ¿Qué es lo que hace posible que saltes?

R: El hecho de que has saltado ya.

P: El... Lo siento, creo que me he perdido, no lo comprendo.

R: No. No creo que eso cierto sea en absoluto.

P: (Risas)

R: Sí. Correcto; has traspasado el punto en el que tienes la opción de echarte atrás. Descubres que ya es demasiado tarde. Es misterioso.

P: ¿Podría usted decir algo más sobre eso?; ¡porque ésa es precisamente mi experiencia!

R: Es un poco como enamorarse. Hay un punto en el que se empieza a despertar cierta clase de sentimiento hacia una persona. En ese punto podrías retroceder si ves que no estás seguro de algo. Pero si lo dejas estar demasiado tiempo, te encontrarás con que ya ha sucedido; la decisión de permitir que te enamores ya ha sido tomada. Bueno, vamos a ponerlo de otro modo. Supongamos que te has estado preparando para saltar durante algún tiempo. Has estado acariciando la idea con los dedos de tus pies. Llevado a cabo innumerables ensayos de dar el salto. Te has ejercitado haciendo carrerillas sobre el trampolín de un modo muy realista; porque siempre has sabido que no *tenías* que hacerlo. Pero esto es un tanto problemático… El hecho es; que de repente te das cuenta de que estás comprometido a saltar, y en ese instante has saltado ya. Descubres que estás comprometido a saltar porque te encuentras en el proceso de tomar carrerilla de una manera que no te da opción a evitarlo. Has alcanzado el punto de no retorno; el punto en el que la elección sin elección se produce por sí misma y te encuentras actuando desde la confianza.

P: ¿En qué estarías confiando en ese momento? ¿En el Lama? ¿No sería lo mismo que tener la confianza total que dijo usted que no era posible?

R: Ciertamente no. La confianza de la que hablo aquí no se basa en alguien o en alguna cosa. Estoy hablando simplemente de confianza; tu propia sensación de saber lo que estás haciendo a un nivel muy fundamental. Es confiar en tu propia bondad intrínseca. Es la confianza desde la que puedes actuar en base a no saber. Tienes una especie de corazonada o intuición que no está basada en el pensamiento ilusorio. Esta confianza está basada en la experiencia de la práctica, y surge de la juiciosa habilidad para ser insensato cuando llega el momento de la verdad. En un sentido muy realista; tienes que confiar de este modo antes de que puedas confiar en el Lama. Esto no es lo mismo que tener seguridad.

Vistiendo el Cuerpo de las Visiones

La seguridad está relacionada con lo conocido o cognoscible. La confianza puede funcionar fuera de ese contexto basándose simplemente en *sentir* la situación con todo tu ser – en estar totalmente abierto.

P: Este salto… creo que es lo que hacemos en muchos aspectos de nuestras vidas. Quiero decir que es el modo en el que abordamos decisiones de todo tipo. Parece ir más allá de su aplicación exclusivamente a la vida espiritual, ¿no es cierto?

R: Exacto. Tu vida espiritual no está separada del resto de tu vida. Es igual de aplicable incluso si no piensas en términos de tener una vida espiritual. En cierto sentido no es una idea 'espiritual'. Es bueno darse cuenta de que estamos hablando siempre de cómo somos. Cuando hablamos de la vida cotidiana y de cómo funcionamos; *esa* es la enseñanza. Cuando hablamos sobre las enseñanzas; *esa* es la vida cotidiana. Esto es por lo que hablamos sobre el *jigten-chö-gyed*; los ocho dharmas mundanos. Podemos llamarlos 'dharmas' porque están conectados con el dharma. La no-dualidad y la dualidad no están desconectadas una de la otra. Si entiendes esto, ¡de repente estás siempre encaramado al borde de la realización! Cada momento queda potenciado, porque se ve como una distorsión de nuestra energía intrínseca liberada.

P: Así que cuando pienso en hacer votos en el sentido espiritual; y miro a mi vida, es como si estuviera continuamente haciendo votos o viviendo a través de votos – sólo que son votos de hábito. O más bien que eso es lo que los hábitos son en realidad; o que podrían ser vistos así… ¿Puede decirse esto?

R: Sin duda alguna. Estamos bastante acostumbrados a hacer votos. Habitualmente nos decimos a nosotros mismos: "Hago el voto de hacer un verdadero lío de mi vida, pero de modo que parezca que estoy tratando de hacer lo contrario"

P: ¿Por qué *hacemos* eso?

R: Eso es lo que tenemos que averiguar. Esa es la razón por la que estamos aquí y practicamos. Lo que estamos haciendo con estas preguntas y respuestas es tratar de averiguarlo. Creo que podemos conseguirlo… lo creo de verdad; pero no es sólo cuestión de dar una respuesta intelectual.

P: Pero si hubiera algo con lo que pudiera relacionarme aunque fuera intelectualmente, podría…

R: No, no creo que podrías. Aunque hay una razón para ello y esa razón es que ya sabes la respuesta. Todos sabemos la respuesta, pero la ocultamos en un rincón. Ocultamos la respuesta de un modo deliberado y después nos hacemos espirituales diciéndonos a nosotros mismos que estamos tratando de encontrarla. Pero en realidad estamos constantemente ocupados escondiéndola. La práctica espiritual es muy furtiva… tratar de darte cuenta de que ya estás realizado es un asunto muy complicado.

P: Suena como si no hubiera salida.

R: Cierto. Bueno; casi cierto… Casi no hay salida. Esta es la razón por la que el Lama es un aspecto tan esencial del sendero Tántrico. Si sólo confiáramos en nuestro racional, no haríamos más que dar vueltas en círculos.

P: En relación a lo que preguntaba antes… parece que esto es de nuevo lo mismo – el proceso cíclico del samsara queda reflejado en la práctica espiritual… porque…

R: Porque el proceso espiritual socava los procesos dualísticos adictivos adoptando sus patrones. Esta es la razón por la que las deidades coléricas tienen la apariencia que tienen. Su apariencia deja muy claro que el modo de transcender la ira es a través de la energía de la propia ira.

Su apariencia es también una declaración explícita de que no puedes librarte de la ira intentando librarte de ella. Lo único que puedes hacer es dejar caer el sujeto y el objeto de la ira. Cuando la ira no tiene sujeto ni objeto, se convierte en ira no-dual. Esta 'ira no-dual' se conoce como claridad.

7

Iniciación

Recibir iniciación es ser alcanzado por un rayo de la manera más suave posible. Ser incinerado por una bondad abrasadora, y reducido a nada más que lo que verdaderamente eres. Quedar espontáneamente inmerso en un llameante mundo de juegos de luz por fracciones de segundo; o por una eternidad. Ser ferozmente, y sin embargo delicada y tiernamente, desgarrado y abierto al nivel de la energía. Ser destripado como un pez, restaurado con un corazón de diamante, y puesto a nadar en la corriente clara del linaje. Quedar perceptualmente desmembrado, y cosido de nuevo con los fabulosos hilos del compromiso. Despertar ligeramente sobresaltado en un vívido instante en el tiempo. Darte cuenta de que has estado dormido; y que repentinamente eres más viejo que la tierra, y más joven de lo que puedes recordar.

Recibir iniciación es encontrarte con el Lama cara a cara, y experimentar el contacto de las Mentes – como nieve cayendo sobre el mar, sin reconocer distinción o división. La iniciación es la llave para experimentar el verdadero significado del Tantra. Sin haber recibido la iniciación del Lama, la práctica de la visualización y el mantra no tienen ningún efecto. El Lama es quien da vida a nuestra práctica, y nos facilita el acceso a la esfera de la energía (visión interna y sonido) – la dimensión visionaria. Hemos contemplado al Lama como el catalizador convincente de la existencia, y explorado lo que esto significa en lo que respecta a convertir la realidad cotidiana en nuestra práctica espiritual.

Necesitamos desarrollar un sentido práctico de esto (vivir la perspectiva), antes de que podamos apreciar la naturaleza de la iniciación. Sin embargo la iniciación puede potenciar nuestra capacidad para vivir la perspectiva hasta un grado extraordinario. En cierto sentido vivir la perspectiva es una posición avanzada que viene como resultado de una profunda experiencia de la práctica. Pero si estás lo suficientemente abierto, la iniciación puede abrir esa puerta. Si te sientes conmovido por esta perspectiva y la llevas en tu corazón día a día, se pueden producir cambios sustanciales en tu capacidad de recibir iniciación. Estos dos aspectos del sendero se influyen mutuamente; y la relación con el Lama es la energía que los hace *brillar*.

Hemos examinado el modo en el que el Lama funciona como ejemplo del estado de realización, en base a descubrir que este estado es también nuestra propia condición natural. Ahora necesitamos llevar esto una etapa más adelante viendo al Lama como nuestro medio para lograr acceso a la viveza, sonoridad esencial y sensualidad no-dual de lo que somos. 'Viveza' tiene que ver con la Mente;[1] con respecto a la cualidad de luz de arco iris de la experiencia visionaria. 'Sonoridad esencial' tiene que ver con la voz,[2] o la energía de la persona; en cuanto a la cualidad resonante eufónica de la experiencia visionaria. 'Sensualidad no-dual' tiene que ver con el cuerpo,[3] o la sensación física; con respecto a la cualidad vital de textura sensorial/extra-sensorial de la experiencia visionaria.[4]

---

1 *Thug* en tibetano; *citta* en sánscrito.
2 *Sung* en tibetano; *waka* en sánscrito.
3 *Ku* en tibetano; *kaya* en sánscrito.
4 'Mente', 'voz', y 'cuerpo' son términos muy utilizados en el Tantra Tibetano, y hay muchas prácticas que implican la utilización de la visualización, mantra y posturas físicas. Hay diferentes sistemas para asignar ubicaciones físicas a estas cualidades. El sistema más comúnmente conocido sitúa al 'cuerpo' al nivel de la frente; la 'voz' en la garganta; y la 'mente' en el corazón. El corazón y la garganta se invierten en ocasiones de acuerdo a revelaciones gTér.

Iniciación

El Lama es el corazón de las tres raíces del Tantra:[5] Lama, yidam y pawo/khandro. El Lama es la raíz de la sabiduría; el yidam es la raíz del poder; y el pawo/khandro es la raíz de la inspiración.[6]

La sabiduría tiene dos aspectos que concuerdan con la forma de su descubrimiento o nacimiento, y se conocen como *yeshé* y *shérab*.[7] La sabiduría con la que podemos relacionarnos más fácilmente es shérab, que significa conocimiento. Este es el conocimiento que podemos adquirir a través del aprendizaje; el estudio y la práctica. Este conocimiento se acumula, aumenta con la perseverancia y es de naturaleza modular. Cuanto más inmersos estamos en la enseñanza y la práctica, más se desarrolla la cualidad de shérab. Después está la sabiduría o el conocimiento mismo. Esta sabiduría auto-existente se conoce como yeshé. 'Ye' significa primordial. 'Shé' (que es la misma 'shé' de 'shérab') significa conocimiento. Así pues; 'yeshé' significa conocimiento primordial, no-originado o sin principio. Todos tenemos este conocimiento y siempre ha existido en nosotros – inseparable de la naturaleza misma de nuestro ser. Yeshé sólo puede ser descubierta o revelada, como existente – de modo intrínseco a lo que somos. No puede ser adquirida en fragmentos – ni se puede acceder a ella a través del intelecto, por mucho que lo intentemos.

En lo que respecta a shérab, el Lama facilita el acceso a amplios e interpenetrantes campos de información y destreza – 'insight' (perspicacia/comprensión) y método.[8] En este papel, el Lama es una inmensa fuente de conocimiento; y cuanto más trabajamos con él o ella, más aprendemos y llegamos a entendernos a nosotros mismos. En cuanto a yeshé, el Lama tiene una cualidad reflectante. La palabra 'Lama' tiene el mismo significado que yeshé cuando se refiere a la naturaleza iluminada sin principio del individuo. Se puede hablar del Lama externo y el Lama interno.

5 *Tsa-sum* en tibetano.
6 *Guru* (Lama), *deva* (yidam) y *daka/dakini* (pawo/khandro) en sánscrito.
7 *Prajna* en sánscrito.
8 *Thab* en tibetano.

El Lama externo es el maestro; la persona que imparte la enseñanza. Pero el Lama interno es tu propia Mente-de-sabiduría sin principio. La palabra 'Lama' se refiere tanto al maestro externo como al interno, por la importancia de esa cualidad reflectante. El Lama externo refleja la naturaleza iluminada de sus estudiantes. El Lama es el espejo de sabiduría[9] en el que tenemos la oportunidad de ver nuestra propia iluminación. El papel del Lama es el de ser un espejo en el que los estudiantes pueden vislumbrar su propia condición realizada. En este sentido el Lama es un espejo interactivo, que refleja tanto nuestra condición liberada como nuestra energía distraída. Nuestra condición neurótica queda reflejada de una manera que nos ayuda a tener una comprensión sobre la estructura de nuestra confusión. De tal modo que en nuestra relación con el Lama experimentamos los dos aspectos yeshé y shérab.

El yidam es el Lama manifestándose en una forma visionaria; como método de la práctica. A través de la iniciación, el Lama nos muestra cómo ver la esfera espectral de la visión; cómo entonar la voz de la visión; y cómo estimular la esfera sensorial de la visión. La iniciación es el medio por el que somos introducidos a la verdadera práctica del yidam. Al experimentar la iniciación entramos en comunicación directa con la esfera de la energía; la dimensión de nuestra experiencia en la que los horizontes de la posibilidad humana son infinitos. El yidam es la raíz del poder, porque al practicarlo liberamos una tremenda energía.

Nos damos cuenta de que no estamos confinados a una imagen agobiante y codificada de nosotros mismos – en la dimensión del yidam somos libres para ser ilimitados y para tener capacidades ilimitadas. Podemos descubrir que no somos quien pensamos ser: que no somos víctimas de las circunstancias; de los acontecimientos de la infancia; ni de ninguna formulación condicionada de antemano.

9 *Yeshé mé-long* en tibetano.

Mientras somos el yidam; y nos experimentamos a nosotros mismos dentro del khil-khor del yidam – no somos víctimas de nada ni de nadie.

El pawo/khandro es el Lama manifestándose como las circunstancias del sendero, que son los detalles cotidianos de nuestras vidas; en todo sentido imaginable e inimaginable. La idea de experimentar cada faceta de nuestra existencia como la actividad del Lama, es lo que infunde inspiración a nuestra práctica. Si contemplamos todas las situaciones como oportunidades para conectar con la capacidad del Lama para mostrarnos nuestra iluminación y los patrones de nuestra no-iluminación, entonces todo lo que hacemos se vuelve inspirador. Cada aspecto de nuestra existencia es avivado por la presencia del Lama. Otro aspecto del pawo/khandro que concierne a vivir la perspectiva, es que los practicantes masculinos y femeninos ven el mundo fenoménico como la danza de pawo o la danza de khandro respectivamente. Esto significa que las mujeres ven el mundo fenoménico como masculino – pawo, o manifestación de método; y los hombres ven el mundo como femenino – khandro, o manifestación de sabiduría. De este modo podemos potenciar la experiencia de nuestras cualidades internas masculina y femenina. Hombres y mujeres tienen cualidades internas y externas que son el reverso unas de otras. En la condición dualista perdemos la conexión con estas cualidades internas. La práctica del pawo/khandro, como fuente de inspiración, nos permite experimentarnos de nuevo a nosotros mismos a través del tejido completo de nuestra existencia. Somos introducidos a este mundo en la iniciación.[10]

Hay muchos niveles diferentes de iniciación dentro de los vehículos Tántricos, y para describirlos se necesitaría un libro exclusivamente dedicado a esa tarea.

---

10 *Wang* en tibetano. También conocido como 'empoderamiento'.

Para lograr cierta comprensión del aspecto más esencial de vestir el cuerpo de las visiones, miraremos sólo a las cuatro iniciaciones de los Tantras internos.[11] Estas iniciaciones del Tantra interno abarcan: el *bum wang* o iniciación de vasija; y el *wang gongma sum* o las tres iniciaciones de la Mente esencial. El *wang gongma sum* consta de: el *sang Wang* o iniciación secreta; el *shérab yeshé kyi Wang* o iniciación del conocimiento/sabiduría; y finalmente el *tsig wang* o iniciación de palabra.

La iniciación de vasija

El bum wang, o iniciación de vasija, se recibe del Lama manifestándose como trül-ku. Para esto es necesario que el Lama disuelva su experiencia de la existencia relativa en la vacuidad. Desde esta experiencia de la vacuidad, el Lama surge como el yidam, y da la iniciación de la vasija *como* yidam. Cuando los estudiantes reciben esta iniciación tienen que estar en un estado de apertura. Es necesario que tengan algún conocimiento de la forma de la deidad o yidam, y estar experiencialmente listos para ver al Lama en esa forma. Con suficiente experiencia en la práctica, o suficiente devoción, debería existir cierto sentido de parpadeo; en el que la apariencia del Lama deja de ser totalmente sólida.

La iniciación de vasija es una purificación de la visión neurótica, que al recibirla tenemos la oportunidad de relajar nuestro sentido ordinario de la realidad y entrar en la realidad del Lama.

---

11 *Wang-zhi* en tibetano. Los niveles del Tantra externo están designados de la siguiente manera: Kriya Tantra que consta de tres iniciaciones: el *bum-pa'i wang* o iniciación de vasija; el *chö-pen gyi wang* o iniciación de corona; y el *ming gyi wang* o iniciación del nombre. El Upa o Carya Tantra se compone de las tres iniciaciones del Kriya Tantra, con la adición de: el *dorje wang*, o la iniciación del rayo (indestructibilidad); y el *drilbu wang*, o iniciación de la campana. El Yoga Tantra abarca las iniciaciones de los Kriya y Upa Tantras con la adición del *dorje lopön wang* o iniciación del maestro vajra.

En la ceremonia de iniciación el Lama proyecta su identidad como yidam en la forma externa de la vasija;[12] y entra en la auto-experiencia de ser la esfera de cualidad de la que ha emergido el yidam. El Lama sitúa entonces la vasija en la corona del estudiante; en ese punto el estudiante puede experimentar al yidam fundiéndose en su cuerpo. El agua de la vasija es vertida sobre la palma de la mano del estudiante que bebe de ella. Este es el signo externo que acompaña a la experiencia interna de la disolución de los patrones de confusión. El estudiante siente cómo esta agua llena su cuerpo hasta emerger de la parte superior de la cabeza en forma de la quíntuple corona de las deidades pacíficas, gozosas y coléricas.[13] Al recibir esta iniciación establecemos las bases para la realización al nivel de trül-ku; la esfera de manifestación realizada. Esto confiere la habilidad para generar la forma de la deidad en cuanto a la práctica del emerger externo. 'Emerger externo' significa la visualización del yidam como campo externo de experiencia.

La iniciación secreta

El sang wang, o iniciación secreta, se recibe del Lama que está irradiando su realización desde la esfera de cualidad de long-ku. En esta iniciación el Lama entra en la dimensión de la indivisibilidad de las cualidades internas y externas. Esta es la experiencia de la unificación de los principios masculino y femenino en los que el Lama se manifiesta internamente como deidad yab-yum.[14]

12 La vasija (*bum-pa* en tibetano) podría ser llamada tetera; ya que tiene pico. También tiene una apertura en la parte superior en la que hay insertado un largo y estrecho cono metálico. En el cono va un ramo de plumas de pavo real que representan el aspecto Tántrico de la transformación (se dice que el pavo real puede beber el veneno y transformarlo en belleza). El bum-pa habitualme contiene agua de azafrán o agua limpia, y beberla es símbolo de purificación. El bum-pa es con frecuencia adornado con vivos brocados que simbolizan la naturaleza luminosa de la deidad

13 Las deidades pacíficas llevan coronas de cinco joyas. Las deidades coléricas llevan coronas de cinco calaveras llameantes. Las deidades gozosas llevan o bien calaveras o joyas dependiendo de la naturaleza de su manifestación.

14 *Yab-yum* significa 'padre-madre'; y es un símbolo de la unión de la forma

En ese punto, el Lama toca al estudiante en la cabeza, garganta y corazón con una imagen de la deidad de la que está dando la iniciación. (Algunas veces el Lama sujeta un teng'gar al nivel de su garganta en este punto. Cuando esto ocurre, pueden experimentarse corrientes de luz que emanan del teng'ar e inundan el centro de la garganta del estudiante.)

Esto confiere la habilidad para entrar en la práctica de emerger uno mismo en la forma del yidam, y también en la práctica de los canales espaciales, aires espaciales, y esencias espaciales.[15] 'Auto-emerger' se refiere a la práctica de disolver la experiencia del yo en la vacuidad, y entrar espontáneamente en la forma visionaria. Al recibir esta iniciación establecemos las bases para la realización al nivel de long-ku; la esfera de apariencia intangible.

La iniciación de conocimiento/sabiduría

El shérab yeshé kyi wan, o iniciación del conocimiento/sabiduría, se recibe del Lama que entra en la dimensión experiencial en la que la comprensión absoluta y relativa de la realidad son indivisibles. El Lama entra en la dimensión espacial del yidam y da la iniciación al nivel de chö-ku. En este punto el Lama sitúa a veces un vajra en el centro de su corazón; y toca a cada estudiante en la cabeza, garganta y corazón con el vajra, o con algún objeto que simbolice la vacuidad. En ese momento los estudiantes entran en la visualización de sí mismos como deidades yab-yum, generada dentro del espacio experiencial de la presencia del Lama. Con esta iniciación la experiencia de vacuidad extática puede inundar el contexto perceptual, y es posible que los estudiantes establezcan un poderoso reconocimiento del estado de iluminación.

(masculino) y la vacuidad (femenino).
15 En tibetano los canales espaciales, aires espaciales y esencias espaciales se conocen como *tsa*, (rLung) y *thig-lé*. En sánscrito son llamados *nadi*, *prana* y *bindu*.

Al recibir esta iniciación establecemos las bases para la realización al nivel de chö-ku; la esfera de potencialidad no-condicionada.

La iniciación de palabra

El tsig wang, o iniciación de palabra, se recibe del Lama que entra en la experiencia de la unidad de las tres esferas del ser. Desde este estado de realización plenamente manifestada, el Lama sostiene en alto un cristal de varias caras como símbolo de la naturaleza no dividida de las tres esferas del ser. Al igual que un cristal y sus luces internas y externas no están divididos; las tres esferas del ser tampoco están divididas. El Lama mira fijamente al cristal y los estudiantes también concentran su mirada sobre el cristal. En ese momento el Lama puede hacer una indicación muy críptica y poética sobre la naturaleza de la Mente; o proyectar verbalmente una sílaba mántrica que explosiona el contexto perceptual dualístico de los estudiantes. Entonces el Lama y los estudiantes se sientan juntos en silencio durante un tiempo, después del cual la iniciación es llevada a término de acuerdo al estilo individual del Lama. Al recibir esta iniciación establecemos las bases para la realización al nivel de ngo-wo-ku; la esfera de la totalidad.

Recibir iniciación es ser alcanzado por un rayo de la manera más suave posible. Ser incinerado por una bondad abrasadora, y reducido a nada más que lo que verdaderamente eres. Quedar espontáneamente inmerso en un llameante mundo de juegos de luz por fracciones de segundo; o por una eternidad. Ser ferozmente, y sin embargo delicada y tiernamente, desgarrado y abierto al nivel de la energía. Ser destripado como un pez, restaurado con un corazón de diamante, y puesto a nadar en la corriente clara del linaje. Quedar perceptualmente desmembrado, y cosido de nuevo con los fabulosos hilos del compromiso. Despertar, ligeramente sobresaltado, en un vívido instante en el tiempo.

Descubrir que has estado dormido; y que repentinamente eres más viejo que la tierra, y más joven de lo que puedes recordar.

Recibir iniciación es encontrarte con el Lama cara a cara, y experimentar el contacto de las Mentes – como nieve cayendo sobre el mar, sin reconocer distinción o división. Las iniciaciones son ocasiones muy especiales, y es importante prepararse para ellas con suficiente práctica personal. Pero es también importante recordar que cada momento en presencia del Lama, tiene el potencial para que se produzca la transmisión. La palabra 'transmisión' está relacionada con el aspecto esencial de la iniciación. En los sistemas Tántricos la transmisión es posible de acuerdo a diferentes aspectos externos; pero en cuanto al método que hemos estado explorando, la transmisión puede experimentarse a través de tres modos de comunicación; que son el *wang*, *lung* y *tri*, y que habitualmente se apoyan entre sí.

Wang es la transmisión a través de la iniciación y es de naturaleza simbólica. El Lama viste por lo general ropas especiales para iniciaciones, que se reservan para estas ocasiones. Hay una gran variedad de sombreros simbólicos y utensilios para rituales, de entre los cuales el Lama puede elegir para utilizar en la representación del wang. Hay preparativos más o menos elaborados dependiendo de las circunstancias, pero hay algo que es siempre patente: la cualidad extraordinaria de la existencia es evocada con gran fuerza. Cuando asistes a una iniciación, siempre hay una sensación de intemporalidad y de entrar en una atmósfera que te sitúa al borde de la esfera visionaria. En la celebración de un wang se hace énfasis en la utilización de la expresión artística más rica posible, para superar las estructuras referenciales de la realidad ordinaria.

El lung es la transmisión a través de escuchar la voz del Lama. Este aspecto de la transmisión implica normalmente el escuchar el mantra o las palabras de un texto particular.

El lung autoriza a cantar o recitar el mantra o el texto en cuestión. El lung se da también para el estudio de un texto particular; como medio para potenciar su significado, al unirlo con la Mente del Lama al nivel de la energía. Tri es la transmisión por medio de la explicación de la práctica que recibimos del Lama. Cuando el estudiante ha recibido el wang y el lung, se le da el tri para que sepa exactamente cómo proceder con las prácticas que acompañan a la visualización del yidam. Cuando el lung y el tri son transmitidos como parte del wang, participan del estilo simbólico formal del wang. Pero debería quedar entendido que el lung y el tri no tienen que ser necesariamente presentados en un estilo formal. El Lama podría dar el lung para un mantra de manera informal; y sin duda el tri se puede dar de un modo muy informal.

Por esta razón es importante considerar las palabras del Lama como una experiencia continua de lung y de tri; o al menos recordar que es una oportunidad increíblemente preciosa y vital. Podemos recibir transmisión del Lama en cualquier momento; sólo necesitamos estar abiertos. Estar abierto a la transmisión en cada momento es una de las prácticas más vitales que podemos realizar. Cualquier cosa que sucede en presencia del Lama puede convertirse en un vehículo de transmisión. Se puede experimentar la transmisión a través de una mirada o un gesto. Un chiste o un comentario ordinario que no parezca tener relación alguna con las enseñanzas, puede ser también un medio para la transmisión. A menudo Chhi-'mèd Rig'dzin Rinpoche se pasaba horas discutiendo sobre temas que no tenían una relación aparente con en Tantra.

Los que interrumpían el curso de lo que estaba aconteciendo con alguna pregunta específica sobre el Tantra, se perdían el verdadero poder que supone estar con un gran Lama como él. Pronto descubrí que era mucho más interesante dejar que Chhi-'mèd Rig'dzin Rinpoche dirigiera el curso de la conversación, que hacer preguntas deliberadas para conseguir información.

Vistiendo el Cuerpo de las Visiones

Chhi-'mèd Rig'dzin Rinpoche pregunta a la gente con frecuencia sobre la razón por la que quieren saber lo que están preguntando, y lo que desean hacer con esa información. Le he visto en muchas ocasiones despachar sin rodeos a gente que se siente fascinada por detalles esotéricos infinitesimales.

Creaba situaciones interpersonales como medio para ayudar a la gente a vivir experiencias cruciales. Nunca se podía predecir cuándo iba a hacer algo así; ni se sabía si algo estaba a punto de ocurrir, hasta que estaba ya en pleno apogeo. Con frecuencia las situaciones implicaban alguna clase de intensidad o puro esfuerzo físico. Recuerdo una ocasión en la que Chhi-'mèd Rig'dzin Rinpoche estaba hospedado en mi casa de Cardiff, Gales. Varios de mis estudiantes vinieron a quedarse en casa para ayudar y pasar algún tiempo con él. Sin más tardar se pusieron en marcha todo tipo de proyectos: fotocopiado de textos; insertado de dibujos lineales que tenían que ser adaptados; corregir varias secciones de un texto; y la confección de varios artículos de vestuario para ritual Tántrico. Disponíamos de un tiempo limitado y era muy difícil concluir las labores a tiempo, seguían sumándose nuevos proyectos mientras los iniciales aumentaban en complejidad. Todo el mundo acabó trabajando más duro y por más tiempo de lo que podían haber imaginado. Los que se hospedaban allí apenas durmieron, pero a pesar de ello parecían estar llenos de energía. Chhi-'mèd Rig'dzin Rinpoche lo estimulaba y animaba todo con su presencia, fue algo extraordinario. Había un ligero ambiente de locura en el que los estudiantes corrían de un lado para otro para llevar a cabo sus proyectos. A menudo Rinpoche se sentaba y se ponía a hablar con cualquiera que estuviera por allí. Las cosas que dijo a la gente durante aquel tiempo han permanecido presentes en su memoria.

Chhi-'mèd Rig'dzin Rinpoche organizaba con frecuencia el caos para desorientar a la gente lo suficiente como para que pudieran escuchar alguna poderosa enseñanza, que de otro modo sería tan sutil que podría pasar desapercibida.

Hay una historia maravillosa sobre Patrül Rinpoche, un Lama que vivió a finales de siglo, que narra el modo en el que recibió la introducción directa a la naturaleza de la Mente. Esta poderosa transmisión le fue dada de una manera muy inusual por Khyentsé Yeshé Dorje; un famoso y ciertamente fabuloso excéntrico-de-sabiduría. Patrül Rinpoche estaba un día sentado en la *gompa* (monasterio) cuando de pronto oyó que alguien gritaba su nombre desde el exterior. Era Khyentsé Yeshé Dorje que gritaba: "¡Si no tienes miedo ven aquí y te daré la transmisión!" Patrül Rinpoche salió a ver al asombroso y escandaloso Lama, que de inmediato le arrojó al suelo y comenzó a arrastrarle sujetándole por los pelos. Fue entonces; cuando bajo esas extraordinarias circunstancias, Patrül Rinpoche captó un leve olor a alcohol en el aliento de Khyentsé Yeshé Dorje. Al instante de percibirlo, pensó: 'Ah, este es el problema con el alcohol, sobre lo que el propio Buda habló. ¡Incluso un gran yogui como Khyentsé Yeshé Dorje puede ser víctima de sus efectos!' Tan pronto como este pensamiento cruzó su mente, Khyentsé Yeshé Dorje le soltó, y exclamó a voz en grito: "¡Cómo ha podido entrar ese pensamiento en tu mente, viejo perro asqueroso!" Con estas palabras escupió a Patrül Rinpoche blandiendo su dedo meñique en su cara (un gesto bastante insultante), y se alejó dejándolo tumbado en el suelo.

Patrül Rinpoche no se levantó, sino que permaneció exactamente donde Khyentsé Yeshé Dorje le había dejado. En ese momento reconoció la transmisión que había recibido y comprendió la naturaleza de la Mente.

De ahí en adelante, cada vez que hablaba de ese increíble incidente, decía: "… y el nombre secreto que recibí de Khyentsé Yeshé Dorje en aquella ocasión es Viejo Perro Asqueroso." Esta es una historia extraordinaria que nos ayuda a comprender la actitud que se requiere para que la transmisión sea posible. Es interesante observar que Patrül Rinpoche era aún capaz de dudar en el momento que olió a alcohol en el aliento de Khyentsé Yeshé Dorje. Es interesante desde el punto de vista en el que la ambivalencia es nuestra constante compañía hasta que dejamos de percibir de un modo dualista. La confianza y la duda juguetean continuamente mientras existe la dualidad – incluso para los más grandes practicantes. Por esta razón es tan importante relacionarse con la ambivalencia como campo practicable. En lo que respecta a la iniciación, el Tantra se expresa en un 'lenguaje crepuscular' – un lenguaje que establece un puente entre lo conocido y lo desconocido. Es poético de la misma manera que el ritual Tántrico es artístico. Todos los campos sensoriales se utilizan como métodos de comunicación; así que una iniciación es forzosamente un espectáculo – un evento que tiene considerables cualidades teatrales. La iniciación es una comunicación a todos los niveles de nuestra experiencia, y por ello necesitamos estar presentes y despiertos – totalmente inmersos en la atmósfera dinámica de lo que está aconteciendo. Es necesario que no tengamos ninguna expectativa aparte de una gloriosa sensación de inmanencia.

Comentario de preguntas y respuestas

Pregunta: Rinpoche, dijo usted que una iniciación era como un bardo. No sé si entiendo lo que eso significa con respecto al *Libro Tibetano de los Muertos*.

Rinpoche: 'Bar' significa 'entre'. 'Do' significa algo así como 'lanzado' o quizás 'suspendido'. Conlleva también la idea de una isla o una roca en medio de una corriente. El bardo se asocia por lo general con el texto llamado *Bardo Thödröl Chenmo*. 'Thö' significa 'escuchar', 'dröl' significa 'liberación' y 'chenmo' significa 'gran'. Así pues, *Bardo Thödröl Chenmo*, significa: *La Gran Liberación a Través de Escuchar en el Bardo*. La mayoría de la gente relaciona la palabra 'bardo' con la fase intermedia entre dos vidas, porque en occidente este libro se conoce como *El Libro Tibetano de los Muertos*. Sería más acertado llamarlo *El Libro Tibetano del Nacimiento y la Muerte*. En occidente emparejamos las palabras 'vida' y 'muerte'; pero en el contexto del Budismo, la 'vida' incluye el nacimiento y la muerte. Bardo significa mucho más que el estado intermedio entre la muerte y el nacimiento. Se refiere también al espacio experiencial entre el nacimiento y la muerte; entre dormirse y despertar; y el bardo dentro del estado de sueño llamado bardo de los sueños. Después está el bardo del estado de vigilia y el bardo de la meditación. En última instancia cada momento – mental es un bardo. Bardo es lo que experimentamos cuando una experiencia se ha disuelto y la siguiente no ha surgido aún…. el bardo de la no-referencialidad. En este contexto, un wang o transmisión Tántrica, es un bardo de símbolo – un espacio en el que la 'realidad ordinaria' queda suspendida, y somos impulsados hacia el vórtice de la esfera de la energía. Si estamos abiertos y presentes durante la iniciación… quizás podemos experimentar que estamos en una isla – una isla que tiene la cualidad de nuestra naturaleza vacía que es indestructible como una roca.

Desde esta perspectiva podríamos ver el resto de la experiencia de nuestra vida como un enfurecido torrente de confusión. De este modo una transmisión Tántrica es un bardo – una fase intermedia entre la 'realidad ordinaria' de *entonces* y la 'realidad ordinaria' de *después*. Si estamos suficientemente abiertos para experimentar este bardo de una manera total, puede que la 'realidad ordinaria' de 'después' resulte no ser tan ordinaria.

P: Cuando dice usted que yeshé, la sabiduría primordial, no puede ser adquirida en fragmentos, ¿quiere decir que o bien estamos en contacto con ella o no – que no hay término medio? ¿O que no puede ser adquirida de ningún modo; porque está ahí y no puedes adquirir lo que ya tienes? Parece haber algo aquí que me confunde…

R: Si, pero no sé por qué. Parece que ya tienes la respuesta.

P: ¿Cuál debería ser la actitud después de recibir una iniciación? Me han dicho que cuando tomas refugio con un Lama, él o ella se convierten en tu Guru Raíz; y entonces perteneces a una escuela particular. ¿Qué ocurre si recibes una iniciación de un Lama de otra escuela?

R: Para empezar, tomar refugio en las tres joyas y las tres raíces, *könchog-sum y tsa-sum*, no constituye ningún compromiso a una escuela o a un Lama en particular. Este es el caso especialmente con *sang-gyé, chö y gendün* – Buda, dharma y sangha. El Buda al que se refiere es fundamentalmente tu propia naturaleza iluminada sin principio – el estado de budeidad. Puede referirse también al Buda Sakyamuni, o a Padmasambhava y Yeshé Tsogyel. En ambos casos se refiere al estado primordial o al Buda que personifica la realización de ese estado.

No conlleva la idea de una escuela o un linaje particular, ninguna escuela posee la franquicia del Buda Sakyamuni o del estado primordial.

El chö o dharma se aplica a todas las enseñanzas y prácticas que emanan de la realización del estado primordial. Las enseñanzas del Buda Sakyamuni son la herencia de todas las escuelas. Padmasambhava y Yeshé Tsogyel son el padre y la madre del Budismo en el Tíbet; y por lo tanto también de todas las escuelas del Tíbet. Gendün o sangha es la comunidad de practicantes del chö. En la ceremonia de toma de refugio no se menciona ningún linaje particular del chö, de modo que tomas refugio en el Budismo – te conviertes en Budista, no en un particular tipo de Budista. Si fueras a tomar refugio en una escuela tendrías que decir '*Nyingma la kyab su ché*' (risas). Jamás he visto eso escrito en ninguna parte. Es cierto que en el Tíbet ha habido siempre el refugio cuádruple en el Lama, Buda, dharma y sangha, pero a nadie se le pide recitar '*Nyingma Lama kyab su ché*'. La palabra 'Lama' es simplemente el reconocimiento de un ser humano que personifica la posibilidad de la iluminación. Si tomas refugio en las tres raíces, lo haces naturalmente en el Tantra, pero aun así; no se hace mención a un particular linaje del Tantra.

P: ¿No hay una profunda conexión con el Lama que te da refugio?

R: Sí.

P: ¿Qué importancia tiene eso en lo que respecta a tu relación con ese Lama?

R: Significa que él o ella es tu Lama refugio, o *uno* de tus Lamas refugio. Alguna gente se imagina que sólo puedes tener un Lama refugio, o que sólo puedes tomar refugio una vez. Esta es una enorme equivocación. Puedes tomar refugio muchas veces con muchos Lamas diferentes, esto es muy importante. Creo que es muy valioso tomar refugio tan a menudo como puedas para renovar continuamente tu compromiso a la práctica – en especial si lo haces con Lamas de diferentes escuelas.

Yo he tomado refugio y recibido iniciaciones de Lamas de todas las escuelas del Budismo Tibetano. Esto es algo que he buscado activamente.

P: ¿Por qué?

R: Porque hace imposible que seas sectario. Si has tomado refugio con Lamas de todas las escuelas y tienes una conexión vajra con Lamas de todas las escuelas al haber recibido iniciación; cualquier visión sectaria supone una ruptura de tus votos Tántricos. Así que no hay ningún problema en recibir iniciación de Lamas de diferentes escuelas.

P: ¿Pero no podría eso crear cierta confusión?

R: Si, eso es siempre posible. Pero es importante tener una visión amplia de las enseñanzas, no puedes meter la cabeza bajo tierra para evitar la confusión. Para evitar la confusión hay que entender con claridad la naturaleza de las enseñanzas. Teniendo presente que hay diferentes vehículos y estilos en las escuelas, y que cada uno de ellos tiene sus propios principios operativos, evitaremos que haya confusión cuando nos encontremos con contradicciones. De este modo no será posible que desarrollemos una visión sectaria. Todas las escuelas son vehículos extraordinariamente apropiados para la liberación de los seres, y en lo que de verdad importa todas tienen la misma esencia. Es la ignorancia, entre otras cosas, la que alimenta la intolerancia.

P: ¿No causaría confusión tener demasiadas clases diferentes de práctica?

R: Si, puede ser – en especial si no se entiende el principio de esas prácticas. Si comprendes el principio de las prácticas que has recibido de distintos Lamas, entonces puedes aplicarlas en tu vida.

P: ¿Qué sucede cuando has adquirido compromisos para hacer ciertas prácticas Tántricas, y te encuentras con que es demasiado para ti? ¿Cómo sabes lo que tienes que practicar cuando no tienes suficiente tiempo en tu vida cotidiana para recitar los mantras a los que te has comprometido? ¿Si las circunstancias de tu vida han cambiado?

R: Es entonces cuando es esencial tener un Maestro Raíz, o Tsa-wa'i Lama. La relación con el Tsa-wa'i Lama es de una importancia primordial, porque al mantener tu damtsig con él o ella, mantienes todos los demás votos y promesas. Sin un Tsa-wa'i Lama tendrías que mantener cada compromiso Tántrico que hubieras adquirido, y no habría modo de que pudieras elegir qué compromisos romper y cuáles no. Es sólo al establecer una relación con el Tsa-wa'i Lama cuando perteneces a una escuela.

P: ¿Cómo sabes cuándo has encontrado a tu Tsa-wa'i Lama?

R: El Tsa-wa'i Lama es quien hace que las cosas cobren sentido para ti. Él o ella se comunica verdaderamente contigo, y te entiende de un modo muy profundo. Es la persona que te muestra la naturaleza de tu propia Mente. ¡Y es también quien *te* reconoce!

P: ¿Entonces un Lama podría decirte que él o ella es tu Maestro Raíz?

R: Si, eso es posible. Pero no creo que suceda muy a menudo. Es mejor que el estudiante se acerque al Lama para solicitar ser aceptado como discípulo y entrar en la relación vajra. Decir a una persona que está ya en el compromiso vajra es algo muy poderoso…. Un Lama como Chhi-'mèd Rig'dzin Rinpoche podría hacer eso. Dudjom Rinpoche, o Dilgo Khyentsé Rinpoche podrían haber hecho eso; pero jamás he oído que lo hicieran, sería extraño.

P: ¿Por qué sería tan extraño?

R: Porque denegaría la responsabilidad del estudiante de llegar a ese punto por sí mismo. El estudiante tendría que tener una conexión kármica muy fuerte con el Lama en cuestión. Tendrían que ser capaces de traspasar los límites de un gran número de barreras. Necesitarían tener una relación muy cercana en la que el Lama estuviera disponible ofreciendo todo su apoyo… de otro modo me imagino que podrían presentarse ciertos problemas…

P: ¿Como por ejemplo que el estudiante cambie de idea y quiera dejar la relación vajra?

R: Ummm… sí. Eso es lo que tenía en mente. Pero como ya dije antes, no he oído que sucediera jamás.

P: Me gustaría preguntar algo respecto al Lama manifestándose como las circunstancias de la vida del estudiante. No sé cómo interpretarlo. ¿Significa que todo te recuerda a tu Lama, que le tienes presente en todo momento?

R: Bueno, ese es un aspecto de lo que significa, pero va más allá de eso. Tienes que experimentar a tu Lama como *el verdadero tejido de tu experiencia*. El sentimiento hacia tu Lama tiene que impregnar cada átomo de la existencia.

P: ¿De modo que tienes que experimentarlo todo como si estuvieras en presencia de tu maestro?

R: No. Tienes que experimentarlo todo *en* presencia de tu Lama – no hay 'como si' en esto. Y no es simplemente 'en presencia' – cada situación *es* tu Lama. Tu Lama *es* sin lugar a dudas la situación misma. Si puedes experimentar eso, cada situación estará imbuida de una tremenda vitalidad espiritual. ¡Todo se vuelve totalmente vivo de significado, con la estimulante fuerza de una presencia feroz! Cada momento es exactamente lo que es – vacuidad e infinita manifestación.

P: ¿Pero qué hay de la proyección? ¿No podría describirse esto como proyección? Para mi parece lo mismo. ¿Podría usted describir las diferencias que tiene?

R: Me alegra que hagas esta pregunta, es muy pertinente. Hay varios asuntos de gran importancia que sería muy útil abordar en este asunto. ¿Cuándo algo es una proyección; y cuándo es 'visión pura' o 'visión sagrada'? Si ver al Lama como las circunstancias del sendero es algo que tienes que forzar o fabricar artificialmente; entonces es en cierta medida una proyección. Podrías llamarla proyección útil. Si se produce como consecuencia del encaprichamiento con el Lama, considerándolo algo así como un super-padre-madre-salvador-amante-doctor-terapeuta-psiquiatra-dentista… entonces es otro tanto de lo mismo – simplemente una proyección.

Esta actitud fracasa siempre porque no se puede sostener, se viene abajo cuando la vida se vuelve dolorosa. Sólo podemos sobrellevar el hecho de ver al Lama como las circunstancias del sendero cuando todo es de color de rosa. Tratando de forzar este modo de ver para hacerlo realidad, tampoco se consigue nada – sencillamente no hay suficiente energía. La energía personal que se requiere para experimentar al Lama en la textura de la realidad en cada momento, sólo es posible cuando hay una devoción real. Esta devoción sólo puede surgir a través de la práctica. La experiencia de la práctica es lo que te da la confianza de que el Lama te *conoce*. Si sientes que el Lama te conoce, a cierto nivel no puedes separarte de esa experiencia cuando no estás en su compañía. Llevas esa sensación contigo. Este sentimiento de que te conocen tiene una cualidad comunicativa, que es estimulada por la naturaleza de la realidad. El Lama ha unificado su experiencia con la naturaleza de la realidad, y es por lo tanto muy natural que empieces a experimentar al Lama como las circunstancias del sendero.

Fundamentalmente esto significa que todo se convierte en un reflejo de las enseñanzas y empiezas a experimentar la esfera de cualidad del despliegue de la personalidad del Lama.

P1: Dijo usted una vez que agradecía a Dudjom Rinpoche cuando se presentaban circunstancias negativas. ¿Cómo encaja eso con lo que acaba usted de decir? Hacer eso parece algo muy personal y deliberado; pero me parecería artificial – a no ser que pensara que mi maestro hubiera dispuesto la situación para mí. Sólo estoy tratando de ver esto desde el punto de vista que usted mencionó anteriormente, cuando dijo que era un error ver al maestro como alguien que es de algún modo omnisciente u omnipotente…

R: Ya veo; al final me han pillado (risas). Si, estás en lo cierto; al menos en cuanto a que es muy personal, pero no es deliberado. No debería convertirse en un hábito. El momento de agradecer a tu maestro por alguna condición adversa es cuando esa situación te muestra la naturaleza de la Mente o la naturaleza de tu confusión. Eso te recordará a tu Lama de un modo muy natural. Es lo que me recuerda a Dudjom Rinpoche; especialmente cuando me encuentro en situaciones complejas. Conozco su visión sobre tales situaciones. Sé que él está intransigentemente presente en cada situación; y sé que cuando las circunstancias se vuelven 'energéticas' en algún determinado aspecto; él está ahí. O podrías decir también que puede ser que esté ahí; pero a cierto nivel no hay ninguna diferencia. Si tienes una confianza nacida de la práctica, esta cuestión ni siquiera llega a formularse. Hay una historia sobre el Yogui Loco de Tsang. Cuenta que recitaba el mantra de Padmasambhava continuamente, porque quería ponerse en contacto con él. La fuerza de su devoción era tan extraordinaria que lo recitaba incluso cuando estaba dormido. Finalmente Padmasambhava comenzó a recitar el nombre del Yogui Loco de Tsang. El Yogui oía su nombre día y noche de un modo constante, y no podía huir de ello hiciera lo que hiciera.

Al final comprendió que Padmasambhava no era otro que su propia iluminación sin principio, y en ese momento la recitación de su nombre cesó. Y entonces...

P: ¿Y entonces?

R: Entonces volvió a su recitación del mantra de Padmasambhava.

P1: (Risas) No sé por qué, pero siento como que lo entiendo. ¿Podría usted... (interrupción)

P2: ¿Por qué debería volver a su recitación?

R: Porque en esencia nunca la había dejado. De ahí en adelante su palabra quedó unificada con la recitación. Cada sonido que pronunciaba se convertía en el mantra de Padmasambhava aunque no utilizara esas sílabas específicas. Pero también porque Padmasambhava está de verdad ahí para que cualquiera lo pueda experimentar.

P: ¿Quiere usted decir que es un ser que existe separadamente?

R: ¿Por qué no?

P: ... Bueno yo pensaba que él era una deidad meditacional, alguien en quien uno visualizaba que se convertía...

R: Si; eso también es verdad. Debes recordar que el Tantra es multidimensional. Tienes que perdonarme si parezco manifestar una actitud un tanto caballeresca respecto a los campos de la experiencia de la realidad que pueden coexistir. Padmasambhava fue el Buda que llevó el Tantra al Tíbet. Él existió en la historia. Para los Nyingmapas él existe en la actualidad. De acuerdo a los Nyingmapas, Padmasambhava no manifestó de modo alguno la muerte física, sencillamente dejó esta dimensión. Ahora existe en la dimensión que llamamos *zang-dog-pal-ri*, la montaña cobriza. Todo esto es un aspecto de la realidad visionaria.

P: ¿Estamos entonces hablando aquí de un nivel mítico?

R: ¿Mítico?

P: Una mitología de arquetipos…

R: Bueno; esa es una posibilidad. Pero no es eso de lo que estoy hablando – eso no es lo que hacen los tantrikas. Para empezar, debo decir con toda claridad que Padmasambhava no es un arquetipo – esa palabra no es en modo alguno aplicable en relación a Padmasambhava. El término 'mitología' sólo existe en nuestra visión occidental de la historia en la que hacemos una distinción entre 'historia' y 'mitología'. Decimos que la historia está basada en hechos, y el mito no… pero en última instancia no hay hechos que puedan ser hallados; todo depende de quién percibe el 'hecho'. La ciencia está desbaratando continuamente sus propios hallazgos en la búsqueda del hecho fundamental o último. Y habiendo sido el bastión de la objetividad, la ciencia ha llegado finalmente a la conclusión de que la objetividad no existe – esa objetividad es sólo una postura relativa que funciona dentro de ciertos parámetros.

La historia se reescribe continuamente de acuerdo al sentido de honestidad de cada época. Cada país escribe su propia historia en consonancia con lo que necesita sentir sobre sí mismo, y desde esa perspectiva todo se convierte en una forma de mitología. Sin duda; si observas las figuras de las guerras mundiales, encontrarás gente que se ha vuelto mítica. Las estrellas de rock se convierten en mitos, y también la persona de la que te enamoras. Así pues; veamos lo que es el mito, o mejor veamos lo que es la realidad visionaria. La realidad visionaria es lo que se manifiesta tanto interna como externamente de acuerdo al funcionamiento de la energía al nivel de long-ku. Esto es una definición, pero qué más puedo decir sobre ello… Podríamos relacionarlo con los sueños. Digamos por ejemplo que un gran yogui o yoguini tiene un sueño en el que aparece su Tsa-wa'i Lama que ha muerto.

En ese sueño recibe cierta información que está relacionada con algún aspecto de la vida de Padmasambhava del que previamente no se tenía constancia. Un gran número de discípulos de Padmasambhava ha tenido estos sueños de claridad[16] y visiones; y toda esta riqueza de material visionario ha entrado a formar parte de la biografía del gran Buda Tántrico. El único problema con esto se presenta cuando intentamos distinguir lo que es una revelación visionaria y lo que es información arqueológica.

En el Tíbet la historia visionaria y la historia concreta no estaban separadas, y es muy importante entender esto. Lo que parece necesario para la gente en occidente es la historia que se puede verificar materialmente; pero para los tantrikas lo que es significativo es lo que puede ser verificado al nivel de la experiencia interna. Depende en consecuencia de lo que consideramos que tiene valor. Si creemos que lo importante es el significado; que un suceso haya tenido lugar en el nivel de la visión o en el mundo de la realidad concreta tiene poca importancia. Si te aferras a la idea de que el 'hecho' relativo concreto es importante, tienes que distinguir siempre entre la historia relativa concreta y la historia visionaria. ¿Qué ocurre entonces? ¿Qué haces con este material dividido, al nivel de la práctica?

P: ¿Entonces no es importante que Padmasambhava haya existido o no en la historia relativa concreta?

R: No, no es importante. Pero él *sí* existió a ese nivel. Viajó al Tíbet y allí fundó las enseñanzas Tántricas, no hay ninguna duda histórica sobre eso.

---

16 Sueños de claridad son los sueños en los que los yoguis o yoguinis con suficiente capacidad son conscientes de que están soñando y reciben profundas revelaciones. De esta manera se pueden recibir enseñanzas que están fuera de la dimensión del tiempo relativo. A través de este medio un Lama podría recibir transmisión de algún gran maestro que ha vivido cientos de años atrás

Lo que ocurre es que su vida es demasiado vasta para ser contenida dentro de los parámetros de la escala convencional del tiempo. El significado de su vida es mucho más valioso para un practicante que el hecho de saber la altura o el peso que pudiera haber tenido. Los occidentales parecemos disfrutar de conocer los detalles de la vida de alguien. Es decir; el color de calcetines que le gustaba llevar; la fecha de su nacimiento; el nombre de sus padres y las notas que obtuvieron en la escuela; los lugares a los que viajaron durante su vida. La mayoría de estas cosas no son particularmente importantes en lo que respecta al significado de la vida de alguien. Lo que sería más significativo es el lugar al que viajaron en sus visiones y sueños de claridad.

Pero volviendo a lo que decía sobre la naturaleza multidimensional de la visión Tántrica; es útil recordar que podemos relacionarnos con Padmasambhava en términos de las tres esferas del ser: trül-ku, long-ku y chö-ku. En cuanto a trül-ku, la esfera de la manifestación realizada, Padmasambhava fue el segundo Buda; el Buda Tántrico que llevó la enseñanza del Vajrayana al Tíbet. Ésta fue la manifestación de Padmasambhava, que junto a la dakini iluminada Yeshé Tsogyel,[17] dejaron un legado de enseñanzas gTérma ocultas por todo el Tíbet.[18] De este modo, Padmasambhava en la esfera trül-ku es el origen del *sa gTér* – los textos y objetos físicos que son hallados por gTértönes. En cuanto a long-ku, la esfera de apariencia intangible, Padmasambhava es la forma visionaria que se manifiesta en las visiones y sueños de claridad de yoguis y yoguinis avanzados que tienen la capacidad de percibir a ese nivel de sutileza.

17 Yeshé Tsogyel fue el Buda femenino del Tíbet ; la consorte iluminada de Padmasambhava. Ella transcribió las enseñanzas y prácticas que impartió Padmasambhava para que fueran utilizadas en un tiempo futuro, y las selló en lugares específicos para que fueran halladas por gTértönes en siglos posteriores. Estos textos están escritos en clave dakini, y sólo pueden ser leídos por gTértönes.
18 Las enseñanzas gTérma en forma de textos y objetos de inspiración han existido también fuera del Tíbet en varios países occidentales en los que Lamas gTértönes las han descubierto en tiempos muy recientes.

En esta esfera, Padmasambhava es el origen del *gong gTér* – los tesoros de Mente que surgen espontáneamente dentro de las corrientes Mentales de los gTértönes. En cuanto a chö-ku, la esfera de potencialidad no-condicionada, Padmasambhava es la naturaleza de la propia Mente. En esta esfera, Padmasambhava es el origen del *dag-nang gTér* – el gTér de visión pura,[19] que surge sin cesar de la naturaleza de la Mente.

P: ¿Podría usted decir algo sobre la transmisión ritual y no-ritual? Parece difícil establecer una relación con la forma ritual – ya que ésta se representa en una lengua extranjera que resulta tan ajena. Parece que la transmisión no-ritual sería más personal y poderosa, pero al mismo tiempo más difícil porque no puedes prepararte para ello…

R: Si, puede ser difícil relacionarse con la transmisión ritual, pero ésta se presenta en muchas formas diferentes. Esencialmente no hay que relacionarse. La idea de establecer una relación sólo existe cuando abordas lo que está sucediendo a través del intelecto. Si tienes alguna experiencia de la vacuidad, entras en el estado vacío y permites que las secuencias de las visualizaciones a través de las cuales estás siendo guiado, sean *sembradas* en ti. Creo que para los occidentales es más fácil recibir wangs en el estilo anu yoga. Chhi-'mèd Rig'dzin Rinpoche da por lo general wangs bastante breves a los occidentales. Estos wangs hacen que puedan retener cierto estado de presencia y apertura; de modo que incluso sin la experiencia de la vacuidad la gente pueda tener la oportunidad de experimentar algo. Dudjom Rinpoche y Dilgo Khyentsé Rinpoche actuaban del mismo modo, pero todos ellos hacían sin duda que la experiencia fuera realmente intensa.

---

19 Los gTér de visión pura en algunas ocasiones no están clasificados junto a los sa gTér y gong gTér, debido a que no están específicamente relacionados con el Padmasambhava histórico. El sa gTér y el gong gTér han sido profetizados en su totalidad junto con el gTértön destinado a encontrarlos.

Siempre que era posible utilizaban una gran variedad de instrumentos rituales, con el fin de superar la limitada orientación de los que iban a recibir el wang. Yo diría que sin la experiencia de la vacuidad; sería necesario que la iniciación fuera más una experiencia emocional que intelectual. Vuelvo siempre al tema de la devoción, ésta es fundamental para la práctica del Tantra. Si no hay devoción poco se puede hacer. Lo mismo ocurre con la transmisión no-ritual, de hecho en ésta última la devoción es incluso más importante. No es posible estar abierto a la transmisión no-ritual sin una intensa devoción.

P: ¿Y el encaprichamiento no funcionaría de modo alguno en este contexto?

R: Yo no diría eso. El encaprichamiento también puede abrirte puertas para que puedas recibir algo. El problema con el encaprichamiento es que no dura mucho. Pero podría darte la energía necesaria para soltar los rígidos límites de la realidad convencional y experimentar la transmisión a cierto nivel. Es mejor que haya un alto grado de fascinación y emoción, en lugar de una actitud cansina y sosa de 'estar esperando a que suceda algo'. No quiero menospreciar en exceso las fijaciones emocionales inapropiadas, ya que son el 'asidero' de la persona. Siempre es posible ayudar a alguien si tiene algo de energía y apertura. El encaprichamiento y la fascinación tienen que ser obviamente transcendidos y es necesario que surja una devoción real; pero el Lama puede trabajar con cualquier clase de energía abierta, incluso cuando es problemática.

Hay una historia que me gustaría contar que enlaza con esto. Es sobre un bandido del Tíbet que se convierte en un gran maestro. Llega hasta el bandido la voz de que hay un yogui muy avanzado que vive en las montañas que tiene un gran poder en el mantra.

Que este yogui posee extraordinarios siddhis, y que recibir de él la transmisión de cualquier mantra equivale a lograr su poder. El bandido viaja durante muchos días y efectúa la difícil ascensión hasta la cueva donde vive el yogui. Pero el bandido es un hombre fuerte, y no se siente amedrentado por ello. Encuentra al gran yogui y le pide la transmisión de un mantra que le haga invencible. El yogui le pregunta que porqué quiere semejante práctica. El hombre que es muy directo le responde que es un bandido y que quiere ser el bandido más grande del Tíbet, pero que para ello necesita ser invencible. Dice que ha oído hablar de la fantástica reputación del yogui y tiene la total confianza de que si recibe la transmisión del mantra apropiado, podrá cumplir su propósito. Sorprendentemente, el yogui acepta el requerimiento, le da la transmisión del mantra y la instrucción de cómo tiene que recitarlo. Dice al bandido que para tener éxito en lo que desea, necesita circunvalar cierto *chörten* cien mil veces recitando el mantra en total concentración. Un momento de distracción será suficiente para echarlo todo a perder. El yogui le dice que una vez que haya cumplido esta práctica aparecerá una señal de su realización. Una serpiente negra surgirá del chörten y al mismo tiempo en su mano derecha se manifestará la espada de Jampalyang, en ese momento tiene que cortar la cabeza de la serpiente. ¡Si consigue hacer esto el bandido será invencible!

Así, el bandido se apresta a iniciar la práctica. Está hecho de una pasta dura, y su resolución es inquebrantable. Lleva a término la práctica sin distracción; y tal como le había indicado el yogui – la negra serpiente sale zigzagueándose como un látigo hacia él. En ese momento la espada de Jampalyang aparece en su mano derecha; y al instante corta la cabeza de la serpiente. Después la serpiente y la espada desaparecen, y el hombre queda en silencio mirando fijamente hacia el cielo. En el mismo momento en el que realiza la invencibilidad se da cuenta de que ya no es un bandido, es un yogui.

Regresa con su maestro y pasa el resto de su vida practicando. Me gusta esta historia.

P: ¿Así que tu motivación puede ser cualquiera?

R: Bueno… yo no diría eso; pero inicialmente es cualquier cosa que te lleve a ponerte en contacto con el maestro y las enseñanzas. Una cosa en la que siempre hago hincapié es que tiene que haber cierta energía. La cualidad del bandido es que era un excelente bandido y no le gustaban las medias tintas. Podía arreglárselas muy bien en el mundo, y cuidar de su familia. Era *real* en cierto sentido – y no una especie de *schlemiel*. Hay más historias como ésta, no todas son tan extraordinarias; pero hubo en el Tíbet unos cuantos ejemplos de cazadores o ladrones que se sintieron disgustados con sus vidas y llegaron a convertirse en *drupthob* o maestros realizados. Lo que nos revela esta historia es que el yogui reconoció una cualidad en el bandido, vio que éste tenía el empuje necesario para seguir adelante. No le intimidaba la tarea y poseía la suficiente energía o deseo. Un gran yogui no daría una instrucción así a cualquiera que deseara poder. El yogui era consciente del 'asidero' de este hombre, y de su capacidad para llevar a cabo su propósito.

P: Puedo entender este ejemplo; debido a que la motivación y determinación del bandido eran tan fuertes. Pero no veo qué relación tiene esto con la fascinación o el encaprichamiento; me refiero a que parece un poco patético en comparación… ¿Cómo trabajaría el Lama con eso?

R: Esto se vuelve un tanto teórico en este punto. Depende más bien de la persona y las circunstancias. Pero cualquiera tiene capacidad para la valentía. Sólo es cuestión de permitir el espacio para que ésta se manifieste. Si ofreces a alguien la oportunidad de dar un giro radical a su vida; siempre tendrá la posibilidad de contemplar esa opción.

Pero no tiene porqué ser necesariamente algo dramático o espectacular, podría suceder que el Lama hiciera un mínimo cambio. Todo depende del miedo que pueda tener el estudiante y de su capacidad de cambio. Algunos individuos pueden ser bastante tímidos, pero con el tiempo todo es posible si se está dispuesto a estar abierto. Todo el mundo tiene estipulado su orden del día en lo que respecta al tiempo. Así que cualquier cambio en la dirección de la apertura es valioso para el Lama; y cualquier cosa, por muy delicada que sea, puede actuar como 'asidero' de algún tipo. Se trata del compromiso de ayudar a todos los seres de un modo particular. Sería estupendo si todos los que aspiran a practicar tuvieran gran valentía; se podrían lograr muchas cosas. Pero el Lama respeta siempre el interés y buen corazón del estudiante. Desde mi punto de vista, sea cual sea la capacidad del estudiante; lo que se necesita es una genuina bondad y amabilidad. Y es muy importante querer participar.

P: ¿Querer participar?

R: Si, querer formar parte de la energía de lo que está sucediendo. Sentirse conectado y que las enseñanzas y la persona que las imparte sean tu 'hogar'. Tener el sentimiento de estar participando en una asombrosa aventura con sencillez, alegría y modestia. La intensidad extrema no siempre me impresiona demasiado; dejo eso para los Lamas de verdad, los que tienen la sabiduría y la compasión necesarias para conducir a la gente con gran intensidad. Yo estoy más interesado en la capacidad de la gente para permanecer conectados y explorar sus posibilidades de valentía a largo plazo.

P: ¿Es la valentía entonces relativa?

R: Sin duda. Depende de las normas sociales. Y de todos modos; tienes que ser un gran maestro para enseñar a un gran bandido. El coraje al que me refiero es el de permanecer conectado, de no huir. Tienes que tener el coraje en ti.

Uno de mis estudiantes en Nueva York cantó una canción popular inglesa para mí… Fue de lo más divertido, tenía un estribillo con mucho sentimiento: "¡Ay ay cariño ay; ay ay cariño ay; mi marido no tiene coraje en él; ay ay cariño ay!"

P: (Risas) ¿Diría usted que el mayor coraje que se necesita… es el mayor coraje que tienes, junto con la capacidad para permanecer conectado?

R: Exactamente. Entonces… no hay *nada* que no pueda ocurrir eventualmente. Pero en realidad sólo estoy hablando de la valentía que se requiere para estar vivo y para relacionarse con el mundo de una manera real y afectuosa. Estar vivo y tomar responsabilidad de lo que sientes, en lugar de esconderte en un pequeño agujero en alguna parte y vivir el resto de tu vida en función de lo que resulte más seguro. Cuando hablo de valentía, me refiero a tener un cierto grado de amor, dinamismo e integridad. Ser sencillamente capaz de eliminar el *lloriqueo*, la queja y los gemidos – la modalidad del 'pobre de mí'. No hablo de apenarse o de la necesidad de llorar; la vida puede ser trágica en momentos – para todos nosotros. Estoy hablando de actuar como si esto fuera injusto y de revolcarse en ello; en lugar de llorar justo lo necesario y encarar de nuevo la cruda realidad diciendo: "¡De acuerdo! ¡Vamos allá de nuevo!" Es muy importante no esconderse de la vida, no ir demasiado a lo seguro. Ésta podría ser la última hora de tu vida, el último día, hora, semana, mes o año… ¡Sería un tremendo logro vivir como si fuera el último segundo de tu vida! Todos *podemos* aspirar a eso como perspectiva; y posiblemente podríamos vivir así en ciertas ocasiones – en especial cuando practicamos o recibimos una iniciación.

P: Eso parece estar muy lejos de mi capacidad.

R: Bueno… veamos… yo no diría 'muy lejos'; creo que 'lejos' estaría bien por el momento. Ya verás lo que ocurre más adelante. ¡Podrías llevarte una sorpresa!

P: ¿Cómo podría abordar eso ahora?

R: Bueno, como tú bien dices, sería una empresa difícil tratar de vivir cada momento como si fuera el último. Pero podrías empezar con un margen de cinco años… Después a medida que tu coraje va creciendo puedes ir reduciendo los años. Ocasionalmente podrías reducirlo a sólo un año. Valdría la pena contemplar esa posibilidad… En cierto momento puedes preguntarte: "¿Qué decisión tomaría si supiera que éste es el último año de mi vida? Esta forma de mirar a tu vida puede ser una práctica; especialmente cuando se trata de decisiones importantes. Para otro tipo de decisiones podrías reducir el margen de tiempo a un mes. El apoyo de tú Lama y el de tu familia vajra puede ser crucial para esto, tus hermanos y hermanas vajra son muy importantes para invocar tu propio coraje en los momentos en los que la vida ruge con furia.

P: ¿Podría usted decir algo más sobre eso? No he oído hablar mucho sobre la idea de la familia vajra en el Tantra. ¿De qué modo funciona?

R: La familia vajra es el kyil-khor o mandala de estudiantes que hay alrededor de un maestro, y es de una gran transcendencia en el vehículo Tántrico. En la familia normal hay una atmósfera particular; un estilo en el que las cosas funcionan – un tipo de ambiente. Nada más cruzar la puerta puedes percibirlo, y si estás receptivo puedes adivinar ciertas cosas en base a la textura de tu experiencia. Podrías decir: "Juraría que en esta familia comen todos juntos" o "Juraría que todos desayunan a distintas horas." En cada grupo de gente que tiene una conexión o un interés común, hay una cualidad característica. La diferencia de la familia vajra es que la energía interactiva del grupo está dirigida por el Lama, de tal modo que refleja el estilo de enseñanza que el Lama imparte. Cuando esto funciona en la práctica, existe el sentimiento de que el hablar con tus hermanos y hermanas vajra tiene en parte la misma cualidad que si lo hicieras con tu Lama.

No en el sentido de que puedan ser severos, dar consejo cuando no ha sido solicitado o manifestar una crítica o feedback sin que se les haya requerido para ello. Sino simplemente por el hecho de seguir el estilo del ejemplo del Lama.

La familia vajra debería servir de apoyo. Pero más allá de eso; debería estar dedicada a representar la visión del Lama. La familia vajra es el contexto en el que tiene lugar la transmisión. Sin el sentido de familia vajra, se pierde el contexto óptimo para que la transmisión pueda producirse. Naturalmente la transmisión no depende sólo del ámbito de la familia vajra; pero es algo muy importante a tener en cuenta. Uno de los factores que inhibe el descubrimiento de gTér es que el gTértön tenga un 'séquito poco propicio', este último término se refiere en este caso a que la familia vajra del gTértön tenga problemas interpersonales. Es decir que los hermanos y hermanas vajra no están en armonía, no practican o les falta devoción.

P: ¿Por qué sucede eso? ¿Cómo puede haber algo que inhiba a alguien que está realizado?

R: Haya realización o no; todos vivimos de acuerdo a las condiciones reinantes – de acuerdo a: el clima financiero; los dictados de la sociedad; la situación política; y las actitudes y tendencias actuales. Hay condiciones de toda índole y tenemos que danzar con cualquier cosa que se presente. El Lama sólo puede trabajar con lo que le presentas, sólo con los estudiantes que van a él o ella…

P: Pero si los estudiantes se sienten atraídos hacia el Lama; ¿No significa que son de un modo natural estudiantes apropiados?

R: No. Los estudiantes se sienten sin duda atraídos hacia ciertos Lamas; pero los seres humanos también se sienten atraídos hacia otros seres humanos.

Establecen relaciones pero no siempre funcionan bien. De hecho hay veces que van muy mal.

P: ¿No podría dirigir eso el Lama? ¿Utilizando la situación tal como es y transformándola?

R: Bueno… él o ella lo harían lo mejor posible. Pero el Lama sólo puede dirigir la orquesta de la familia vajra si sus miembros están dispuestos a tocar juntos una bella música (risas). El Lama no es una especie de superhombre o supermujer espiritual que puede realizar lo imposible. Algunos Lamas tienen una capacidad increíble para trabajar con la negatividad de sus estudiantes.

Dilgo Khyentsé Rinpoche era absolutamente fenomenal en eso; pero no hay muchos Lamas que sean mahasiddhas de su talla. Creo que tenemos que ser un poco realistas con esto. Sin embargo; en lo que se refiere al descubrimiento de gTér, hay varios factores importantes implicados en la recreación de la cualidad del ambiente interpersonal del origen del gTérma. Esto significa que el gTérton debe tener un *sang-yab o sang-yum*. Es decir: el Lama debe tener una pareja para poder reflejar la relación de Padmasambhava y Yeshé Tsogyel. Después tiene que haber discípulos que aprecian y experimentan estas cualidades en su Lama y consorte de un modo apropiado. Si los estudiantes tienen dudas; se distraen con facilidad; les falta energía, confianza o compromiso… entonces apenas puede crearse un reflejo del origen del gTérma. Las condiciones apropiadas para el descubrimiento de gTér son vitales, porque para que la enseñanza, práctica u objeto gTér sean eficaces, es necesario que actúen en un entorno espiritual que esté en resonancia con las cualidades que son necesarias para la realización a la que están dirigidas. Para expresarlo de un modo más sencillo; las semillas sólo crecerán si tienen suelo y si están presentes todos los demás factores que contribuyen a ello. El agricultor no arrojará las semillas al fuego o a la arena.

Lo que es preciso comprender es que los gTér no están ahí sencillamente para que sean descubiertos. Existen en relación con las condiciones para su descubrimiento. No es posible encontrar el gTér de la misma manera que podrías encontrar alguna que otra pieza arqueológica, esto no funciona así.

P: Así que… es como si la semilla conociera la cualidad del suelo, y aparece al mismo tiempo que el suelo… Suena como si fueran co-dependientes a propósito.

R: Efectivamente. Pero no estoy muy seguro sobre la utilización de la palabra 'co-dependiente'. Yo diría que se corresponden mutuamente de acuerdo a las condiciones óptimas para la realización de los que viven en ese tiempo, en el contexto de ser discípulos de un determinado Lama.

P: ¿Puedo volver al asunto del coraje? Tengo la impresión de que usted está utilizando la palabra 'coraje' de un modo especializado, que hay una gran amplitud de significado detrás de esa palabra…

R: Si, en cierto sentido podría considerarse que utilizo esa palabra de un modo especializado; pero yo diría que su amplitud de significado es igual que la de la palabra 'forma'. 'Coraje' es una palabra relacionada con la forma o con la compasión activa. Coraje significa capacidad para 'sentir el miedo y seguir adelante a pesar de ello'; pero se refiere también a la capacidad de amar y ocuparse de los demás. Muy a menudo reprimimos nuestra gran capacidad de amar por miedo a perder la noción de nuestras fronteras – ¡como si las necesitáramos! En cuanto al estribillo de la canción popular con la que acabo de importunar vuestros oídos; el coraje está muy conectado a la compasión. Al nivel de nuestra naturaleza intrínseca, la compasión está conectada a todas nuestras actividades – especialmente las que tienen que ver con la interacción personal.

Hay muchas otras palabras que entran también en esa categoría, como creatividad; expresión; articulación; representación; inventiva; destreza; arte; capacidad; competencia; dominio; cualificación; habilidad; experiencia; disposición; poder; efectividad; vigor; resistencia; resolución; vivacidad; comunicación; franqueza; animación; agilidad; fortaleza; linealidad; constructividad; aplicación; interpretación; administración; dirección; preparación; manipulación; utilidad; pragmatismo; exclusividad; racionalidad; persuasiva; firmeza; determinación; determinismo; polarización; sistematización; intelecto; precisión; propósito. Estas son algunas 'palabras de forma' – supongo que hay muchas más. La compasión activa se manifiesta a través de todas estas cualidades; y siempre que utilizo el lenguaje es desde esta perspectiva. Todo es vacuidad y forma. Todo es sabiduría y compasión. Este es el significado del sendero.

P: Y las palabras de vacuidad... le importaría a usted...

R: ¿Proporcionarte otra lista? Por supuesto: aprecio; sutileza; sensibilidad; intuición; empatía; confluencia; lateralidad; amorfidad; informidad; incoatividad; desestructurabilidad; indefinibilidad; armonía; relación; sentimiento; emoción; ausencia de directiva; evasividad; resonancia; imparcialidad; inclusividad; flexibilidad; receptividad; irradiación; luminosidad; apertura; fluidez; facilitación; espaciosidad; permisión; orientación sensorial; orientación de proceso...

Desafortunadamente hay menos palabras de vacuidad... pero eso no es de extrañar, dada nuestra orientación a la forma como seres atrapados por sí mismos en la ilusión de la dualidad. Tampoco es de extrañar que debido a la estructura patriarcal de nuestra sociedad – no valoremos tanto esas cualidades.

Así pues hay menos palabras de vacuidad; a menos que me proponga inventar palabras como: indescriptibilidad; precognicibilidad; indelineabilidad; indeterminabilidad; y asi sucesivamente. Soy proclive a eso… pero estas palabras son terriblemente desorbitadas. Después hay palabras que son opuestas a las palabras de forma; pero no me gusta utilizarlas.

P: ¿Por qué razón?

R: Porque tienen un connotación negativa… palabras como: indecisión; irracionalidad; imprecisión; vaguedad; digresividad; ineficacia; debilidad; incompetencia. Creo que sería bueno recuperar algunas de estas palabras y darles una nueva interpretación… No hay razón para que la palabra 'irracional' no tenga un significado positivo. Es obvio que si lo sitúas en un contexto apropiado *puede* tener un significado positivo; pero por sí mismo parece algo con lo que uno no desea identificarse. ¡Creo que el dejar paso a lo irracional en tu vida es una idea emocionante! La gente está muy obsesionada con ser razonable, aunque el sentido que encuentran a las cosas a menudo no tiene ningún sentido desde la perspectiva de la realización. ¡Seamos *irracionales* ahora! ¡Practiquemos juntos!

Glosario

anatman

No yo. No 'yo' en el sentido de 'atman'. No 'yo' en el sentido de algún aspecto del ser que sea: sólido, permanente, separado, continuo, y definido.

anuttara-yoga Tantra

Tantra interno de las Escuelas Sarma (Nueva Traducción). Equivale, en parte, a los Tantras internos de la Escuela Nyingma. Las Escuelas Sarma son: la Sakya, Kagyüd, y Gelug. El anuttara-yoga Tantra está dividido en las categorías de padre, madre, y no-dual, pero no son tratadas en este libro. Los Tantras padre, madre y no-dual, no equivalen a los yogas maha, anu y ati; sino más bien a fases del maha yoga y a un aspecto del anu yoga.

anu yoga

Ver jé-su naljor.

ati yoga

Ver shintu naljor.

bardo

Hueco o espacio. Bardo es la experiencia del momento. Otros bardos son definidos como: bardo de la muerte; bardo del dharmata (chö-nyid); bardo de las visiones; bardo del nacimiento; bardo de la vida; bardo de los sueños; y bardo de la meditación.

bardo thödröl

Generalmente traducido como *El Libro Tibetano de los Muertos; Bardo Thödröl* significa: liberación a través de escuchar en el estado intermedio.

Buda

Sang-gyé en tibetano. Estado totalmente despierto. *Ver* Buda Sakyamuni.

Buda Sakyamuni

El Buda que la mayoría de la gente considera como 'el Buda'. El Buda que enseñó los Sutras, y enseñó los Tantras en secreto a los ochenta y cuatro mahasiddhas. *Ver* drupchen.

bum

100.000 en tibetano.

bum-pa

Vasija para la iniciación.

bum-pa'i wang

Iniciación de vasija.

cha wa gyüd

(bya ba rGyud) Kriya Tantra, el primero de los Tantras externos, que está conectado a la purificación y que se relaciona con la deidad como una forma externa de la que podemos recibir transmisión o sabiduría.

Chenrezigs

El Buda que encarna la compasión activa.

chö

(chos) Dharma en sánscrito. En realidad – 'lo que *es*'. O también: dharma o dharmas; fenómenos; campo de todos los eventos y significados. En occidente esta palabra ha sido generalmente reemplazada por 'Budismo'; que aunque limita su significado (al haberlo convertido en un 'ismo'), es más comprensible para la mayoría de la gente que la palabra 'dharma'.

cho gyüd

(sPyod rGyud) Carya Tantra o Upa Tantra, el segundo de los tres tantras externos. En el Cho gyüd nos relacionamos con la deidad como un reflejo exterior de nuestro propio ser interno de sabiduría. Es un puente entre el Kriya Tantra y el Yoga Tantra, en cuanto a que es la práctica del Kriya Tantra con la visión del Yoga Tantra.

chö-ku

(chos sKu) La esfera de potencialidad no-condicionada. La dimensión del ser. La dimensión fundamental de la realidad individualizada.

chörten

Una representación arquitectónica de los cinco elementos.

chuba

Prenda tibetana que se parece a un abrigo. Ahora lo visten en algunas ocasiones los Lamas laicos (Lamas que no están ordenados en las sanghas monásticas ni en las sanghas ngakphang), o Lamas que han devuelto sus votos monásticos.

dag nang

Visión Pura. *Ver* dag nang gTér.

dag nang gTér

(dag sNang gTer) Enseñanzas y prácticas que surgen de la visión pura. Revelaciones que son descubiertas en el espacio no originado del ser. Este tipo de gTér no siempre se incluye junto al sa gTér y el gong gTér, debido a que no fue específicamente escondido para su redescubrimiento por Padmasambhava y Yeshé Tsogyel. El dag nang gTér surge del aspecto de Padmasambhava y Yeshé Tsogyel que es idéntico a la naturaleza de nuestra propia Mente. Cualquier yogui o yoguini que realiza la naturaleza de la Mente puede ser el descubridor del dag nang gTér, pero por lo general este tipo de gTér es descubierto por Lamas que son también descubridores de sa gTér y gong gTér.

daka

Ver pawo.

dakini

Ver khandroma.

damtsig

(dam tshig) Samaya en sánscrito. Palabra sagrada o juramento. Preceptos o compromisos de la práctica Tántrica. Hay muchas variedades diferentes de damtsig de acuerdo al Lama y al tipo de práctica, pero esencialmente consisten en lo siguiente: externamente, mantener una relación armoniosa con el maestro vajra y con los hermanos y hermanas vajra; e internamente, no desviarse de la continuidad de la práctica. La forma más esencial y profunda de damtsig es tomar los tres kayas del Lama como sendero. Si se rompe el damtsig y éste no es reparado, toda la práctica al nivel del Tantra queda reducida a nada. La devoción es crucial para mantener el damtsig – si no hay devoción no puede haber damtsig. Sin el damtsig del compromiso vajra el fruto de la práctica no puede madurar. Si se pierde el damtsig, cualquiera que sea el fruto de la experiencia que hayamos logrado, éste se pudre. Ninguna práctica puede florecer sin damtsig por mucho esfuerzo que se haga.

dharma

Ver chö.

dharmakaya

Ver chö-ku.

dharmata

(chos nyid) Chö-nyid en tibetano. El espacio del ser y el espacio de la existencia en el que no hay distinción entre ellos.

do

(mDo) Las enseñanzas Sútricas: Sravakabuddhayana y Pratyékabuddhayana, que incluyen lo que se conoce también como Hinayana; y Bodhisattvabuddhayana, que se conoce también como Mahayana. Éstos consisten en discursos y enseñanzas impartidos por el Buda Sakyamuni.

dorje

(rDo rje) Vajra en sánscrito. Adamantino; rayo; diamante. Perteneciente a la esencia del ser, cuerpo vajra o naturaleza vajra. Literalmente 'señor de piedra'. Como adjetivo significa indestructible, forma invencible. Están el vajra último de la vacuidad, el vajra aparicional del símbolo, y el vajra convencional de la materialidad.

dorje lopön

(rDo rJe sLob dPon) Maestro indestructible o maestro vajra.

dorje lopön wang

Iniciación de maestro vajra o maestro Tántrico.

dorje thegpa

(rDo rJe theg pa) Vajrayana en sánscrito. El Vehículo Vajra. Las prácticas de vestir el cuerpo de las visiones; a nivel de la práctica del yidam, y de las prácticas de los nervios, aires y esencias espaciales. Dorje Thegpa es sinónmo de Gyüd, Tantra, Tantrayana, o Mantrayana Secreto. *Ver* Gyüd.

Dorje Tröllö

Literalmente, furia vajra o indestructible. La más colérica de las ocho manifestaciones de Padmasambhava. La manifestación de loca sabiduría de Padmasambhava.

dorje wang

Iniciación Vajra (iniciación de rayo o indestructible).

dorje-ku

Vajrakaya en sánscrito. Esfera indestructible del ser. *Ver* ngo-wo-ku.

drilbu wang

Iniciación Ghanta (iniciación de campana).

Drukpa Kunlegs

Gran yogui de la Escuela Drukpa Kagyüd, conocido a veces como 'el divino loco'. Fue famoso por su comportamiento extraordinario y por sus cantos yoguicos de realización que se referían con frecuencia a que la sexualidad y el alcohol eran indispensables para alcanzar la meta.

drupchen

(sGrub chen) Mahasiddha en sánscrito. Un ser iluminado – alguien que ha realizado todos los siddhis, tanto relativos como últimos.

drupthob

(sGrub thob) Siddha en sánscrito. Maestro realizado. Drupthob es alguien que ha logrado siddhis, o capacidades que emanan de la realización.

Dzogchen

(rDzogs chen) Contracción de Dzogpa Chenpo. Gran totalidad. También conocido como: Lo Absolutamente Completo, Completa Plenitud Natural, o Gran Perfección. *Ver* Dzogpa Chenpo y shintu naljor.

Dzogpa Chenpo

(rDzogs pa chen po) Mahasandhi en sánscrito. Literalmente, Gran Culminación. De acuerdo a la Escuela Nyingma o de Antigua Traducción, es la práctica más directa para realizar nuestra naturaleza búdica. Algunas veces traducido como Gran Perfección, lo cual podría derivar de Evans-Wentz, quien lo tradujo erróneamente como la 'Gran Escuela Perfeccionista'. El término 'Gran Culminación' o 'Lo Completo' indica que el estado iluminado no tiene que ser incrementado en modo alguno – es completo en sí mismo desde un sin principio. *Ver* Dzogchen y shintu naljor.

los cinco skandhas

El análisis Sútrico de la percepción. Los cinco agregados mentales relacionados con: las cinco familias búdicas; los cinco dakas y dakinis; los cinco elementos; y los cinco thiglés.

gendün

La comunidad de practicantes monásticos y ngakphang. Uno de los cuatro focos del refugio; Lama (guru), sang-gyé (Buda), chö (dharma), y gendün (sangha). *Ver* ngakphang.

gé-wa'i shé-nyen

Kalyanamitra en sánscrito. Amigo espiritual. El maestro Sútrico, en distinción con el maestro vajra o dorje lopön, que es el maestro Tántrico.

gomchenma

Gran meditadora femenina, o maestra de meditación. El equivalente masculino es gomchen.

gompa

Literalmente, lugar de meditación; a menudo referido a monasterio.

gong gTér

(dGongs gTer) gTérmas de Mente. Tér o gTér es una abreviación de la palabra gTérma que hace referencia al tesoro de enseñanzas y prácticas escondidas por todo el mundo por Padmasambhava y Yeshé Tsogyel. *Ver* gTérma. *Ver también Enseñanzas Escondidas del Tíbet* por Tulku Thondüp Rinpoche.

guru

Ver Lama.

Guru Drakpo

El Lama feroz. El yidam colérico que aparece en la 'tercera forma raíz' de Padmasambhava – Guru Drakpo es Padmasambhava manifestándose en forma visionaria como medio para la realización. La raíz del poder.

Guru Nangsrid Zilngön

El Lama que vence los fenómenos aparentes. La forma de Padmasambhava en la que se sienta en postura de naturalidad de realeza. Su pierna derecha está extendida al igual que su mano derecha que sostiene un vajra.

Guru Pema

Ver Guru Rinpoche.

Guru Rinpoche

Padmasambhava, Pema Jung-né, el Vajra Guru o Dorje Lopön. Él es la esencia de todos los Budas del pasado, presente y futuro (los tres tiempos). Es el supremo soberano de todos los sostenedores de los linajes que ejercen el poder (rig'dzins o vidyadharas). Él abarca en sí mismo las cualidades de todos los yidams gozosos, coléricos y pacíficos. Es la energía focal de la manifestación de daka y dakini de la realidad. El Buda cuyo esplendor eclipsa a todos los protectores vajra de las enseñanzas, y a los seres extradimensionales altivos o arrogantes del reino fenoménico. Conocido como Mahaguru, Padmasambhava fue invitado al Tíbet por el Rey Trisong Détsen, este último era una emanación de Jampalyang (Manjushri, la deidad que encarna la dimensión iluminada de la inteligencia). Guru Rinpoche sometió a todas las fuerzas elementales malignas a la aprobación de su Mente y supervisó la construcción de Samyé (la gompa de estilo triple, inmutable y espontáneamente perfeccionada). Estableció la tradición de los nueve vehículos Budistas en el Tíbet, y visitó personalmente todos los lugares sagrados (montañas, cuevas y lagos); los bendijo; y escondió innumerables gTérmas con la ayuda de Khandro Chenmo Yeshé Tsogyel.

gyüd

(rGyud) Tantra. Las enseñanzas Vajrayana impartidas por Buda en su forma sambhogakaya. Literalmente 'continuidad' o 'hilo'. Tantra es la continuidad o hilo de iluminación sobre la que están ensartadas las cuentas ilusorias de la no-iluminación.

ja-lü

(ja 'lus) Cuerpo de arco iris. *Ver* la introducción por Lama Sonam Sangpo Rinpoche.

Jampalyang

Manjushri en sánscrito. El Buda que encarna la sabiduría.

jé-su naljor

(rJes su rNal 'byor) Anu yoga en sánscrito. El segundo de los tres Tantras internos. El énfasis de este Tantra está en el kyil-khor visionario despierto, contenido en la indestructible forma visionaria (dorje-ku) del yidam. La práctica que implica el anu yoga es principalmente dzog rim (fase de conclusión). El Dzog rim es la práctica de tsa, rLung y thig-lé – los nervios, aires y esencias espaciales.

Jétsun Milarepa

Ver Milarepa.

jigten chö-gyed

(jig rTen chos brGyad) Los ocho dharmas mundanos, u ocho afecciones mundanas: esperanza y miedo; ganancia y pérdida (o placer y dolor); encuentro y despedida; alabanza y culpa (o fama y vergüenza).

kalachakra

La rueda del tiempo. Una específica práctica Tántrica que existe en todas las escuelas del Budismo Tibetano, y que ha sido ampliamente enseñada por el catorceavo Dalai Lama en numerosos países por todo el mundo.

kama

El extenso linaje de transmisión de maestro a discípulo que se remonta hasta Padmasambhava, Yeshé Tsogyel, Garab Dorje y el Buda Sakyamuni.

karma

Ver lé.

kaya

Ver ku.

khandro

Ver khandroma.

khandroma

(mKha' 'gro ma) Dakini en sánscrito. Literalmente, 'mujer que va por el cielo'; o más poéticamente 'bailarina celestial'. Normalmente abreviado a khandro. Deidades que manifiestan las funciones de los buda-karmas, como por ejemplo desempeñar actividades iluminadas. Una de las tres raíces: khandro es la raíz de la inspiración, el Lama manifestándose como las circunstancias del sendero.

khandropa

(mKha''gro pa) Khandropa indica la condición en la que un tantrica masculino realiza la esfera de cualidad de su propio khandroma interno y lo manifiesta en la dimensión externa de su ser, como *actividad secreta*.

khor-wa

(bKhor ba) Samsara en sánscrito. Existencia cíclica; dar vueltas en círculo. Círculo vicioso de nacimientos y muertes dualísticamente condicionados; el estado de los seres no-iluminados limitados por la percepción dualista – una contraproducente pérdida de tiempo y energía. El estado en el que cada actividad se socava a sí misma en nuestro intento por establecer que somos: sólidos, permanentes, separados, continuos y definidos.

könchog sum

(dKon mChog gSum) Las tres joyas: el Buda (sang-gyé), dharma (chö), y sangha (gendün).

kriya

Ver cha wa gyüd.

ku

(sKu) Kaya en sánscrito. 'Cuerpo' en el sentido de un cuerpo o encarnación de numerosas cualidades. Dimensión, esfera del ser, campo de experiencia.

ku zhi

(sKu bZhi) Los cuatro cuerpos, las cuatro esferas del ser, los cuatro kayas. Los tres kayas (chö-ku, long-ku y trül-ku) más el svabhavikakaya (ngo-wo-ku o kaya esencia). A veces llamado dorje-ku o vajrakaya. *Ver* ngo-wo-ku, chö-ku, long-ku y trül-ku.

kyépachen naljor / kyéchen naljor

(bsKyed pa chen rNal 'byor) / (bsKyed chen rNal 'byor) Maha yoga, el primero de los tres Tantras internos, que enfatiza la fase de generación de la visualización y el mantra.

kyil-khor

(dKyil 'khor) Mandala en sánscrito. Literalmente, 'centro y periferia'. El término 'mandala' debería ser entendido de acuerdo al contexto. Generalmente se refiere a una deidad junto a su séquito de seguidores (manifestación ambiental de aspectos de cualidad activos, en cuanto a los parámetros funcionales manifiestos de la deidad – el entorno interactivo en el que la deidad comunica su manifestación de método). El séquito de discípulos vajra de un maestro vajra. La atmósfera en la que algo tiene lugar – el campo entero de sucesos y significado.

Lama

(bLa ma) Guru en sánscrito, pero sin algunas de las connotaciones presentes en el pensamiento hindú, o de las perversiones existentes en occidente. Maestro con 'M' mayúscula. Maestro vajra. Maestro de Tantra. *Ver* Capítulo 5, 'The Dangerous Friend'. (en versión inglesa original)

lama'i naljor

Guru yoga en sánscrito. Práctica de unificación con la Mente del Lama.

lé

> Karma en sánscrito. Por lo común se considera que esta palabra significa causa y efecto. De un modo más esencial significa percepción y respuesta. Reaccionamos a lo que percibimos de acuerdo a nuestros condicionantes. La visión kármica es la totalidad del modo en que experimentamos la realidad, a menos que nuestra iluminación sin principio resplandezca todo a través del tejido de nuestros condicionantes permitiéndonos un vislumbre de la no-dualidad.

lha-tong

> *(lhag mThong)* Vipassana en sánscrito. 'Visión más amplia' o 'clara', uno de los dos aspectos principales de la práctica de la meditación. El otro es shi-nè (shamata en sánscrito – permanecer sin involucrarse o pacíficamente). Es importante recordar que cuando las palabras 'shi-nè' y 'lha-tong' son utilizadas en el contexto del Dzogchen, no significan exactamente lo mismo que las palabras 'shamatha' y 'vipassana' en otros contextos Budistas. Este ha sido un tema que ha generado una tremenda confusión.

long-ku

> Sambhogakaya en sánscrito. La esfera de apariencia intangible o esfera de energía realizada.

lung

> *(lung)* Transmisión a través del sonido.

lung

> *(rLung)* Prana en sánscrito. Viento espacial. Las corrientes de energía del cuerpo sutil que circulan a través de los nervios espaciales (tsa). La quintesencia de rLung es thig-lé – el surgimiento original de los cinco elementos.

Madhyamika

> El Sutra que rechaza los cuatro extremos filosóficos del monismo, nihilismo, dualismo y eternalismo.

maha yoga

Ver kyépachen naljor.

mahasiddha

Ver drupchen.

mandala

Ver kyil-khor.

mantra

Ver ngak.

Milarépa

(mi la ras pa) Gran yogui famoso por sus cantos de realización y por su consumación de la práctica de tu-mo. Fue el discípulo principal de Marpa Lotsawa (el traductor). Aunque fue principalmente venerado en la Escuela Kagyüd, Milarépa fue un importante yogui de Dzogchen que figura también en los linajes Nyingma. Su conexión con el Dzogchen Long-dé queda demostrada por el gomtag (cinta de meditación) que lleva puesto. *Ver* la biografía secreta de Milarépa que está guardada en Manali, al norte de la India, en la Apho Rinpoche Gompa. Esta biografía la recibió en visión pura Shakya Shri, gran yogui y fundador de su linaje. Contiene muchos aspectos de la vida de Milarépa que no se conocen comúnmente.

ming gyi wang

Iniciación de nombre.

naljor

(rNal 'byor) Yoga, unión, permaneciendo en el estado natural.

naljorma

(rNal 'byor ma) Yoguini, practicante Tántrico femenino – la que reposa en el estado natural.

naljorpa

(rNal 'byor pa) Yogui, practicante Tántrico masculino – el que reposa en el estado natural.

nè-pa
> Ausencia con presencia. El estado en el que hay ausencia de pensamiento pero está la presencia del puro darse cuenta.

Nga-gyür Nyingma
> *(sNga 'Gyur rNying ma)* Escuela de la Vieja Traducción. Las escuelas del Budismo Tibetano están divididas en la Sarma (Nueva Traducción) y la Nyingma (Vieja Traducción). Esto tiene que ver con el estilo de la traducción, el estilo Nyingma pone el énfasis en el espíritu de los textos, mientras que el estilo de la Nueva Traducción lo hace en la precisión literal. La Nyingma no es una escuela en el sentido en el que las otras escuelas son descritas como tales. Nyingma es el Budismo que llegó primero al Tíbet, y podría decirse que es lo que queda cuando quitas las otras escuelas. La Nyingma ha sido siempre una corriente heterodoxa de muchos linajes diferentes – abiertos a una extraordinaria diversidad de estilos y enfoques. La Nyingma está ahora considerada como escuela, porque hay otras escuelas de las que puede ser diferenciada – pero en principio todas las escuelas del Budismo Tibetano comparten una esencia común. Las únicas diferencias entre ellas están en la presentación y el énfasis.

ngak
> Mantra. Ngak es el método para entrar en la práctica de vestir el cuerpo de las visiones a través de la dimensión sónica de la deidad meditacional.

ngakma
> *(sNgags ma)* Literalmente 'mujer-mantra', o mantrika femenina; una practicante de Vajrayana que ha adquirido votos Tántricos y ostenta la ordenación ngakphang (sostenedor de mantra). *Ver* ngakphang.

ngakpa
> *(sNgags pa)* Literalmente 'hombre-mantra', o mantrika. *Ver* ngakma y ngakphang.

ngakphang

> Literalmente 'sostenedor de mantra' o 'poseedor de mantra'. La sangha ngakphang es la sangha blanca de Padmasambhava y Yeshé Tsogyel, una tradición no-monástica, no célibe de yoguis y yoguinis ordenados que integran la práctica en la vida cotidiana. Constituye una tercera corriente de práctica, muy distinta tanto de los practicantes monásticos como de los laicos, y jamás debería ser malinterpretada como 'algo entre lo monástico y lo laico'. *Ver* ngakma.

ngödrup

> *(dNgos grub)* Siddhi en sánscrito. Realización. Normalmente se refiere al 'siddhi último' de la completa iluminación, pero puede referirse también a los 'siddhis relativos' – las ocho realizaciones mundanas.

ngo-wo

> *(ngo bo)* Esencia. Ngo-wo-ku significa la esfera esencial del ser – la cuarta esfera del ser que unifica las otras tres: chö-ku, long-ku, y trül-ku. *Ver* ngo-wo-ku.

ngo-wo-ku

> *(ngo bo sKu)* Svabhavikakaya en sánscrito. Esfera esencial no-dividida del ser. *Ver* ku zhi.

nirmanakaya

> *Ver* trül-ku.

nirvana

> *Ver* ya-ngen lé dé-pa.

Nying-lug

> *(rNying lugs)* Nyingma. La tradición Nyingma. Las enseñanzas llevadas al Tíbet y traducidas principalmente durante el reinado de Chögyal (Rey del Dharma) Trisong Détsen y en el periodo que siguió hasta los tiempos de Rinchen Zangpo. Las dos enseñanzas principales de la Nyingma son el kama y gTérma.

Nyingma

(rNying ma) La escuela antigua del Budismo Tibetano. *Ver* Nga-gyür Nyingma.

orgullo vajra

El sentido en el que los practicantes se ven a sí mismos como deidades.

Padmasambhava

Ver Guru Rinpoche

pamo

Practicante femenina que ha descubierto su pawo interno, y que manifiesta esa experiencia en una abierta actividad iluminada para el beneficio de los seres.

pawo

(dpa'bo) Héroe o guerrero. El aspecto de la experiencia de ser *como* forma – que se experimenta como no-dividida de la vacuidad. El reflejo masculino de khandroma.

Pema Jung-né

Ver Guru Rinpoche.

sa gTér

gTér de Tierra. *Ver* Térma.

samaya

Votos Tántricos. *Ver* damtsig.

sambhogakaya

Ver long-ku.

samsara

Ver khor-wa.

sang wa'i wang

(gSang ba'i dBang) Iniciación secreta, la segunda de las cuatro iniciaciones.

sang wang

(gSang dBang) Iniciación secreta.

sang-gyé

(sangs rGyas) Estado despierto completo y abierto – sang-gyé-sa significa 'campo-búdico' o estado de budeidad.

sang-gyé lé-kyi

Los 'karmas búdicos': enriqueciendo, pacificando, magnetizando (controlando), y destruyendo. Las actividades iluminadas.

sangha

Ver gendün.

sang-yab (yab)

Pareja masculina espiritual o consorte. El aspecto masculino de una deidad femenina.

sang-yum (yum)

Pareja femenina espiritual o consorte. El aspecto femenino de una deidad masculina.

sem

La mente de 'm' minúscula – la mente que puede extraviarse en el dualismo e involucrarse en interminables intentos para probar que es sólida, permanente, separada, continua, y definida.

sem-nyid

(sems nyid) La naturaleza de la Mente. La cualidad vacía de la Mente – el espacio del puro darse cuenta en el que sem (o mente de 'm' minúscula) surge, y entra o bien en la comunicación compasiva, o en las estratagemas dualísticas.

Seng-gé Dongma

La dakini de cabeza de león. La dakini colérica que aparece en la 'forma de las tres raíces' de Padmasambhava – Seng-gé Dongma es Padmasambhava manifestándose como las circunstancias del sendero. La raíz de la inspiración.

shamthab

El faldón de los monjes y monjas (granate), ngakpas y ngakmas (rojo o blanco). Voluminosos faldones plegados a la cintura por un cinto. Los seis pliegues del shamthab yóguico representan a los seis vehículos Tántricos. Las dos bandas dobladas (una en la parte superior y la otra en la parte inferior) representan la indivisibilidad del samsara y el nirvana.

shérab

(shes rab) Prajna en sánscrito. Conocimiento o inteligencia; la sabiduría que puede ser desarrollada mediante el estudio y la práctica.

shérab yeshé kyi wang

Iniciación del conocimiento/sabiduría primordial.

shi-nè

(zhi gNas) Shamatha en sánscrito. Permanecer sin involucrarse en el proceso del pensamiento. Normalmente traducido como 'morando en la calma' o 'permaneciendo pacíficamente'. La práctica de la meditación sentada. *Ver* descripciones en *Spectrum of Ecstasy* y *Roaring Silence* de Ngakpa Chögyam (ambos en versión inglesa original).

shintu naljor

(shin tu rNal 'byor) Ati yoga, Dzogchen, el más secreto de los tres Tantras internos. El Dzogchen es el camino de la autoliberación, a diferencia del Sutra (camino de la renuncia), y del Tantra (camino de la transformación). Autoliberación significa 'de sí mismo – se libera ello mismo' y no conlleva el sentido ni de 'liberación del yo' ni de 'liberación por uno mismo'. Para una mayor aclaración sobre este tema es necesario solicitarla de un Lama cualificado.

shog-sér

(shog ser) Sa gTér (tesoro redescubierto de enseñanzas de tierra) que están escritas sobre papel amarillo. *Ver* gTérma.

siddha

Ver drupthob.

siddhi

Ver ngödrup.

sung

(gSung) Comunicación consumada.

Sutra

Ver Do.

svabhavikakaya

Ver dorje-ku.

Tantra

Ver Gyüd.

Tantra Externo

Las tres fases introductorias del Tantra que no son tratadas en este libro. Constan de cha wa gyüd (Kriya Tantra); cho-gyüd (Upa Tantra); y naljor gyüd (Yoga Tantra). Éstas representan los crecientes niveles de purificación, que conducen al estado en el que lo 'puro' y lo 'impuro' dejan de ser aplicables en cuanto a su significado espiritual. *Ver* Dorje Thegpa y Gyúd.

Tantra Interno

Las tres fases del Tantra descritas en la introducción por Sonam Sangpo Rinpoche. *Ver* kyépachen naljor, jé-su naljor y shintu naljor. *Ver también* Dorje Thegpa y Gyúd.

tantrika

Practicante de Tantra. *Ver* Dorje Thegpa.

teng'gar

Mala en sánscrito. Rosario; cuentas de mantra.

Tér

(gTer) Ver Térma.

Térma

(gTer ma) Generalmente abreviado a gTér. Enseñanzas, prácticas y objetos sagrados sellados por Padmasambhava y Yeshé Tsogyel para el beneficio de futuros discípulos, y la regeneración de los linajes Tántricos.

Tértön

(gTerton) Descubridor de gTér. *Ver* Térma.

thab

Método.

thangka

Pintura simbólica tibetana que representa deidades.

thig-lé

(thig le) Bindu en sánscrito. La esencia de los elementos, y la matriz de la creatividad original.

thug

(rThugs) El puro darse cuenta, la energía del estado primordial.

tri

(khrid) Instrucción.

Tröma Nakmo

(trosma nakmo) La colérica madre negra. Yidam colérico femenino conectado con la práctica del chod.

trül-ku

(sPrul sKu) Cuerpo de emanación del Nirmanakaya. El aspecto de la iluminación que puede ser visto por los seres ordinarios. La esfera de manifestación realizada o forma realizada. *Ver* ku-zhi.

tsa

(rTsa) Nadi en sánscrito. Nervios espaciales – los canales que transportan el rLung (prana o aires espaciales).

tsa sum

> Las tres raíces: Lama, yidam, y pawo/khandro. El Lama es la raíz del conocimiento, el yidam es la raíz del poder, y el pawo/khandro es la raíz de la inspiración.

tsa wa'i Lama

> *(rTsa wa'i bLa ma)* Mula Guru en sánscrito. Maestro Raíz. Hay dos tipos de Maestro Raíz: el maestro vajra de quien recibimos iniciación y explicación de las enseñanzas Tántricas; y el Maestro Raíz específico que es el maestro que señala la naturaleza de la Mente.

tsig wang

> Iniciación de palabra.

tulku

> *Ver* trül-ku.

tu-mo

> Yoga del calor espacial. Uno de los seis Naro-chö-druk – los seis yogas de Naropa. Esta era la práctica por la que Milarépa fue renombrado. *Ver* Milarépa.

upa

> *Ver* cho gyüd.

vajra master

> *Ver* dorje lopön.

vajrakaya

> *Ver* dorje-ku.

Vajrayana

> *Ver* Dorje Thegpa.

vinaya

> Los votos monásticos.

wang

> *(dBang)* Iniciación. Transmisión Tántrica que consta de: wang (transmisión mediante el poder del símbolo); lung (transmisión mediante el poder del sonido); y tri (transmisión mediante el poder de la explicación, guía o instrucción).

wang gongma sum

> Las tres iniciaciones de la Mente-esencial: la sang wang, la shérab yeshé kyi wang, y la tsig wang.

wang-zhi

> Las cuatro iniciaciones.

yab-yum

> La unión de las deidades masculina y femenina como símbolo supremo de la no-dualidad.

ya-ngen lé dé-pa

> *(mYa ngan las 'das pa)* Nirvana en sánscrito. El nirvana menor se refiere a la liberación de la existencia cíclica lograda por un practicante de Hinayana. Cuando se refiere a un Buda, el nirvana es el gran estado de la iluminación que no mora en nada, que no cae ni en el extremo de la existencia samsárica ni en el estado pasivo de la cesación.

yeshé

> Jnana en sánscrito – sabiduría primordial. La sabiduría que no es fabricada ni acumulada. Está ahí desde un sin principio.

yeshé mé-long

> Espejo de sabiduría primordial. Un espejo circular de plata grabado con thig-lés elementales. Utilizado a menudo para la transmisión simbólica en las enseñanzas Dzogchen.

Yeshé Tsogyel

(ye shes mTsho rGyal) Khandro Chenmo Yeshé Tsogyel. Consorte espiritual de Padmasambhava. El Buda Tántrico femenino. Ella es el origen del Linaje de Esencia Materna, y la figura más importante en el Aro gTér. Khyungchen Aro Lingma, una gran gTértön femenina de finales del siglo diecinueve y principios del veinte, que recibió el Aro gTér directamente de Yeshé Tsogyel, y lo transmitió a su hijo Aro Yeshé. Este es el linaje cuyas enseñanzas imparte ahora Ngakpa Chögyam Rinpoche.

yidam

(yidam) Una práctica personal de deidad. Una de las tres raíces; la raíz de la realización.

yoga

Ver naljor.

yogui

Ver naljorpa.

yoguini

Ver naljorma.

zang-dog-pal-ri

Montaña cobriza. La esfera-Mental o dimensión pura de Padmasambhava.

zhi-trö

(zhi khro) Deidades pacíficas y coléricas de las visiones del bardo. Los cuarenta y dos aspectos pacíficos y cincuenta y ocho aspectos coléricos de la energía de un individuo.

El Autor

Ngak'chang Rinpoche y Khandro Déchen son Lamas de la Tradición Nyingma del Vajrayana Himalayo. Ellos nacieron y fueron educados en Occidente y en la actualidad residen en Penarth, País de Gales. Ngak'chang Rinpoche fue reconocido como la reencarnación del gTérton Aro Yeshé; hijo de la gTérton femenina de principios del siglo XX, Khyungchen Aro Lingma. Aro Yeshé era, a su vez, la reencarnación de 'a-Shul Pema Legden, artista y escriba gTér de Khalden Lingpa. Ngak'chang Rinpoche y su sang-yum (esposa espiritual) Khandro Déchen, son los actuales sostenedores del Aro gTér – las enseñanzas de revelación visionaria y prácticas visionarias de Khyungchen Aro Lingma. Khandro Déchen fue reconocida como la reencarnación de Jomo A-yé Khandro por Kyabjé Künzang Dorje Rinpoche y Jomo Sam'phel Déchen Rinpoche y ha completado todos los estudios y retiros necesarios.

Ngak'chang Rinpoche comenzó a practicar el Vajrayana en su adolescencia y ha realizado numerosas estancias en los Himalayas desde 1971, estudiando con grandes Lamas tales como Kyabjé Düd'jom Rinpoche Jig'drèl Yeshé Dorje, Kyabjé Künzang Dorje Rinpoche y Jomo Sam'phel Déchen Rinpoche, Kyabjé Dilgo Khyentsé Rinpoche, y 'Khordong gTérchen Tulku Chhi'mèd Rig'dzin Rinpoche. Llevó a cabo numerosos y prolongados retiros solitarios, y completó las prácticas requeridas para un Lama. Siguiendo el consejo de Kyabjé Düd'jom Rinpoche Jig'drèl Yeshé Dorje retornó a Occidente para establecer el estilo ngak'phang de enseñanza y práctica. Gétsulma Tsültrim Zangmo, y algunos estudiantes Budistas, le solicitaron que impartiera enseñanzas, y mostraron gran entusiasmo en estudiar con un Lama cuya lengua materna era el inglés.

Las Sanghas Confederadas de Aro

Las Sanghas Confederadas de Aro son comunidades de practicantes del gö kar chang lo en Gran Bretaña, los Estados Unidos, Europa, y Escandinavia bajo la dirección espiritual de Ngak'chang Rinpoche y Khandro Déchen – los sostenedores de la Tradición Aro gTér. Las Sanghas Confederadas de Aro tienen el patrocinio de Kyabjé Düd'jom Rinpoche Jig'drèl Yeshé Dorje; Kyabjé Düd'jom Rinpoche – Ten'dzin Yeshé Dorje; Kyabjé Düd'jom Rinpoche – Sang-gyé Pema Shépa; Kyabjé Dung-sé Thrin-lé Norbu Rinpoche; Kyabjé Künzang Dorje Rinpoche & Jomo Sam'phel Déchen Rinpoche; Kyabjé 'Khordong gTérchen Trülku Chhi'mèd Rig'dzin Rinpoche; Kyabjé Dilgo Khyentsé Rinpoche; Kyabjé gTértön Drukdra Rinpoche; Khar-trül Wangchuk Rin'dzin Rinpoche; and Ngak'chang Chö-kyi Wangchuk Rinpoche.

El Gö kar chang lo'i dé o *Sangha Blanca* de la Tradición Nyingma es el sistema de ordenación no-célibe y no-monástica establecida en los Territorios del Himalaya por los Budas del Vajrayana Guru Rinpoche y Yeshé Tsogyel. El Gö kar chang lo'i dé tiene su origen en el linaje de los Ochenta y cuatro Mahasiddhas de la antigua India. El color blanco identifica a aquellos cuya práctica está basada principalmente en el Vajrayana. El blanco es el color de la pureza – el color del algodón no teñido. Como símbolo del Vajrayana, el blanco está relacionado con el aspecto de la práctica en el que no hay nada que renunciar a nivel externo – porque todo es considerado como intrínsecamente puro; puro desde un sin principio. El gö kar chang lo'i dé postula la integración de la práctica en la vida cotidiana. Muchos Lamas realizados en estos linajes han sido nómadas, agricultores, o artesanos. Algunos han vivido como yogis y yoginis ocultos. Ha habido grandes maestros que han sido analfabetos y aun así sus enseñanzas ha ocupado a los eruditos durante siglos.

Muchos importantes Lamas de esta tradición, tanto hombres como mujeres, han sido miembros de familia cuyas vidas han demostrado el Vajrayana en su sentido más profundo. Las enseñanzas y estilo de práctica de la Tradición Blanca son de inmenso beneficio para la gente en Occidente en la actualidad. Las Sanghas Confederadas de Aro han sido establecidas para hacer accesible esta tradición.

Sang-ngak-chö-dzong, la primera de las sanghas del Aro gTér, fue establecida en 1977. Su nombre fue otorgado por Kyabjé Düd'jom Rinpoche Jig'drèl Yeshé Dorje como inspiración para el establecimiento de una Sangha Blanca en Occidente. Desde entonces, han sido establecidas otras sanghas del Aro gTér como organizaciones fundacionales en los Estados Unidos, Austria, Alemania, y Finlandia. Ngak'chang Rinpoche y Khandro Déchen enseñan de forma habitual en Gran Bretaña y Nueva York donde tienen estudiantes personales. Sus discípulos más experimentados—conocidos como Lamas asignados (brevet Lamas)—también enseñan y tienen sus propios aprendices.

Ngak'chang Rinpoche y Khandro Déchen desean establecer las Sanghas Confederadas de Aro como un entorno alegre y creativo, en el que las cualidades humanas de calidez y amistad son primordiales y se extienden a todo aquel que quiera practicar y participar en la representación de la visión. Ellos esperan estimular los talentos creativos de los individuos, transferir habilidades, y proporcionar una rica variedad de apoyos para la práctica.

Para más información sobre la tradición gö kar chang lo, retiros y enseñanzas a régimen abierto o públicos, o el aprendizaje con los Lamas de Aro, por favor visitar nuestra web en http://www.aroter.org.

Ngakpa Rinpoche ha realizado estudios detallados de las artes Tántricas, música, manualidades, y danza; y es una autoridad en simbolismo Tántrico e imaginería de deidades.

Es un escritor, poeta, pintor de thangkas, calígrafo, y músico consumado. Es conocido por su humor, franqueza, amabilidad, simplicidad, y por su poder en el canto yógico. Fue ordenado como ngakpa en 1971 por Kyabjé Düd'jom Rinpoche Jig'drèl Yeshé Dorje y está dedicado a la preservación de esta tradición Tántrica no-monástica no-célibe en Occidente.

Khandro Déchen recibió ordenación en el gos dKar lCang lo'i sDe en 1989 y contrajo matrimonio con Ngak'chang Rinpoche en 1995. Khandro Déchen es una maestra de pintura de thangka en el estilo Aro Dri-ku el cual fue instigado por 'Khordong gTérchen Tulku Chhi'mèd Rig'dzin Rinpoche. Ngakpa Rinpoche y Khandro Déchen son los directores espirituales de Sang-ngak-chö-dzong, una comunidad internacional de estudiantes Nyingma que fue establecida en 1983 y registrada como fundación en 1993.

Los dos anteriores libros de Ngak'chang Rinpoche, *Rainbow of Liberated Energy* y *Journey into Vastness*, establecieron su reputación en la comunicación de los aspectos esenciales del Vajrayana en un estilo literario creativo y contemporáneo. Estos dos libros han sido revisados y expandidos para su publicación en Aro Books bajo los nuevos títulos *Spectrum of Ecstasy* y *Roaring Silence* – ambos reescritos con la colaboración de Khandro Déchen.

www.ingramcontent.com/pod-product-compliance
Lightning Source LLC
Chambersburg PA
CBHW070935230426
43666CB00011B/2446